W0310337

Cahiers libres

Du même auteur

Cinquante ans de sondages IFOP, Interéditions, Paris, 1990.

L'Après-Mitterrand, Calmann-Lévy, Paris, 1991.

Le Disciple. Les dix leçons que Jospin apprit de Mitterrand, Plon, Paris, 1998.

Sortir la gauche du coma. Comprendre les racines d'un désastre, Flammarion, Paris, 2002.

L'Hystérie identitaire, Cherche-Midi, Paris, 2004.

Une société de chiens. Petit voyage dans le cynisme ambiant, Seuil, Paris, 2006.

À droite toute, Fayard, Paris, 2007.

Voyages en France, Seuil, Paris, 2011.

La Victoire empoisonnée, Seuil, Paris, 2012.

Éric Dupin

Les défricheurs

Voyage dans la France qui innove vraiment

La Découverte
9 *bis*, rue Abel-Hovelacque
75013 Paris

L'édition de cet ouvrage a été assurée par François Gèze.

Si vous désirez être tenu régulièrement informé de nos parutions, il vous suffit de vous abonner gratuitement à notre lettre d'information bimensuelle par courriel, à partir de notre site

www.editionsladecouverte.fr

où vous retrouverez l'ensemble de notre catalogue.

ISBN 978-2-7071-7562-5

En application des articles L. 122-10 à L. 122-12 du code de la propriété intellectuelle, toute reproduction à usage collectif par photocopie, intégralement ou partiellement, du présent ouvrage est interdite sans autorisation du Centre français d'exploitation du droit de copie (CFC, 20, rue des Grands-Augustins, 75006 Paris). Toute autre forme de reproduction, intégrale ou partielle, est également interdite sans autorisation de l'éditeur.

© Éditions La Découverte, Paris, 2014.

À Anne, Alice, Claire.

Introduction

Un continent méconnu

Changer de vie ici et maintenant, sans attendre des lendemains qui tardent trop à chanter, sans plus croire aux promesses politiques : telle est la boussole des citoyens d'une autre France, étonnamment méconnue. De plus en plus nombreux, ils vivent en rupture avec les valeurs dominantes de notre société. Avec plus ou moins de radicalité, ils se sont détachés du consumérisme frénétique, du productivisme impérieux et de la stressante compétition sociale qui régissent le plus grand nombre. Mais cette France qui vit autrement ne se définit pas seulement, ni même principalement, par son rejet d'un système fou et par son refus des conditionnements qui en assurent la reproduction. Elle est engagée dans une démarche résolument positive. De mille et une manières, elle s'emploie à innover, à expérimenter de nouvelles façons de vivre, de consommer ou de produire. C'est en ce sens que l'on peut parler de « défricheurs » d'un autre monde encore en pointillé. Leurs projets ont l'ambition de traduire en réalisations concrètes de modernes utopies qui renouent parfois avec d'anciennes aspirations – tout simplement la quête d'une vie saine.

L'univers bigarré d'une autre France

Ce livre se propose de faire mieux connaître cet univers bigarré, composé de personnes qui entretiennent des rapports extrêmement divers à la société. À la pointe de cette mouvance, se situent ceux qui s'affirment en rupture claire et nette avec les modes de vie et de pensée dominants. Ces nouveaux dissidents mettent en pratique, à leur manière, une forme de « décroissance » : ils vivent frugalement dans des « habitats légers » ou des « lieux alternatifs ». Certes, ce noyau radical reste limité : quelques milliers seulement de personnes habitent dans des yourtes en France ; et si les « écovillages » et « lieux alternatifs » se multiplient, ils n'agrègent encore qu'une fraction minime de la population. Et pourtant, le mensuel *La Décroissance*, créé en 2004, dont les positions sont loin de faire l'unanimité au sein de cette mouvance, n'en est pas moins diffusé à quelque 20 000 exemplaires dix ans plus tard.

Une deuxième strate est composée de défricheurs qui, sans être en rupture franche avec la société, interviennent sur ses marges et à rebours de sa logique dominante. Ceux-là œuvrent dans l'économie sociale et solidaire, les circuits de consommation courts, l'agriculture vraiment biologique, l'habitat partagé ou encore l'éducation populaire. Cette sphère est déjà plus large. Le nombre de personnes engagées dans les AMAP (Association pour le maintien d'une agriculture paysanne), créées en 2001, donne une idée de l'ampleur prise, en peu d'années, par les manifestations de consommation alternative : on en comptait, en 2012, plus de 1 600 qui rassemblaient 50 000 familles et près de 200 000 consommateurs [1]. Selon le ministère de l'Agriculture, le nombre de fermes concernées par la commercialisation en circuit court serait de 80 000 et représenterait quelque 15 % des exploitations agricoles françaises.

L'habitat partagé se développe également, même s'il reste très limité : quelque deux cents projets engagés selon une estimation datant de 2012. Le renouveau du mouvement coopératif est encore révélateur de la mutation en cours. À la fin 2012, on recensait 2 165 sociétés coopératives dans lesquelles travaillaient 43 860 salariés [2]. Leur nombre s'est accru de 15 % en quatre ans. L'agriculture « bio » progresse lentement mais

1 Données du Mouvement interrégional des AMAP (MIRAMAP).
2 Statistiques de la Confédération générale des Scop.

sûrement : fin 2012, la France comptait 24 425 exploitations agricoles engagées en bio, soit 4,7 % des exploitations françaises [3]. Ces surfaces représentaient, fin 2012, plus de 3,8 % de la surface agricole, contre 3,5 % en 2011 et 2 % en 2007. Là encore, les progrès enregistrés ne sauraient masquer le caractère très minoritaire de ces nouvelles pratiques.

Il n'empêche que tous ces défricheurs ont un impact croissant dans l'opinion. Ils entrent en résonance avec une sensibilité de plus en plus partagée, que l'on a pu rassembler derrière le vocable de « créatifs culturels ». Privilégiant la coopération sur la compétition, l'être sur le paraître, la connaissance de soi sur la domination des autres, ceux-ci représenteraient quelque 17 % de la population française selon une enquête publiée en 2006 [4].

Le champ de notre enquête est ainsi très vaste. Il y a un monde entre des « décroissants » qui vivent dans la « simplicité volontaire » et des entrepreneurs qui investissent leur énergie dans le collectif d'une coopérative. Les résidents des écovillages ne se confondent pas avec ceux qui sont engagés dans l'économie solidaire. L'habitat partagé est un univers bien différent de celui de l'agriculture biologique. Les écoles alternatives ne sont pas de même nature que le « travail sur soi » auquel s'attachent de plus en plus de personnes, ce qui les amène parfois à rompre avec les conditionnements ambiants. En caricaturant, on pourrait dire que ce livre balaie un large éventail qui va des « marginaux » soucieux d'agir positivement aux « bobos » qui s'efforcent, autant que faire se peut, de mettre leurs actes en cohérence avec leurs idées.

Il serait inconvenant de mettre tout ce monde dans le même sac. Les démarches de ces défricheurs sont éminemment diverses. Les clivages entre radicaux et modérés qui traversent cette mouvance font écho au vieux débat entre révolutionnaires et réformistes du mouvement ouvrier, même si les termes

---

3 Agence française pour le développement et la promotion de l'agriculture biologique, « La Bio en France au 31 décembre 2012 », <url.ca/heotn>.

4 Association pour la biodiversité culturelle, *Les Créatifs culturels en France*, Yves Michel, Gap, 2006.

en sont posés, on le verra, très différemment. Pour autant, il est frappant de constater que ces personnes, aussi dissemblables soient-elles, convergent vers des visions du monde relativement proches. Elles ont en commun de rejeter, même si c'est à des degrés divers, un système oppressant et manipulateur. Et d'explorer, de manière pragmatique, d'autres modes de vie, de nouvelles manières de travailler.

L'écologie, entendue comme courant philosophique et non comme identité politique, est le cadre de pensée principal de cette mouvance. La figure de Pierre Rabhi, philosophe et promoteur infatigable de l'agroécologie, est la référence commune de la majorité de ceux que j'ai rencontrés. Ceux qui s'attachent à changer concrètement la société aujourd'hui sont d'abord des « écologistes », des personnes soucieuses de la préservation de la planète et du vivant. Encore s'agit-il là d'une écologie à coloration très sociale : la plupart des personnes que j'ai visitées sont indissociablement motivées par le respect de la nature et par la qualité des liens humains. C'est ce qui explique les rapports noués entre réalisations écologiques et économie sociale. La caricature du « bobo écolo », privilégié, égoïste et indifférent à la misère, est étrangère au champ de cette enquête.

Les défricheurs sont encore mus par un puissant désir d'autonomie. Ils veulent que leurs réalisations échappent, autant qu'il est possible, aux lourdes contraintes imposées par les structures économiques et sociales, même si le concours de la puissance publique, notamment des collectivités locales, est parfois sollicité. L'aspiration à reprendre le contrôle de son existence est ici centrale. Poussée à un certain stade, cette caractéristique peut se traduire par un deuxième type de référence idéologique, cette fois proche de l'autogestion ou de l'anarchie. Les secteurs les plus radicaux sont attirés par ces anciens courants d'idées qui pourraient bien retrouver une nouvelle jeunesse. Mais, là encore, le purisme idéologique est loin d'obséder nos défricheurs. Ils naviguent sans difficultés apparentes entre des références hétéroclites en privilégiant avant tout le faire sur le dire.

Enquête de terrain

L'idée de ce livre est née d'un de mes précédents ouvrages. Au cours de mon exploration, au petit bonheur la chance, de la société française dans *Voyages en France*[5], j'avais été surpris de constater qu'un nombre important de gens vivaient en rupture avec les valeurs dominantes. J'avais également été frappé par la vitalité de cette nouvelle marginalité. Celle-ci ne rassemble pas seulement des « blessés de la vie ». Elle est aussi et surtout vécue par des personnes qui font des choix de vie courageux. Certaines épreuves de l'existence peuvent certes conduire à des reconversions professionnelles et à des changements de vie radicaux. Mais il émane souvent de ces milieux « alternatifs » une espérance et une joie qui m'ont donné l'envie de les explorer dans un nouvel ouvrage.

Reprenant mon bâton de pèlerin[6], j'ai procédé à une enquête de terrain s'étalant sur une période allant d'octobre 2012 à avril 2014[7]. Je me suis rendu dans une dizaine de régions, de la Bretagne à la Provence en passant par Rhône-Alpes ou l'Aquitaine sans oublier la région parisienne où je réside. Innombrables sont les initiatives qui étaient susceptibles de m'intéresser tant les réalisations remarquables fourmillent sur le territoire. Mais il était hors de question de prétendre toutes les visiter. J'ai ainsi choisi, pour des raisons autant écologiques que financières, de me limiter aux régions dans lesquelles celles-ci étaient les plus nombreuses. Car ces défricheurs sont assez inégalement répartis sur le territoire. Les alternatives diverses et variées sont incomparablement plus répandues dans le sud que dans le nord du pays. Certains départements sont très riches en la matière, comme l'Ardèche, la Drôme, la Loire-Atlantique ou encore le

5 Éric Dupin, *Voyages en France*, Seuil, Paris, 2011.

6 J'avais également tenté de rendre compte de la campagne présidentielle de 2012 en enquêtant auprès des Français dans *La Victoire empoisonnée*, Seuil, Paris, 2012.

7 Les témoignages recueillis dans ce livre décrivent les lieux et les faits tels qu'ils étaient au moment de ma visite. C'est pourquoi j'ai indiqué à chaque fois, en note, la date de celle-ci.

Gers, pour ne citer que certains de ceux que j'ai visités. Inversement, ce type de réalisations est plus rare dans le nord-est de la France et j'ai dû faire, à regret, l'impasse sur ces régions.

Au total, j'ai rencontré quelque cent cinquante personnes. Si mon enquête ne prétend assurément pas à une quelconque exhaustivité, elle permet sans doute de brosser un portrait assez fidèle de cette mouvance dans sa diversité. Ces entretiens ont généralement duré longtemps, l'heure étant le format minimal. C'est que je cherchais, à la fois, à comprendre l'itinéraire de mes interlocuteurs, leurs motivations, tout en recueillant leurs réflexions sur le sens qu'ils attribuaient à leurs expériences.

Ces entretiens se sont, la plupart du temps, déroulés dans un très agréable climat de confiance, pour ne pas parler de convivialité. Bien sûr, il a souvent fallu abattre d'abord quelques préventions. Ces défricheurs se méfient énormément des médias, assimilés à un système politique qu'ils réprouvent. De ce point de vue, ma qualité de journaliste politique a plutôt constitué un handicap. Qui plus est, je ne leur ai pas caché que mon intérêt réel pour ces démarches ne m'empêchait pas d'être étranger à leur univers. Ma culture politique d'origine n'est pas celle de l'écologie et mon mode de vie personnel n'a pas grand-chose d'alternatif.

Au final, cette extériorité ne m'a pas autant desservi que j'aurais pu le craindre. Je n'ai pas eu à forcer ma nature pour manifester de l'empathie à l'endroit de ces idéalistes de notre temps. J'ai eu le loisir d'admirer sincèrement la cohérence qu'ils parviennent à assurer entre leurs paroles et leurs actes. Voilà qui change de tous les discours moralisateurs et hypocrites qui saturent l'espace politique et médiatique. Et quel plaisir de rencontrer des personnes positives, enthousiastes malgré des conditions de vie souvent spartiates ! Ce nouveau voyage m'a heureusement conduit aux antipodes du cynisme et de l'aigreur que l'on trouve trop souvent dans les milieux de la petite bourgeoisie intellectuelle parisienne.

Un mouvement invisible

Au total, le nombre de réalisations originales se revendiquant de l'expérimentation sociale ou écologique est impressionnant. Comment expliquer que cette espèce de mouvement social potentiel demeure invisible ? Cette France qui vit autrement, innove dans le vrai sens du terme, explore les voies de ce que pourrait être la société de demain, n'apparaît que très peu dans les médias ou sur la scène publique. Plusieurs magazines de qualité rendent certes compte avec intelligence de cette mouvance[8]. Mais ils s'adressent surtout à un public déjà engagé dans ces démarches. Les grands médias, de leur côté, se contentent, la plupart du temps, d'une approche folklorique ou pointilliste de cette autre France. Ils présenteront les gens qui vivent dans des yourtes comme de nouveaux Indiens, à la fois fort sympathiques et un peu dérangés. Ils seront plus attentifs aux nouveaux modes de consommation, dits collaboratifs, et aux diverses recettes promettant un « développement personnel » qu'à la portée proprement subversive des choix de vie alternatifs. Le sens profondément politique de toutes ces expérimentations leur échappe généralement.

Encore les médias sont-ils loin d'être les seuls responsables de ce manque de visibilité des défricheurs. L'extrême diversité de cette mouvance ne favorise pas sa perception globale. Pour convergentes qu'elles puissent être, ces expériences demeurent en effet terriblement émiettées : chacun expérimente et innove dans son coin. En dépit des facilités offertes par Internet, la mise en réseau de toutes ces initiatives reste très balbutiante. Le mouvement Colibris, inspiré par les idées de Pierre Rabhi, s'y efforce et son site rassemble utilement un grand nombre d'expériences à travers la France[9]. J'ai eu recours à cette recension pour mes enquêtes, tout en constatant avec surprise que beaucoup de personnes ainsi rencontrées ignoraient que d'autres « colibris » œuvraient à quelques kilomètres de chez elles...

---

8 Citons notamment *L'Âge de faire, Kaizen, Passerelle Éco, Silence.*

9 <www.colibris-lemouvement.org>.

Fort occupés, celles et ceux qui changent leur vie sont parfois tentés de ne point trop se préoccuper du vaste monde. Ils privilégient l'implantation sur leur territoire. Ce localisme les expose à vivre dans leur propre univers et à négliger la communication avec l'extérieur. Cette tendance est favorisée par une méfiance, bien compréhensible, à l'égard des médias assimilés à un système rejeté. La France « alter » n'est pas en quête de publicité. Elle ne communie pas dans cette religion contemporaine de la communication dévotement pratiquée par les manipulateurs de tous poils. À l'extrême, elle s'en tient à la maxime : pour vivre heureux, vivons cachés. C'est pourquoi j'ai parfois dû déployer pas mal d'efforts pour convaincre certains défricheurs de témoigner de ce qu'ils faisaient et de ce qu'ils pensaient.

Cet ouvrage est composé de trois parties. La première explore la galaxie des expérimentateurs : des « nouveaux dissidents », qui vivent en rupture avec la société, aux « alterentrepreneurs », qui innovent avec réalisme, le lecteur fera connaissance avec une belle variété d'itinéraires réjouissants. La deuxième partie présente le bouquet des innovations : elle rend compte de toute une série de réalisations dans divers domaines, qu'il s'agisse de l'agriculture, de la solidarité, de l'habitation, de l'éducation ou encore de l'entreprise. La troisième partie s'interroge enfin sur le sens de l'utopie concrète dessinée par ces initiatives. Quelle postmodernité est susceptible de remplacer un modèle productiviste à bout de souffle ? Le changement social est-il possible par la multiplication et l'essaimage d'îlots alternatifs ? On le verra, la réponse à toutes ces questions est loin d'être simple.

Je remercie chaleureusement toutes celles et tous ceux qui ont bien voulu me rencontrer, parfois longuement, pour me parler de leurs expériences.

I

La galaxie des expérimentateurs

1

Les nouveaux dissidents

Ils vivent en rupture avec la société. Ils préfèrent leurs idéaux au confort matériel. En France comme dans nombre de pays du Nord, une minorité non négligeable de gens a délibérément choisi un mode de vie radicalement différent de celui qui domine la planète [1]. Ce sont les « décroissants » pratiquants. Ils mènent une existence plus ou moins spartiate, vivent dans des « habitats légers », cabanes, yourtes, camions, etc. L'autosuffisance est souvent l'objectif poursuivi. Ces nouveaux dissidents se méfient souvent des médias et des observateurs. J'ai ainsi essuyé quelques refus dans mon enquête. Caracoles de Suc, une « ferme collective autogérée en Ardèche [2] », a par exemple décliné ma demande de rencontre après que ses membres en ont délibéré : « Nous ne désirons confier à personne d'autre que nous-mêmes le fait de communiquer sur ce que nous sommes, pensons, agissons. » Heureusement, d'autres lieux alternatifs se sont montrés plus ouverts.

---

1 On en trouve aussi dans certains pays du Sud, bien plus rares évidemment que les centaines de millions de ceux qui n'y ont d'autre « choix » que la misère et la famine.

2 <http://caracolesdesuc.org>.

La « Nef des fous » des Alpes-de-Haute-Provence

« On veut nous supprimer la caverne ! On est en train de réaliser le monde des idées de Platon, un monde de pures essences », s'indigne « Diogène », le patriarche de la communauté de Jansiac, très influencé par le philosophe de l'utopie Miguel Abensour. Surnommée ironiquement par elle-même la « Nef des fous », celle-ci s'est fondée en 1974 à plus de 1 000 mètres d'altitude sur les hauteurs de Saint-Vincent-sur-Jabron (Alpes-de-Haute-Provence) [3]. Une dizaine de personnes y vivent dans de rustiques maisons de pierre, en autarcie autant que faire se peut. Ce lieu reculé n'est accessible que par un rude chemin que seuls peuvent emprunter des véhicules spéciaux, parfois fort polluants.

Âgé de plus de soixante-dix ans, le barbu Diogène, qui fut il y a fort longtemps sociologue dans une équipe d'urbanisme, est arrivé ici il y a quarante ans avec quinze autres personnes qui avaient déjà eu une expérience de communauté en Bourgogne. Mais l'isolement du lieu a vite été une épreuve. La moitié des premiers habitants sont partis dans les premiers mois. « Ici, c'était plus radical. » Le but était de créer plusieurs communautés sur le vaste terrain de 300 ha acquis à peu de frais. Les enfants ne devaient pas savoir qui étaient leur père et leur mère. Cela n'a pas marché, les petits reconnaissant eux-mêmes leur génitrice. La communauté n'en a pas moins élevé, sans difficulté particulière, six enfants jusqu'à seize ans, assurant elle-même leur éducation.

« La préoccupation première, c'est la communauté plus que l'autoproduction », explique Diogène. C'est l'expérimentation de rapports humains et sociaux différents qui motive le groupe. Les décisions exigent l'unanimité. Tous les repas sont pris en commun et sont le lieu de discussions. « On ne laisse jamais les choses se tendre. » Une grande diversité de générations existe. La

---

3 Visite en mars 2013. Une fort intéressant historique de cette expérience (et de ses difficultés), née de Mai 68, a été publié en 1998 sur le site alternatif <www.onpeutlefaire.com> : Michel Bernard, « La communauté de Jansiac, la Nef des fous », <ur1.ca/heqxl>.

mère de Diogène a vécu ici de quatre-vingt-huit à quatre-vingt-quatorze ans. « Elle s'est bien adaptée au changement ! » Un enfant devrait naître prochainement.

La communauté parvient à vivre pratiquement sans échanges d'argent avec des particuliers selon la règle fixée par la communauté – le vétérinaire est dédommagé de ses services en viande de mouton. Ses membres se contentent de peu. Diogène a calculé que chacun avait besoin de 150 euros par mois : « 100 euros de droit de vivre [4] et 50 pour le reste. » Le groupe accepte des subventions européennes au titre de la biodiversité de cette « Zone Natura 2000 ». « On le fait vraiment », soulignera-t-on en me montrant les zones défrichées aux alentours. La communauté pratique surtout l'autosubsistance. Elle élève une trentaine de moutons, qui donnent du lait et de la viande, et s'efforce de faire pousser des légumes, non sans subir les prédateurs des lieux. La mort dans l'âme, et non sans débats, ces écologistes libertaires ont dû se résigner à dresser des grillages pour protéger leurs cultures contre les animaux sauvages.

« La société qui vient va être paralysée », diagnostique sombrement Diogène, qui prône la « voie de l'îlotisme », une « économie directe non déléguée » de petits territoires. Dans son monde idéal, il n'y aurait plus que des « lieux » autogérés assurant la satisfaction des « besoins élémentaires » et quelques productions spécialisées échangées dans la même région. Sans se prendre complètement au sérieux, il se définit comme un « utopiste » et non comme un « militant ». En 2002, Diogène a développé ses thèses lors d'une intervention à un colloque de l'Unesco où il s'est ironiquement abrité derrière les théories d'un imaginaire philosophe inuit Aper Sonn (« il nuit à personne ») [5]. Mais lui-même est trop sage pour ne pas être conscient des limites de son expérience. « J'ai cru à l'exemplarité, mais je n'y crois plus », lâche-t-il. La Nef des fous n'a pas été capable, au fil des décennies, d'implanter « plusieurs groupes ». Malgré ses efforts, la communauté, soumise à de sévères conditions de vie,

4 Dépenses incompressibles et obligatoires, comme les assurances santé.

5 Diogène, « Philosophie de l'Inuit Aper Sonn », <url.ca/her8x>, février 2002.

n'a jamais changé d'échelle, avec seulement une dizaine, au maximum une vingtaine, de personnes. Plusieurs crises l'ont fait évoluer vers un plus grand respect des individus : « On a échappé aux tendances collectivistes qu'on avait au départ. »

« J'espère que cela puisse en faire réfléchir d'autres », se contente d'affirmer Diogène. De nombreux visiteurs viennent régulièrement à la communauté et en tirent matière à réflexion. Des jeunes assoiffés d'idéal continuent à rejoindre la « Nef des fous » et à y rester plus ou moins longtemps. Notre philosophe veut croire à un regain du mouvement communautaire né dans les années 1970, pourtant en forte régression dans les décennies suivantes.

Une ferme autogérée dans les Alpes-Maritimes

La ferme autogérée de la Roya, au lieu-dit Cravirola (Alpes-Maritimes) [6], n'abrite pas une communauté mais un collectif de travail. Elle est aussi difficilement accessible que Jansiac. On n'atteint ce magnifique site alpin, situé dans le massif du Mercantour et perché à 1 200 mètres d'altitude, qu'à pied. Créé en 2007, le collectif comprend sept permanents. L'activité est centrée sur l'élevage de brebis, la transformation du lait et la vente des produits. Mais la ferme s'attache aussi à cultiver de quoi nourrir ses habitants.

Bastien est l'agriculteur professionnel de la Roya. « J'étais le seul à posséder le diplôme permettant d'avoir droit aux aides pour qu'on s'installe. » Il a toujours été attiré par les « trucs collectifs ». L'autogestion, rappelle-t-il, est inscrite dans les statuts des Éclaireurs de France où il a été très actif dans sa jeunesse. L'autogestion n'abolit pas les différences de compétences. C'est plutôt lui qui gère la ferme, même si les décisions sont prises par tous. Bastien ne dissimule d'ailleurs pas son inquiétude. La ferme de la Roya appartient, comme deux autres, à « Terres

6 Visite en mars 2013 ; voir son site <www.collectif-far.org>.

communes », une structure de propriété collective à vocation agricole intéressante mais « financièrement fragile ». Il faut lui payer un loyer substantiel. « On brasse pas mal de fric, mais 80 % de ce qui rentre sort… » Le Smic est un horizon hors de portée pour ceux qui vivent à la ferme. « Quand on a un peu de sous, on préfère acheter une nouvelle machine à traire plutôt qu'une console vidéo ! » Gagner plus d'argent supposerait de passer à une exploitation plus intensive. « Il faudrait doubler la taille du troupeau, c'est un choix qu'on n'a pas envie de faire. » La question d'une réduction du nombre de brebis est même parfois débattue.

L'autogestion, à la Roya, est plus vécue que proclamée. « On n'a pas de préoccupation politique aussi forte que nos prédécesseurs, je veux surtout vivre ma vie comme je l'entends. » L'ancien groupe qui avait investi le lieu était plus militant. C'est surtout un mode de vie original qui importe à ses successeurs. « Ce qui nous intéresse, c'est de ne pas découper nos vies en temps de travail et temps de loisir. » Avec l'inconvénient obligé de cette absence de séparation : « Le plus compliqué, c'est de se reposer ; il y a toujours quelque chose à faire. »

Marion est arrivée à la ferme autogérée de la Roya en 2010. Née en 1986, elle a suivi une école de commerce avant de bifurquer vers une formation en économie alternative. Venue pour un travail d'été d'un mois, elle est finalement restée à la Roya. « Ce qui me titillait le plus, c'était de décider différemment, d'être responsable de ses choix à 100 %. » Marion a eu un « coup de cœur pour le lieu et les gens ». Elle a eu l'impression de « découvrir le présent » et d'« arrêter de se prendre la tête » en se préoccupant sans cesse du futur. Vivant en pleine montagne, Marion a aussi « découvert le rythme des saisons ». L'été, la ferme accueille des stagiaires. « Il y a beaucoup de monde, c'est parfois fatigant. L'hiver est plus cool. On regarde des films, on se fait des gratins, on a aussi des réunions de bilan… » Le problème, à cette altitude, c'est le froid. Les six chambres de la ferme ne sont pas chauffées. Tout le monde se rassemble par la force des choses vers les deux sources de chaleur situées dans les parties collectives. « Il y a un côté violent à vivre aussi proches les uns des autres. » D'autant plus que les chambres n'ont pas une bonne isolation phonique. Le groupe envisage des habitats plus individuels, comme des cabanes ou des yourtes.

Les habitants de la ferme se réunissent tous les lundis après-midi pour organiser le travail de la semaine. Le système de prise de décision est celui du consensus. Chacun est à la fois polyvalent et spécialisé. Marion s'occupe plutôt des brebis. La ferme vend ses produits – œufs, fromages, légumes – sur les marchés, à un magasin BioCoop de la Côte d'Azur et à trois AMAP [7] locales. La découverte des réalités de la terre a un peu changé les opinions de Marion. « Depuis que je côtoie le monde agricole et rural, je suis moins idéaliste, je défends un peu moins l'écologie. »

Jeune Anglaise, Sarah a connu la ferme de la Roya par le *woofing* [8]. Elle s'était rendue en France pour parfaire sa connaissance de notre langue mais n'a plus l'intention de regagner l'Angleterre. Ici, elle a enfin le sentiment de maîtriser sa propre existence. « Je comprends ce que l'on fait et pourquoi on le fait ! » Sarah s'occupe surtout de la fabrication des fromages et de leur vente sur les marchés. « J'aime produire des choses que les gens peuvent manger. » Elle reconnaît avoir eu un peu de mal à « trouver sa place » dans le groupe. Et s'interroge sur son aptitude à vivre longtemps dans un collectif aux relations si étroites : « Parfois, je me demande si je suis faite pour une vie aussi intense humainement... » La dernière et longue saison froide lui a pesé. « Cet hiver a été dur, avec beaucoup de neige, on est beaucoup resté enfermé. »

Mais Sarah apprécie la liberté qui règne à la Roya. « Ici, il n'y a pas de philosophie installée. » Elle-même confesse n'avoir, hélas, « plus d'espoir que le monde change ». Le système en place, pour injuste et aberrant qu'il soit, lui semble hors d'atteinte. Sarah n'a pas envie de se battre inutilement « contre une telle puissance ». « Je me contente de croire à ce que je fais », conclut-elle. Sarah pense rester à la ferme jusqu'à l'hiver prochain. « Après, on verra. »

---

7 Associations pour le maintien d'une agriculture paysanne.

8 Nourriture et logement gratuits à la ferme en échange d'heures de travail.

Né en 1982, Patern voulait, quant à lui, devenir sociologue. Fatigué par leur abstraction, il a néanmoins arrêté ses études après la maîtrise. Patern enchaîne ensuite les petits boulots avant de passer un CAP de menuisier. « Je voulais un truc concret. » C'est la réfection de la charpente de la bergerie qui l'a conduit à la Roya. Le lieu isolé n'était pas pour lui déplaire. « J'aime être loin de la ville où il y a trop de monde, trop de bruit, trop d'agitation, trop de rapports superficiels. » Dès l'adolescence, Patern s'est senti mal à l'aise dans notre société consumériste. « Ici, on apprend à se débrouiller, on improvise ; à plusieurs, quand on est motivés, on peut faire plein de trucs ! » Patern est devenu, à la ferme, le « chef des poules ». Il ne supporte pas les brebis mais aime bien ces petites « bestioles ». La ferme projette de construire un deuxième poulailler. Au-delà, il rêve de créer, avec d'autres jeunes, sa propre exploitation agricole.

Charpentiers indépendantistes en Dordogne

En pleine forêt, non loin des Eyzies (Dordogne), le camp de Copeaux Cabana abrite les « charpentiers indépendantistes réunis »[9]. Une joyeuse bande de jeunes est arrivée ici, en camion, en 2011. L'un de ses membres, Yogan, a fait l'acquisition de cette ancienne mine de kaolin au relief mouvementé. Autoentrepreneurs de leur état, dans tous les sens du terme, nos amis charpentiers s'y sont construit leurs cabanes au style parfois très recherché. De petites maisons en bois qui ne demandent pas plus de 1 000 euros de mise.

Rémi s'est posé à Copeaux Cabana en 2012. « J'aime bien ce mode de vie, tu bricoles ; et j'avais envie de construire ma propre cabane... » Âgé de vingt-cinq ans, il a fait cinq ans de compagnonnage mais n'a pu se plier au salariat. « Quand je l'ai ouverte, ça s'est mal passé ! » Un appartement ou une maison, « je ne m'y

---

9 Visite en novembre 2013 ; voir leur blog <http://copeauxcabana.over-blog.com>.

vois plus ». Rémi apprécie le travail collectif dans un groupe qui s'échange sans cesse les coups de main. Privilégiant la liberté à l'argent, il se contente, comme la plupart de ses camarades, d'un petit mi-temps. « Je refuse beaucoup de travail... »

Sept ou huit personnes vivent ici. Sans compter les gens de passage comme Laure qui se demande, à la réflexion, si elle va reprendre sa thèse d'anthropologie : « Je veux avoir ma vie entre mes mains. » Ou Isao, musicienne qui a énormément voyagé et voudrait maintenant se poser un peu, désireuse d'« apprendre à travailler de [s]es mains ». Car aucune visite n'est totalement innocente. « Sans le vouloir, beaucoup de gens sont venus nous voir et ils ont changé leur vie par la suite », constate Rémi. « On pourrait dire que c'est une communauté, mais il n'y a pas de règle, sauf le refus de la drogue et d'une ligne politique », explique-t-il. Le camp vit un peu hors du monde, même si Rémi est allé soutenir la « ZAD [10] » de Notre-Dame-des-Landes. « Je ne vote pas, je n'écoute pas les infos. » La plupart des « dissidents » que j'ai rencontrés ne se sentent nullement concernés par une vie publique, il est vrai, à mille lieues de leurs préoccupations.

Ces groupes ont souvent maille à partir avec les autorités. Un beau jour, les gendarmes sont venus inspecter Copeaux Cabana et n'ont pas manqué de décréter que leurs cabanes n'étaient pas légales. Heureusement, les élus locaux sont parfois plus compréhensifs. « Mais le maire est aussi passé et on est tolérés à condition de ne pas en construire plus. » Comme les charpentiers travaillent pour des « gens du coin », ils sont mieux acceptés. De toute manière, leur philosophie est assez simple : « Que la loi le veuille ou pas, je le fais. »

Le peuple des yourtes

Les ennuis avec les autorités pour les gens qui habitent autrement, Paul Lacoste les connaît bien. Il s'est

10 « Zone à défendre » : lieu de résistance à l'implantation d'un nouvel aéroport près de Notre-Dame-des Landes.

installé en Haute-Vienne il y a déjà une vingtaine d'années. Né en 1963, il a autrefois habité à Paris, « dans un lieu collectif, un squat très actif du XXe arrondissement ». Avec sa compagne animatrice de cirque, ce militant versé dans la vidéo a ensuite séjourné à la Vieille Valette, un célèbre lieu alternatif des Cévennes.

Ils ont déniché une ancienne bâtisse flanquée de terrains dans la commune rurale de Bussière-Boffy (Haute-Vienne) [11]. L'idée était d'abord d'y « accueillir des gamins » en difficulté en camping. Le couple a vécu « un an et demi dans une roulotte verte ». Impressionné par la culture amérindienne, il a planté des tipis sur sa propriété. Et puis des yourtes à partir de 2005. La maison en pierres sert de lieu de convergence de la petite tribu changeante qui séjourne sur le lieu.

Ses résidents vivent dans les habitats les plus divers : chariots bâchés, roulottes, cabanes en bois, bus aménagés, tipis et, bien sûr, yourtes. Pendant un certain temps, on les a plutôt laissés tranquilles. La bande de Paul avait lutté contre la suppression de l'école communale, ce qui lui avait valu localement une certaine popularité. Elle s'était même proposé de « faire l'école nous-mêmes ». Et puis, « les gens des yourtes, on n'avait rien à leur reprocher. Avec nos multiples activités, on n'est pas une tribu de marginaux », plaide-t-il.

Ingénieur des Mines à la retraite, le nouveau maire élu en 2008, Jean-Paul Barrière, ne l'a pas entendu de cette oreille. Comme tant d'autres élus, il s'est mis en tête d'apporter la richesse à sa commune avec la manne touristique. Un tel projet supposait, dans son esprit, de se débarrasser de « tous ces gens qui vivent sur des terrains agricoles et dans l'illégalité ». Paul pointe la contradiction au regard de la prétendue défense de l'agriculture : « Il est délirant d'interdire des yourtes et de vouloir implanter un camping sur la commune. » Entêté, le maire s'est lancé dans l'élaboration d'un PLU (Plan local d'urbanisme) classant en « zone naturelle » une majorité du territoire de la commune pour pouvoir y interdire les habitats légers. Mais l'objectif est loin d'être atteint. L'enquête

---

11 Visite en novembre 2013 ; voir le site <http://yourtesbussiere-boffy.info>.

d'utilité publique ne va pas précisément dans son sens. Et le maire a déjà vu trois de ses arrêtés d'interdiction de camper cassés par le tribunal administratif.

Paul mène la bataille avec énergie. Il a acquis des compétences juridiques qu'il met à la disposition de l'association HALEM (Habitants de logements éphémères ou mobiles) dont une assemblée générale s'est tenue, en 2007, dans le camp de Bussière-Boffy. Il voit la « loi Duflot » comme une avancée pour les habitats légers et pointe l'« évolution sociétale » qui porte ce type d'habitat : « Avec la crise, le phénomène augmente. On peut faire du logement à la fois très social et participatif avec cet habitat économe en énergie. »

Sarah Chaumet, maraîchère, et Alex Bovet, marionnettiste « de père en fils », vivent dans une grande yourte de Bussière-Boffy. Elle est installée sur un terrain qu'ils ont acheté. « Vous êtes bien ici, vous ne faites de mal à personne », leurs disent souvent les nombreux visiteurs attirés par la forte médiatisation de leurs ennuis avec les autorités locales. Le métier d'Alex les a conduits à une « semi-itinérance » pour laquelle l'habitat en yourte est particulièrement adapté : « C'est léger, ça se démonte facilement et c'est super-confortable ! »

Alex est furieux de l'acharnement du maire contre eux. « On est déjà fragile quand on fait du théâtre de rue et que l'on vit dans un habitat léger... » Le couple a aussi expérimenté la roulotte et le tipi. Il a même voyagé trois ans avec un cheval. Aujourd'hui, il aimerait surtout se poser un peu et qu'on lui fiche la paix. « Ce que le maire nous a fait en six ans ! Il porte plainte contre les cabanons agricoles ou contre un de nos chariots qui aurait dû bouger », s'emporte Alex. « De nos jours, la nature est surtout vue comme un lieu de villégiature, observe-t-il tristement. Cet homme tente de nous enlever notre dignité. On acculture les gens, on veut en faire des clochards et des alcooliques ! Il a exacerbé l'idée fausse qu'on était des marginaux ! » La fille du couple n'a pas supporté cette « discrimination » et elle est partie. Sarah et Alex envisagent aujourd'hui de quitter l'Europe. « On n'est pas des militants mais, ici, on se sent seulement tolérés. »

André Brun, dit Adé, est arrivé en 1999 en Dordogne « comme un manouche avec une roulotte et sept chevaux ». Après avoir tâté d'activités fort diverses – d'un cabinet d'architecture à la vente de bonzaïs –, il a « découvert les chevaux à l'âge de cinquante ans ». Un temps palefrenier dans le Limousin, Adé avait installé son tipi dans le camp de Bussière-Boffy. Au tournant du millénaire, il a fait l'acquisition de 8 ha, pour seulement 20 000 euros, dans la commune de Savignac-de-Miremont (Dordogne). Adé y a construit des cabanes et s'est dit que ce bel endroit, au croisement de multiples chemins de randonnée, ferait un excellent « lieu d'accueil » pour les marcheurs. Il a ainsi créé un camp « parfait pour le bivouac », avec accès à l'eau et possibilité de faire sa cuisine, qui a accueilli des « randonneurs ravis » de 2003 à 2007. Pour 10 euros par nuit. « Il y avait même un tipi ! »

Adé avait prévenu de son projet la mairie qui n'y voyait pas d'inconvénient. Son activité de pleine nature ne dérangeait personne. Mais la DDE, et même le sous-préfet, s'en sont vite mêlés. Ils l'ont contraint à fermer son camp, prétextant les habituelles considérations de sécurité. Ses ennuis ne s'arrêtent pas là. Le pouvoir administratif veut maintenant l'obliger à démonter la yourte dans laquelle il vit paisiblement depuis des années. « Quand je suis arrivé, on avait le droit de planter une yourte comme une tente ; maintenant, on me dit que c'est une habitation ! » Sa yourte est la boîte postale de la petite association locale Vie et Habitat choisis... Adé s'efforce de garder le moral malgré toutes ces tracasseries. « Je fais mon bois, j'ai des poules et le potager me nourrit ! » Sa compagne Geneviève Beauchamps, dit Dgé, réside dans une yourte voisine.

La vie en yourte attire aussi des jeunes amoureux de liberté et de nature. « L'idée était de me lever le matin et de me demander ce que j'ai envie de faire ! » Gaspar Forest, né en 1987, ne se raconte pas d'histoires. Il vit dans une yourte, en pleine forêt au-dessus de Sainte-Hélène-sur-Isère (Savoie), depuis une année [12]. « J'avais envie de m'isoler, de me lancer dans la vie simple, c'est un peu de la rébellion. » Il a commencé à construire sa yourte, tout seul comme

12 Visite en octobre 2012.

un grand, pendant ses années d'études qui ont abouti à deux BTS (Gestion forestière et Protection de la nature) et un master (Aménagement du territoire).

Pour le moment, Gaspar entretient la forêt autour de lui, prépare un petit potager, après avoir construit des toilettes sèches. Comme il n'avait « pas envie de toucher le RMI », le jeune homme a créé sa propre entreprise de « gestion des paysages naturels ». La commune lui a commandé quelques travaux. Cela l'a tout de même conduit à habiter un temps chez sa grand-mère logée dans le village, en contrebas. « Le travail est incompatible avec le mode de vie dans la yourte, dit-il pensivement. On n'a pas le temps d'aller à la source pour la douche ou pour la vaisselle. » Cet écologiste rêve de recréer une « ferme du début du XXe siècle ». Il ambitionne d'« aller vers une sorte d'autosuffisance alimentaire » grâce à un cochon, des poules et un potager. Réaliste néanmoins, Gaspar envisage aussi un « projet touristique » avec location de « cabanes » ou encore des cours de construction de yourtes. Il admire le « mode de vie des chasseurs-cueilleurs et des sociétés plus reculées ».

L'actualité ? « Je me plais à dire que je ne m'y intéresse pas. Je vote pour faire plaisir à mes parents. Cela ne sert à rien de se battre contre des moulins à vent. Si tu as envie de faire progresser tes idées, le mieux est de faire des tas de trucs dans ton coin. » Un sentiment très partagé dans le peuple des yourtes, indifférent à la scène publique.

Le paradis perdu des « yourteurs » de Terre du Cinoble

« C'était le paradis », souffle Louise Bex d'une voix un peu triste. Terre du Cinoble n'a vécu que quelques années [13]. Niché dans la commune montagnarde de Cubières-sur-Cinoble (Aude), ce village de yourtes s'était installé avec la complicité de la maire qui avait déniché le terrain adéquat. Acheté en 2009, celui-ci abritera une petite dizaine de yourtes et autant de familles. Louise

13 Visite en octobre 2013 ; voir sa page Facebook <ur1.ca/hfeqm>.

avait de l'expérience en ce domaine. Cette kinésithérapeute spécialisée dans les « pratiques alternatives au niveau du corps » a construit, de ses mains, sa première yourte dans la Drôme en 2000. Nomade dans l'âme, elle l'a transportée à de multiples reprises, l'implantant ici en Dordogne, là dans les Hautes-Pyrénées... L'idée de rassembler des « habitats légers » en un lieu de vie collective avec l'appui de la municipalité l'a séduite.

Terre de Cinoble a rapidement attiré un public divers, certains en rupture comme un ancien informaticien, quelques-uns menacés de verser dans une forme d'« irréalité » mentale, mais aussi et surtout beaucoup de gens en recherche d'une autre manière de vivre : photographe, journaliste, chimiste, électricien, humanitaire, etc. Détail important : chacun s'efforçait de créer sa propre activité afin de s'assurer de modestes ressources. Il était prévu de construire « une maison collective, un hangar agricole et un grand jardin de permaculture ». Tout cela grâce à des chantiers participatifs. Les yourtes étaient équipées d'électricité solaire avec un petit générateur d'appoint. Et les nouveaux arrivants furent fort bien accueillis par les habitants de cette commune pyrénéenne, souvent âgés, heureux de la voir se repeupler. « On participait aux fêtes du village et on organisait des opérations portes ouvertes. »

Oui mais voilà. Ce terrain était administrativement classé « zone naturelle en carte communale ». La maire a longtemps espéré que ce projet expérimental d'habitat léger pourrait y être toléré. C'était sans compter avec l'étroitesse d'esprit d'un nouveau sous-préfet qui a débarqué en 2011 « pour normaliser tout ça ». Sur décision de justice, le village de yourtes a été démonté en février 2013. « L'État ne veut pas que l'être humain soit autonome ! »

Âgée de soixante-trois ans, Louise n'a pas voulu faire appel de ce jugement. « Je n'avais plus assez d'énergie pour ce combat. On n'est pas des militants du tout ! On a fait tout ça avec beaucoup d'innocence. » Pour l'heure, elle loue un appartement dans une maison de Quillan (Aude). « Je ne sais pas où je vais aller. Je visite des lieux alternatifs mais avec des critères, pas d'alcool et de tabac. » En dépit de sa déception, Louise est persuadée que « le futur est dans l'émergence » de ces nouveaux modes de vie qui

« demandent un travail sur soi ». Et elle pointe ce paradoxe : tous ces gens sont condamnés à rester discrets alors même que « tout le monde est en réseau aujourd'hui ».

Le plus étrange, dans cette aventure qui finit mal, reste l'identité politique de la maire de Cubières-sur-Cinoble, qui avait « tout de suite adhéré » au projet d'écohameau présenté par Louise Bex. Sylvie Romieu se proclame fièrement de droite, sarkozyste même. Âgée de cinquante ans, elle travaille dans un bureau de tabac des environs après avoir été agent immobilier à Perpignan. Ce bel endroit montagnard l'a conquis et cette petite femme dynamique est devenue maire de la commune en 2008. « Il n'y avait que soixante-cinq habitants, nous sommes passés à cent dix », se félicite-t-elle. L'arrivée de « jeunes avec enfants » avait tout pour lui plaire. D'autant qu'il s'agissait de nouveaux habitants travailleurs et autonomes. « Ils créaient des emplois, vendaient des confitures, construisaient un centre de formation en permaculture et étaient presque autonomes d'un point de vue alimentaire ! » Deux de ces néoruraux sont même entrés au conseil municipal. « Ils ont été malins, ils ont fait du porte-à-porte pour se faire intégrer… » Si tout s'était déroulé normalement, le village de yourtes se serait progressivement transformé en véritable et charmant écohameau, avec « des petites maisons en bois, en paille et en terre ».

Ne croyez pas que Madame la maire se soit, pour autant, transformée en écologiste gauchisante. « Je ne suis pas écolo, je ne suis pas socialiste, mais j'essaie d'agir dans les intérêts de ma commune ! » Elle aussi redoute, comme tant d'élus, les « squatters », ces « gens qui vivent dans les montagnes on ne sait où ». Décidément sarkozyste, Sylvie argumente à sa manière en faveur de l'écohameau : « Je voulais, par le biais de ce projet, qu'on arrête l'assistanat et d'accueillir toute la misère du monde ! » Bien sûr, le premier magistrat de la commune savait que son projet se heurtait à la légalité. Elle s'est démenée pour obtenir des « dérogations », a travaillé d'arrache-pied avec la Direction départementale des territoires et de la mer (ex-DDE), monté un « comité de pilotage avec la région », etc. Il fallait trouver une « solution juridique » en attendant l'évolution de la loi permettant l'implantation d'habitats légers en certaines « pastilles » du territoire.

D'après elle, c'est la « fin du monde » qui a tout gâché. Le pic de Bugarach (Aude) se dresse à quelques kilomètres de là. Par malheur, des hurluberlus l'ont décrété havre de paix pour échapper à la « fin du monde » censée advenir le 21 décembre 2012. Il s'en est suivi une agitation des pouvoirs publics démesurée. « Tout a été bloqué dans les environs », se rappelle Sylvie. La très redoutable Miviludes (Mission interministérielle de vigilance et de lutte contre les dérives sectaires) s'est emparée de l'affaire. Après avoir survolé les lieux en hélicoptère, sans même prendre la peine de rendre visite au modeste village de yourtes de Cinoble, ses pontes ont « décrété qu'on abritait une secte et que j'étais naïve ». Quelques mois plus tard, en février 2013, le tribunal de grande instance de Carcassonne ordonnait le démantèlement du lieu.

Candidate suppléante de l'UMP aux législatives de 2012, Sylvie enrage : « Il n'y a pas de logements, des gens vivent dans leur voiture et on refuse les solutions qui existent ! » Têtue, elle ne désespère pas de bâtir un nouveau projet sur la base de l'évolution en cours de la législation. De toute façon, elle garde un bon souvenir de sa rencontre avec ces habitants atypiques, « des gens instruits, intelligents, qui m'ont aidée à me ressourcer ». Son mode de vie personnel en a même été impacté : « J'ai appris à vivre plus simplement, sans micro-ondes ni lave-vaisselle… »

Combien de personnes vivent-elles dans des yourtes en France ? La discrétion obligée de ce type d'habitats rend évidemment impossible tout recensement. « Habiter en yourte est un choix que font peu de personnes », reconnaît Sylvie Barbe, une pionnière de ce type de logement, qui les évalue à seulement « quelques milliers » [14]. Lancée en septembre 2013, une pétition du Collectif Yourtes Nature, défendant les droits de cet habitat dans le cadre de la loi sur le logement dite ALUR (Accès au logement et un urbanisme rénové), portée par l'ancienne ministre du Logement Cécile Duflot, a recueilli plus de 20 000 signatures neuf mois plus tard [15].

---

14 Elle anime le blog « Yurtao, la voie de la yourte » : <http://yurtao.canalblog.com>.

15 « Appel pour le droit d'habiter autrement », <url.ca/hf0i0>.

Cette tente traditionnelle mongole, qui n'est arrivée en France qu'au milieu des années 1990, fait depuis l'objet d'un réel intérêt. « Expérimentée par quelques précurseurs alternatifs, autoconstructeurs et créateurs marginaux », comme le rappelle Sylvie, elle est devenue tellement à la mode que l'hébergement en yourte est proposé au dépaysement des urbains ici ou là. D'astucieux constructeurs vendent également des sortes de chalets ronds et démontables qu'ils assimilent abusivement à des yourtes. Ces succès et dérives ne font pas l'affaire des authentiques « yourteurs ». Car ils n'incitent pas le législateur à se montrer plus compréhensif à l'égard de l'habitat léger. La loi ALUR, qui assouplissait initialement l'implantation légale de yourtes sur le territoire, est devenue nettement plus restrictive à l'issue des navettes parlementaires [16]. L'obligation réintroduite *in fine* de raccordement de ces tentes aux réseaux publics laissera, de fait, de nombreuses yourtes dans l'illégalité. Les parlementaires hostiles à un habitat différent l'ont emporté…

Choisi ou subi ?

Il serait naïf de considérer que toutes les personnes qui vivent en marge du mode de vie dominant le font par pur choix : de nombreux parcours empruntent aussi à de plus triviales nécessités. La crise économique qui perdure impose à beaucoup des choix de vie frugaux. Et l'« habitat léger » est parfois le refuge d'une certaine pauvreté. On ne compte plus, par ailleurs, les jeunes, quelquefois très diplômés, qui rechignent à entrer dans un monde du travail jugé oppressant. Ou qui en sont rejetés par le chômage de masse qui sévit en France. La volonté de vivre un mode de vie alternatif est alors une réponse positive à ces difficultés. Elle représente désormais une sorte de stage de vie pour toute une fraction de la jeunesse…

---

16 *Journal officiel*, 26 mars 2014.

Près du Bugue (Dordogne), cinq personnes vivent à l'année dans l'écolieu alternatif La Sorga [17]. Le terrain de 10 ha provient de l'héritage d'un des initiateurs du lieu, Aymeric Theyse, très versé dans l'autoconstruction, et qui vit désormais en Hollande. Une « maison commune » est en construction depuis de très nombreuses années, mais elle n'est toujours pas achevée. Les habitants se logent dans de modestes cabanes qui vieillissent plus ou moins bien. Un « espace collectif » offre cuisine, salon, salle à manger et salle de bains. L'objectif est de « partager un mode de vie simple, solidaire, proche et respectueux de la nature ».

Un Hollandais, Dan, s'investit beaucoup dans La Sorga et la réalisation de cette fameuse maison commune. Il a une soixantaine d'années comme deux autres habitants du lieu. Visage buriné et vêtements colorés, Colette habite dans la yourte aux parois de paille qu'elle a construite il y a dix ans. Il y a maintenant longtemps que cette sexagénaire a quitté son travail de jardinière et perdu son appartement. Elle admet sans difficulté qu'elle « n'a pas les moyens de vivre autrement ». Mais cela ne veut pas dire que ce mode de vie lui déplaît. À La Sorga, Colette s'occupe soigneusement des jardins et des abeilles. Johannes est lui aussi âgé. Hollandais, il est arrivé ici en moto il y a deux ans. Ce « réaliste » un peu bougon qui dit ne pas aimer les rêveurs cherchait une « communauté non religieuse ». Les jeunes tendent à être désormais minoritaires à La Sorga.

« Plus je suis dedans, plus je vois qu'une grande part de l'alternative est liée à la pauvreté », observe Alexandre, qui a découvert le lieu il y a trois ans et y séjourne depuis sept mois. Né en 1983, il reconnaît honnêtement l'ambivalence de ses sentiments : « C'est une belle expérience humaine, mais je ne vais pas rester toute ma vie ici. Je réalise une partie de mon utopie, mais si j'avais le choix, je vivrais dans une maison écologique. J'étais un bobo ; aujourd'hui, je suis plus clodo que bobo ! » Sincèrement inquiet des atteintes à la biodiversité, ce jeune homme remarque qu'on ne peut être écolo cohérent que de deux manières bien distinctes : soit en ayant « pas

---

17 Visite en novembre 2013 ; voir sa page Facebook <www.facebook.com/lasorga>.

mal d'argent pour manger bio et vivre dans une maison passive », soit en se réfugiant dans l'« alternative frugale ». Titulaire d'une maîtrise en environnement, il est bien obligé de constater que les emplois dans les parcs naturels sont terriblement « bouchés » en ces temps d'austérité. Alors, il « travaille par à-coups » : des animations nature dans la petite « réserve » qu'il a créée à La Sorga, une activité dans un parc acrobranches ou encore la confection de tableaux végétaux.

La Sorga espère créer un ou deux emplois sur le site, un maraîchage bio ou bien une ferme pédagogique. Le groupe entretient d'assez bonnes relations avec le voisinage : « Si on veut un tracteur, on l'a dans la minute ! » Cette « tribu », selon sa propre définition, débat toutefois vivement, et parfois longuement, de l'avenir du lieu. La gratuité de l'accueil des visiteurs est, par exemple, discutée : « À trop faire de social, on va dans le mur, mais si on fait une sélection draconienne, on va perdre la liberté et la tolérance. » Alexandre admet une hésitation « entre le cœur et le cerveau ». Se reprochant presque son idéalisme, il avoue rêver d'une vie plus conformiste : « Fonder une famille et acquérir un bien immobilier, c'est clairement mon objectif. » Il essaie tant bien que mal d'économiser dans ce but, mais craint surtout la paupérisation. Les chemins de l'alternative ne sont pas toujours bordés de roses...

De la communauté à la coopérative : l'expérience de Longo Maï

La petite minorité qui vit en rupture volontaire avec le mode de vie dominant ne saurait être surestimée. Ainsi, le mouvement des « communautés » était autrement plus présent dans la France des années 1970 que dans celle des années 2010, où il s'incarne désormais sous des formes bien différentes. Les rares qui ont survécu à l'époque post-soixante-huitarde ont souvent évolué vers des formes de vie moins collective, comme c'est le cas de Longo Maï (« Que cela dure longtemps » en occitan [18]). Créée en

18 Voir son site <www.prolongomaif.ch>.

1973 à Limans (Alpes-de-Haute-Provence), elle est devenue aujourd'hui un réseau de dix coopératives en Europe, dont cinq en France. Alex Robin a rejoint la communauté de Longo Maï en 1974, à l'âge de dix-huit ans [19]. Il se sentait « à l'étroit » dans sa famille et rêvait de liberté totale, jusqu'aux fantasmes de l'« amour libre ». Alex s'est frotté à de nombreux métiers au démarrage de la communauté, du bûcheronnage à l'élevage de chevaux. Il garde un souvenir ému de ces années d'enthousiasme : « On était des jeunes qui avaient l'ivresse de se prendre pour le centre du monde. »

Très vite, Longo Maï a ouvert un deuxième lieu, la filature de Chantemerle dans les Hautes-Alpes. Le mouvement est devenu international. Un groupe de Suisses a permis d'« échapper aux banques ». Mais des tensions ont surgi : « Il y avait des caractères forts qui travaillaient le collectif. » Le leader, Roland Perrot, dit « Rémi », a manifesté un « excès d'autoritarisme », se souvient Alex. L'un des fondateurs du mouvement autrichien Spartakus, Rémi décède en 1993. Longo Maï change alors de dimension et devient plus un groupe de coopératives autogérées qu'une véritable communauté. « On avait une vie communautaire fusionnelle, et on est peut-être passé d'un extrême à l'autre », s'interroge Alex, qui ne vit d'ailleurs plus au centre de Limans depuis 2000. L'exigence autogestionnaire, elle, se maintient. Et Longo Maï a toujours l'ambition de « mixer démarche alternative et combat politique ». S'il se protège toujours beaucoup de la curiosité extérieure, le mouvement s'est aussi ouvert sur le monde, nouant notamment des relations avec la Confédération paysanne. Son antenne, Radio Zinzine, basée à Forcalquier (Alpes-de-Haute-Provence), plus en lien avec la région qu'auparavant, tranche avec l'image sectaire parfois donnée de Longo Maï. Alex a participé à la fondation et anime toujours l'« une des rares radios libres qui n'est pas morte ».

Le profil des nombreuses personnes qui viennent découvrir et travailler à Longo Maï, sans être vraiment rémunérées, pour une période minimale d'un mois, évolue au fil des ans. Un regain d'intérêt a été constaté dans les années 1990 avec la « génération Chiapas » de jeunes qui voulaient « passer à l'acte ». La génération

---

19 Rencontre en mars 2013.

actuelle est « plus écologiste », marquée par la référence au combat contre l'aéroport de Notre-Dame-des-Landes. Longo Maï reste un passage prisé pour beaucoup de jeunes en quête d'autonomie. « Je ne connais pas d'expérience d'autogestion plus poussée que la nôtre », souligne Alex. Qu'on se le dise, « Longo Maï n'a pas perdu de sa vitalité ». Et prouve son sérieux : « On a montré qu'on n'était pas des rigolos, parce que notre expérience dure ! »

Le noyau de ceux qui refusent radicalement le mode de vie dominant reste cependant très limité. Vivre à l'écart de la société a un coût réel, même si ce choix apporte d'autres gratifications. Beaucoup de jeunes empruntent ce chemin pour expérimenter une autre manière de vivre, mais n'y restent pas très longtemps. D'autres personnes, souvent plus âgées, optent en faveur de ces modes de vie alternatifs plus par nécessité que par choix. La société provoque parfois des blessures qui se soignent mieux en prenant ses distances avec elle. Le monde alternatif fait aussi office de refuge. Produit de réactions, parfois excessives, aux excès du modèle productiviste et consumériste, cet univers ne nous en dit pas moins des choses profondes sur notre société. Les « nouveaux Indiens », dont il serait si facile de se moquer, témoignent à leur manière de la folie du monde. Et le rejet virulent qu'expriment à leur égard les autorités trahit une peur de la différence et un conformisme qui tranchent brutalement avec les bonnes paroles du discours ambiant. Cette société doit être bien fragile pour se sentir menacée par quelques milliers de yourtes…

2

Les îlots verts

Ce sont des havres de paix dans ce monde de brutes. Des lieux qui préfigurent à la fois d'autres rapports entre l'homme et la nature et de nouveaux rapports humains. On les appelle « écovillages », « écohameaux » ou « écocentres ». Ces réalisations, souvent exemplaires, prouvent qu'il est d'ores et déjà envisageable, à l'échelle locale, d'expérimenter de nouveaux modes de vie. Leurs habitants sont moins en rupture avec la société qu'ils ne cherchent à lui indiquer une autre voie. Dès 1995, un collectif animé par Pierre Rabhi avait lancé un « Manifeste des oasis en tous lieux » [1], dont l'objectif était de réaliser « des exemples concrets et convaincants qu'une autre façon d'être et de vivre ensemble dans le respect de l'humain et de la nature est possible ». Une quinzaine de lieux, d'importance très inégale, rejoindront ce réseau. Mais le mouvement des écovillages est autrement plus vaste et divers que cela. Il s'étend sur tout un spectre, allant de simples lieux pédagogiques à des formes de vie presque communautaires.

Éourres (Hautes-Alpes) : un vrai village

Se définissant comme « soixante-huitarde », Bernadette Maras, née en 1953, a toujours eu l'« idée de changer de vie

1 Voir le site <www.oasisentouslieux.org>.

soi-même ». Elle est arrivée en 1980 dans le petit village montagnard d'Éourres (Hautes-Alpes) [2] grâce à une petite annonce parue dans le journal écologiste *Le Sauvage*. Deux couples originaires de Marseille projetaient de faire « revivre » ce village qui se mourait, comme tant d'autres, en y implantant une communauté. Avec son mari, Bernadette n'a pas eu grand mal à dénicher, à Éourres, « une ruine et un peu de terre ». Petit à petit, ils l'ont transformée en une vraie maison et se sont lancés dans une exploitation de maraîchage, bien entendu bio. La trentaine de légumes produite est écoulée localement. « Ici tout le monde mange bio. Les gens viennent chez nous chercher leurs légumes en libre-service. Ils notent eux-mêmes ce qu'ils prennent. C'est pratique et on compte sur leur honnêteté. » Leurs produits sont également vendus dans la petite épicerie bio du village.

Bernadette se remémore le temps écoulé avec un peu de mélancolie. La communauté a éclaté dans les années 1990. Heureusement, la décennie suivante, Éourres a attiré beaucoup de jeunes à leur tour désireux de changer de vie. Ce beau « village d'alternatives », selon son autodéfinition, tourne désormais à plein. « On manque de place ici, on est très sollicités », confie la maire adjointe de ce « village dirigé par les femmes ». Entretenir la dynamique de participation collective aux décisions, à laquelle tiennent beaucoup les fondateurs, ne va pourtant pas de soi : « Les vieux sont fatigués et les jeunes ne savent pas toujours s'intégrer… » Tous les premiers lundis du mois, une réunion rassemble les habitants du village. Mais ils ne sont parfois qu'une petite dizaine sur les cent quarante habitants que compte Éourres. « On doit tirer la sonnette d'alarme… »

Ici aussi, le coût du foncier et de l'immobilier joue un rôle terriblement sélectif. « Maintenant, le prix d'une vieille maison dans le village est inabordable pour un jeune couple. » La commune fait pourtant, autant qu'elle le peut, la guerre aux résidences secondaires. Mais l'isolement total est un leurre. Le calme Éourres n'échappe pas, malgré le haut degré de conscience de ses habitants, à quelques menues misères de la modernité. « On a eu récemment

---

2 Visite en mars 2013 ; voir le site <www.eourres.fr>.

une réunion sur les incivilités où l'on a parlé des chiens qui font leurs crottes partout et de ceux qui garent leur voiture n'importe où... » Éourres est raccordé depuis peu à l'Internet haut débit, *via* l'ADSL, après avoir refusé des systèmes CPL [3] jugés polluants.

Proche des Amis de la Terre, Bernadette a sa carte de la Confédération paysanne. Croyante, cette lectrice de *La Vie, L'Âge de faire* et *Passerelle Éco* s'intéresse à la « spiritualité au sens large ». Trois ou quatre fois par an, la petite église perchée en haut du village est le théâtre d'une « messe décontractée » où se retrouvent, dans un bel œcuménisme, les croyants de plusieurs cultes. La reconnaissance de ce « village d'alternatives » la réjouit. Il est loin le temps où ses pionniers étaient pris pour une « secte » par les gens méfiants des environs. Et Bernadette se félicite que le conseiller général UMP du canton, Albert Moullet, un homme ouvert d'esprit, aide utilement les habitants d'Éourres.

La rencontre avec quelques habitants révèle autant la diversité des parcours que la convergence des exigences. Dolinda Van Houten est arrivée à Éourres il y a une dizaine d'années, « à la recherche d'un lieu alternatif » pour elle et ses enfants. La présence d'une école Steiner (voir *infra*, chapitre 8) dans le village a beaucoup compté dans son choix : « Cela a fait du bien à mes enfants. » Cette Hollandaise, qui a énormément voyagé, est désormais responsable de la petite épicerie du village, laquelle s'est affiliée au réseau BioCoop. Elle cuisine également pour le café-restaurant Le Lézard vert, ouvert en été.

Emmanuelle et Michel Philippo viennent quant à eux de Belgique. Ils ont fui l'implantation « d'une des plus grosses cimenteries d'Europe », qui allait être « forcément toxique ». Là-bas, elle était professeur de français et lui de philo. Ils ont essayé, hélas sans succès, de créer à Éourres une école accueillant les enfants en difficulté scolaire de la région. Le couple s'est ensuite lancé dans un projet associatif, « Sens et Autonomie », qui s'adresse aux « jeunes adultes ». Il leur propose des stages de durée variable portant sur l'autoconstruction ou la définition d'un projet de vie. Michel est fier d'avoir été « certifié » pour la construction en matériaux de

3 Courant porteur en ligne, méthode de distribution du réseau Internet.

paille. En périphérie du village, on peut admirer une maison construite selon cette technique de plus en plus prisée.

Caroline Yaffée est maire d'Éourres depuis 2002. À son corps défendant, elle a entamé un deuxième mandat en 2008 pour cause de départ brusque d'un adjoint qui devait prendre le relais. Et quand je la rencontre en mars 2013, elle craint fort de devoir rempiler une nouvelle fois en 2014 (ce qui sera le cas) : « Il n'y a pas tant de monde que ça intéressé par la gouvernance globale du village. » Autant qu'elle s'en souvienne, la maire de la commune qui a le plus voté en faveur d'Éva Joly à la présidentielle de 2012 (42,37 % des suffrages exprimés) a toujours été écologiste. Elle a également été marquée par sa quête spirituelle, notamment en lien avec la Fondation Findhorn, créée en 1962 en Écosse et se définissant comme un « centre d'éducation spirituelle et holistique » attaché au « travail avec les plantes et la communication avec les royaumes de la nature »[4].

Caroline se remémore avec émotion de son arrivée à Éourres : « Les anciens étaient super-heureux de nous voir, c'est avec les villages environnants qu'on a eu des problèmes. » Caroline faisait partie de la petite communauté d'une quinzaine de personnes qui pilotait la « renaissance du village ». Elle a vécu douloureusement son éclatement, « comme on vit un divorce ». Dans les années 2000, c'est l'intégration de nouveaux arrivants qui lui a causé du souci. Des jeunes « potentiellement anars », très critiques par rapport à ce qu'avaient réalisé les pionniers, et qui avaient même parfois « envie de renverser nos valeurs ». Ils ne comprenaient pas, par exemple, que l'unique café du village ne vende pas d'alcool. Il a encore fallu surveiller étroitement les ventes de maisons du village. « Heureusement, la plupart ont été rachetées par des gens intéressants. On travaille avec une agence immobilière qui filtre les demandes… »

En 1992, Caroline a ouvert un des premiers gîtes ruraux de France à quelques kilomètres du village. « On avait envie de partager nos idéaux, nos vies. » Il offre aujourd'hui une quarantaine de lits à côté de huit emplacements de camping. Des stages de

---

4 Voir le site <www.findhorn.org/francais>.

« développement personnel » y sont régulièrement organisés. La maire se félicite de la reconnaissance de son village. « L'histoire leur a donné raison », a écrit une petite revue des communes des Hautes-Alpes à propos d'Éourres. « Nous sommes un peu un exemple dans le département et la région. Jamais un de nos projets n'a pas été retenu. » Éourres a été l'une des premières communes à mettre en place le tri sélectif des déchets. Elle a été le berceau de beaucoup d'entreprises, de la production de tofu à celle de barres énergétiques. « Ici, il faut créer son activité. » Le village s'enorgueillit de son école Steiner qui a réussi à obtenir des financements publics. Il est question de l'élargir à une « micro-crèche ».

Pour Caroline, adhérente à EELV, cette démonstration concrète qu'il est possible de vivre différemment fera école : « Il va y avoir de plus en plus un monde parallèle à celui qui nous domine. Je ne vais pas m'attaquer au capitalisme. Mais, à partir du moment où on a le choix de l'univers dans lequel on peut vivre, il y a un progrès. » Elle sait pourtant que cette opportunité n'épuise pas la question politique. Les deux démarches lui semblent plutôt complémentaires : « Il y a des gens qui ont des âmes de guerriers, ce sont des militants. Et puis, il y a ceux qui recherchent la paix intérieure. On a besoin des deux espèces. »

Un moulin collectif en Haute-Vienne

Né en 1940, Alain Dorange, l'initiateur de l'écohameau Moulin de Busseix (Haute-Vienne)[5], n'est pas précisément un écologiste né de la dernière pluie. Ce professeur de physique-chimie a pris conscience des « limites de la croissance » dès la lecture du célèbre rapport du Club de Rome publié sous ce titre en 1972 : « J'étais un scientifique, c'est un langage qui me parlait. » Bien des années plus tard, parvenu à l'âge de la retraite, Alain a caressé l'idée de « faire un truc plus intéressant » que de dépenser ses économies dans de bons repas au restaurant et des voyages lointains. Il a voulu créer un collectif logé dans un écovillage. Cet

5 Visite en novembre 2013 ; voir son site <http://moulindebusseix.org>.

ancien maire adjoint écologiste d'une mairie communiste de la région parisienne n'en était pas à son coup d'essai pour organiser des initiatives : « On avait construit la première station photovoltaïque de l'Île-de-France... »

Deux couples amis sont rapidement intéressés par le projet. Alain recrute également par petites annonces. La vente de sa maison en région parisienne permet une mise de fonds conséquente. Le problème est plutôt de trouver un terrain suffisamment grand pour héberger une exploitation agricole bio. Le « Moulin de Busseix », avec ses 14 ha, sis dans la commune de Ladignac-le-Long, correspond parfaitement à ces critères. Le domaine est acheté en 2004 et une société civile immobilière (SCI) est constituée : les parts de chacun varient beaucoup selon ses moyens, mais tous les actionnaires ne disposent que d'une seule voix. Les maisons ont été bâties avec les moyens du bord – il ne faut pas le dire trop fort, « par rapport aux normes, on est vite amené à prendre quelques libertés »...

Alain et son épouse Nicole ont emménagé dans leur belle maison de bois et de paille en 2008. « Je n'ai jamais rencontré autant de monde, se félicite-t-il, alors qu'on ne voyait plus tellement nos amis en région parisienne et que beaucoup de ceux qui s'installent à la campagne crèvent de solitude. Le point faible, ce sont les distances à parcourir en voiture, même si deux gares se trouvent à cinq kilomètres de là. » Une intense vie collective anime le Moulin de Busseix. Les repas de midi sont pris ensemble, chacun faisant la cuisine à tour de rôle. S'occuper des jardins, faire le bois et autres multiples travaux d'entretien constituent autant de tâches qui participent de cet « environnement humain très présent ». Le groupe possède en commun une voiture (en plus des véhicules individuels) et une épicerie (ce qui lui permet d'acheter en grande quantité).

Il se réunit tous les quinze jours. Le principe général est de décider par consensus. Mais il arrive que de petits problèmes allongent les débats et imposent parfois, au final, le vote. La décision de remplacer les cageots en bois qui transportent les bouteilles de cidre par des cageots en plastique a été dure à prendre. Les femmes étaient contre, pour des raisons écologiques, et les hommes pour, avec l'argument d'un moindre poids. Au bout du compte, sanction de la démocratie, le bois l'a emporté – avec le suffrage de celles qui portent le moins souvent ces satanés cageots…

Les habitants de l'écohameau sont divers du point de vue de l'âge, mais aussi du confort de leurs habitations respectives. Les jolies maisons du haut du domaine des couples plutôt âgés coexistent avec la cabane en bois de Benoît, jeune conducteur de car scolaire. Paysanne-boulangère, Charlotte vit pour sa part, avec son compagnon journaliste, dans une maison en paille de taille plus modeste. Une idée pour attirer des familles sans revenus élevés est d'offrir à la location une quatrième maison. Fin 2013, dix-sept personnes vivent au Moulin de Busseix « quand tout le monde est là ». Pour Alain, vingt à vingt-cinq serait le maximum : « On est un peu entre la grosse famille et la tribu. »

Les règles du groupe sont assez lâches : « On a une culture de la confiance mutuelle. » Car l'essentiel est dans l'homogénéité de l'état d'esprit qui règne dans l'écohameau. Chacun partage ici les « mêmes valeurs écologiques », la recherche d'une « qualité de vie en consommant moins ». Alain a beau être adhérent des Verts depuis 1989 (candidat EELV aux législatives de 2007) et y être resté en dépit de ses « états d'âme », il parie surtout sur un « mouvement qui démarre depuis la base ». « Les politiques ont perdu la main, diagnostique-t-il. On est autour d'un feu qui ne veut pas prendre. Il faut entretenir la braise ; un jour viendra où le vent se lèvera, et alors le feu prendra. » La braise, ce sont les « expériences locales ». Le vent, ce sera « une catastrophe ou la guerre ». Il ne souhaite évidemment pas que surviennent les événements les plus dramatiques. Mais Alain en est convaincu : « On ne pourra pas maintenir le même niveau de consommation et de protection sociale. »

L'écohameau chrétien de La Bussière-sur-Ouche (Côte-d'Or)

La Ferme de la Chaux, qui occupe un hameau de la commune de La Bussière-sur-Ouche (Côte-d'Or) [6], a l'originalité d'abriter un « écohameau chrétien, participatif et festif ». Quatre appartements et trois studios hébergent quelques familles et couples vivant « dans une démarche de simplicité volontaire et d'autonomie ». J'y suis accueilli par Alexandre Sokolovitch, qui a pas mal roulé sa bosse avant de s'impliquer dans ce lieu. Né en 1977, il a été électricien puis éducateur. En 2006, Alex décide d'entreprendre en bus un « tour de France » des initiatives solidaires et écologiques tout en explorant les conditions de vie des personnes sans ressources. « On a monté un lieu d'accueil pour les SDF à Montpellier », se souvient-il.

Pendant trois ans, avec sa petite famille, il a pu toucher du doigt la « grande diversité culturelle de ce pays ». Des myriades de « microsociétés », « pleines de gens qui vivent sans argent » et qui peuvent même être désormais « fils de punks ou petits-fils de hippies ». La crise et le rejet d'un mode de vie conformiste favorisent ces écarts au long cours. « Cela concerne beaucoup de jeunes, les logements sont trop chers, ils ont soif d'autonomie, alors ils vivent dans des camions et se baladent. » Ces rencontres ont poussé Alex à « voir les choses essentielles ». Après tout, « il est intéressant de se rendre compte de comment vivaient nos grands-parents pour pas très cher », note cet homme issu d'un milieu rural et ouvrier de Haute-Savoie.

C'est lorsqu'il séjournait dans un squat de Dijon qu'Alex a entendu parler de la Ferme de la Chaux et de l'association Goshen (du nom du lieu biblique accueillant les esclaves hébreux) qui la possède. Avec sa famille, il avait envie de se « poser » un peu. Sa compagne était enceinte. Les valeurs chrétiennes baignant le lieu leur ont parlé : « J'avais découvert la foi un peu par hasard, par des recherches personnelles, la lecture de l'Évangile... » Aujourd'hui, Alex s'active dans un petit réseau de chrétiens alternatifs, TCHAAP

---

6 Visite en mai 2013 ; voir sa page Facebook, <ur1.ca/hff40>.

(Tribu chrétienne hétéroclite altermondialiste autogérée de prière) [7]. Mais il est surtout actif à la Ferme, où il joue un rôle de coordinateur. Quatre couples habitent ici. Leurs ressources sont modestes. L'un est plongeur dans une boucherie, l'autre aide-institutrice. Ces habitants sont encore maraîchers ou graphistes. Alex et sa compagne se contentent de peu : « On a choisi de ne pas demander le RSA. On touche les allocations familiales [ils ont trois enfants]. On vit très simplement avec 500 euros par mois en faisant de la récupération derrière les hypermarchés. »

La Ferme accueille des « gens de passage », mais le gîte leur cause des soucis en raison des « mises aux normes » indispensables. Elle organise tout de même « trois festivals par an », qui rassemblent plus de deux cents personnes. Une « grange festive » participe du succès du lieu. Et les chrétiens alternatifs de Goshen sont finalement appréciés par les actifs milieux anarchistes de la proche Dijon. Alex a été candidat dans la cinquième circonscription de la Côte-d'Or aux législatives de 2012. Sous l'étiquette EELV, il a obtenu 2,2 % des voix au premier tour. L'expérience ne lui a pas vraiment donné envie de continuer en politique…

L'Oasis de Lentiourel, un lieu de paix en Aveyron

Une dizaine de personnes se recueillent silencieusement autour d'un chêne qui a eu le malheur de pencher dangereusement vers la vieille bâtisse abritant l'Oasis de Lentiourel, proche de Saint-Affrique (Aveyron) [8]. Une dernière prière collective pour cet arbre qui doit, la mort dans l'âme, être sacrifié à la sécurité des habitants. Plusieurs visages sont empreints d'émotion. « Il n'y a aucune raison d'être triste, la nature se transforme », réconforte l'un des participants après une ultime bénédiction. Cet Oasis se veut « un lieu de paix, s'inscrivant dans le soin de la terre, du

---

7 Voir le site <http://jesusfreaks.fr>.

8 Visite en octobre 2013 ; voir son blog <http://oasisdelentiourel.over-blog.com>.

monde et de soi ». Un « écoprojet » aux multiples activités (permaculture, jardins partagés, activités artistiques, écoconstructions, thérapies alternatives) qui accueille régulièrement un public très varié pour ses « chantiers participatifs ».

Ce jour-là, autour d'une table de produits bio, une dame âgée issue d'un « milieu bourgeois, très catho », passionnée par l'écologie mais sceptique sur certaines pratiques excessivement mystiques à son goût, côtoie un adepte fervent des « ondes vibratoires » ou encore une jeune fille qui assure « parler aux plantes ». Celle-ci vient d'abandonner le marketing pour se lancer dans une formation bio. Au-delà des différences de philosophie et de modes de vie, tous les présents communient dans une même aspiration à un mode de vie plus sain et plus en contact avec la nature.

Né en 1951, Jacques Dudon est à l'origine de la création de l'Oasis de Lentiourel, affiliée aux « oasis en tous lieux » de Pierre Rabhi. Compositeur et luthier expérimental, ce musicien inscrit ses recherches dans le « courant micro-tonal » du compositeur et créateur d'instruments américain Harry Partch. Lui aussi concepteur d'instruments de musique, Jacques était à la recherche d'un « lieu de création artistique » qui lui permettrait de réaliser le « rêve » de mêler son travail et un projet collectif. « Je voulais mettre en place des antennes vibratoires pour élaborer les musiques de demain, mais j'ai aussi un besoin vital de faire du jardin. J'ai inventé beaucoup d'instruments de musique qui utilisent l'eau… »

Artiste depuis une quarantaine d'années, Jacques est aussi très attaché aux « expériences communautaires ». Il a connu, en son temps, les « premiers hippies américains », mais aussi l'Inde où il vivait en « petite tribu ». « Je crois à la vie collective. J'avais besoin d'un lieu pour vivre mon activité artistique, mais aussi pour la partager avec d'autres. » Jacques a investi ses économies dans l'achat d'une magnifique ferme-manoir du XIe siècle restaurée, accompagnée de dépendances de la même époque (dont une grange qui sert aux spectacles de théâtre). Le lieu s'étend sur 35 ha de terres, avec rivière, sources, bois. Il a été acquis grâce à une société civile regroupant des associés ainsi qu'à des prêts solidaires. « Il n'y a pas de propriété de personnes physiques, ni de risque de spéculation. »

La Safer a sélectionné leur projet de pluriactivité – dont une partie agricole en bio – en raison de son caractère innovant. Huit personnes résident actuellement à l'Oasis, dont deux spécialisées dans la permaculture, une thérapeute, un architecte et une chanteuse. L'écoconstruction de structures légères fait aussi partie de ses activités.

Mais l'Oasis recherche toujours, à la fois, de nouveaux financements et de nouveaux habitants. « On est très peu d'hommes... Mais le nombre d'écolieux a explosé en France, alors il est devenu plus difficile de trouver des gens. » Il est plus facile d'accueillir, pour un laps de temps plus ou moins court, des jeunes qui, comme Nicolas, sont en recherche de modes de vie alternatifs mais n'ont pas encore envie de se poser quelque part. Enfin, Jacques est heureux de voir s'enraciner un « lieu sain qui expérimente de nouveaux chemins d'autonomie créative ».

Écologie et collectif : Écolectif en Haute-Garonne

Isabel Estévez Corniquet, « transmettrice en communication non violente », est la seule habitante d'Écolectif rescapée du groupe initial, qui rêvait de bâtir un « lieu où les enfants pourraient rester humains et les adultes le devenir ». Passer du rêve à la réalité n'est jamais simple et beaucoup de projets de ce type voient le jour avec des personnes différentes de celles qui y ont songé de prime abord. Le choix du lieu est généralement un critère décisif d'adhésion ou de divorce.

Écolectif a finalement élu domicile à Gensac-de-Boulogne (Haute-Garonne) [9], une commune rurale dont le maire a immédiatement soutenu le projet. Un vaste terrain de 35 ha dont 10 boisés autour d'une belle bâtisse avec « une rivière en bas qui n'est jamais à sec ». La propriété a été acquise, en 2012, selon un montage juridique complexe qui « allie égalité, respect des valeurs et protection du groupe ». Le schéma articule une association à but non lucratif,

---

9 Visite en octobre 2013, voir son site <www.ecolectif.fr>.

Chemins d'Écolectif, et une société civile immobilière (SCI), Terres d'Écolectif. Michel Valentin, le fondateur des Amanins (voir plus loin), les a immédiatement aidés. Le reste du financement a été assuré, à raison d'un tiers, par des apports personnels et par des prêts de sympathisants. « Personne n'est propriétaire de rien du tout », insiste Isabel. Les habitants paient un « loyer » qui est une forme de remboursement d'emprunt et ne récupèrent ces sommes versées qu'en cas de départ.

« Toutes les décisions sont prises en cercle. » Deux de ces « cercles de décision » ont lieu le mercredi et le dimanche. Ils durent une heure et quart, un « bon format pour les enfants ». Mais si Écolectif dispose d'importants équipements en commun, il est d'abord fondé sur « des projets portés par les individus ». « Je crois à la souveraineté individuelle et à la solidarité collective », synthétise Isabel. Simplement, « les projets individuels ont besoin d'un aval du collectif ». Tout cela suppose une forte adhésion à la philosophie du lieu. Une décision très pénible a dû être prise récemment, celle de « demander à une famille de six personnes de partir ». « On avait beaucoup de mal à travailler avec elle, on a fait appel à un médiateur jusqu'à ce que notre groupe se sente épuisé... » Cette famille ne parvenait pas à se plier aux règles communes. La douloureuse décision de l'exclure a finalement été prise à l'unanimité.

Mais les débats dramatiques de ce type sont rares. C'est tout juste si l'on s'est un peu frictionné, un de ces jours, sur l'usage de l'alcool lors des repas collectifs – qui sont facultatifs. Malgré l'opposition de principe de certains habitants, il a été sagement décidé que ce type de consommation relevait de choix personnels.

Écolectif héberge actuellement onze adultes et quatre enfants, trois célibataires et quatre couples. L'âge varie entre presque zéro et la soixantaine. « Tout le monde travaille, insiste Isabel. On est tous arrivés ici avec nos compétences et personne ne se fait de souci pour sa survie, on a confiance dans leur utilité ! » La palette de savoir-faire professionnels est assez impressionnante. Isabel dispense ses formations en communication non violente dans la région et au-delà. Christophe est agent EDF, conseiller en économies d'énergie. Sébastien est ingénieur-enseignant chercheur à l'INSA de Toulouse. Joëlle est une nouvelle retraitée qui travaillait à la Commission européenne. Olivier, « décroissant radical », construit des modules d'habitat temporaire.

Étienne était ingénieur informaticien avant de démissionner et de parcourir les lieux alternatifs en vélo. Il a été séduit par Écolectif et s'est inscrit, avec succès, dans le « parcours d'intégration » proposé aux intéressés. Thomas est professeur d'éducation physique mais aussi vendeur de panneaux solaires. Garance est une ostéopathe qui commence à être très connue dans les environs. Nidia anime des chantiers d'autoconstruction. Joachim est « inspirateur en permaculture ». Nombre d'entre eux, comme Isabel, vivent en yourtes en attendant de pouvoir construire leur maison dans l'alignement de la bâtisse centrale. À terme, l'objectif est de pouvoir héberger une vingtaine de foyers. Dans ce qui serait alors devenu un véritable écohameau.

Des projets plus modestes voient aussi le jour. À Soulvache (Loire-Atlantique), La Grée [10] est un ancien manoir, longtemps abandonné, qui est devenu le lieu d'une « expérimentation humaine visant l'autonomie comme dynamique sociale en harmonie avec la nature ». La feuille de route est simple : « Dans la convivialité, avec un esprit de simplicité, les habitants vivent ensemble, tissent des liens avec le territoire, rénovent, cultivent, plantent, pétrissent et récoltent. » Une cinquantaine d'associés ont rassemblé 300 000 euros pour le remettre en état. Quatre foyers y résident. « On ne consomme qu'un kilowatt par jour », dit fièrement Christophe Guilleux, « charpentier bâtisseur » de son état.

Tous les premiers dimanches du mois, une opération « portes ouvertes », avec animations, permet la découverte du lieu. Car le collectif a besoin de soutiens pour mener à bien ses différents projets. Il est envisagé d'ouvrir une maison de repos pour les anciens ou bien un établissement pour des jeunes en difficulté. Un camping alternatif est déjà en place. « Le maire nous a beaucoup aidés. » La petite communauté a connu des moments délicats : « On s'est embrouillés, des gens sont partis. Et on s'est retrouvés avec des gens au RMI, je ne l'ai pas supporté ! » Christophe n'est pas du tout un adepte de l'assistanat, comme beaucoup de gens de

10 Visite en juin 2013 ; voir le blog <http://lagree.cc>.

cette mouvance qui sont jaloux de leur autonomie, y compris financière : « On ne veut pas trop d'aides. »

Christophe met au point un « véhicule électrique familial » qui roule à 30 km/h avec une autonomie de 80 kilomètres. C'est avec cet engin, sorte de vélo à coque légère, qu'il se déplace. Christophe envisage de proposer des stages de fabrication de sa création. Pas question de livrer le véhicule déjà construit : « Si quelqu'un en veut un, il vient le faire ici ! » Notre inventeur met encore au point un « prototype de vélo solaire à deux places ».

Réalisme et utopie à la ferme des Amanins (Drôme)

Dans une première vie, Michel Valentin était un entrepreneur hyperactif. Un beau jour, sa femme l'a quitté. Il s'est alors interrogé sur le sens de sa vie et sur ses relations aux autres. Il a aussi fait la connaissance, à cette époque, de l'agronome et philosophe Pierre Rabhi. Cette rencontre a fait germer, en 2003, le projet des Amanins, une ferme agrobiologique sise à La Roche-sur-Grâne (Drôme) adossée à une école et un lieu d'accueil pédagogique [11]. « Avant, j'étais seul contre les autres, ici j'apprends à faire avec les autres », avait coutume de dire Michel, mort subitement en montagne le 13 mai 2012. Il avait investi pas moins de 4,5 millions d'euros dans cette belle réalisation pilotée par une association sur le point de se transformer en Scop (Société coopérative de production).

Les Amanins occupent 55 ha dont 20 ha de surface agricole utile et un hectare de maraîchage. L'école accueille, à la journée, trente-quatre élèves réunis en une seule classe. Elle est purement associative, mais son coût est modique pour les parents : 110 euros par mois cantine comprise grâce à leur participation à la confection de repas et à l'entretien de l'école. « Centre agroécologique », Les Amanins hébergent également nombre de stages ou de manifestations liés à son projet. Ils accueillent enfin des familles,

---

11 Visite en novembre 2012 ; voir son site <www.lesamanins.com>.

pendant les vacances d'été, qui participent à la fabrication du pain et du fromage.

Le lieu tend à l'autonomie alimentaire (à 90 %) et énergétique (aux deux tiers). La quinzaine de membres de l'équipe pratiquent une démocratie exigeante. Réunions par « pôles d'activité » hebdomadaires et générales de manière moins fréquente. « On se réunit en équipe en-dessous du poirier », explique Houari Belmostefa, cogérant. Les assemblées débutent par un « jeu coopératif » visant à développer l'entente du groupe. Vient l'étape du « ressenti » de chacun. Puis le traitement des informations et des décisions à prendre. « On travaille au consensus. » Avec l'enrichissement de la méthode holacratique [12] : « L'objection est toujours traitée. Elle peut même vriller une décision en train de se prendre… »

« Ce qui est central chez nous, c'est l'écologie relationnelle », souligne Houari. Lui-même est arrivé aux Amanins « comme maçon » après un riche parcours. Les études de sociologie de ce jeune homme de sensibilité plutôt libertaire l'ont conduit à travailler dans le « tourisme alternatif », mais aussi dans des centres éducatifs fermés. « À la naissance de ma première fille, j'ai eu envie de bosser de mes mains. » Aujourd'hui « boulanger et éleveur », il habite dans une petite maison à une vingtaine de kilomètres de l'écolieu. « On n'est pas une communauté, on vit à l'extérieur pour rester en lien avec la société. »

Houari insiste sur le mariage entre « réalisme et utopie » qui caractérise les Amanins. Il ne fait pas de doute, à ses yeux, que cette impressionnante réalisation préfigure un avenir à la fois souhaitable et possible. « On n'est pas de doux rêveurs, on n'est pas sur une autre planète, on est dans un changement de paradigme ! » Pour s'être un temps occupé de l'accueil et de la communication, il a pu mesurer les effets heureux d'un séjour aux Amanins pour nombre de visiteurs. « Il y a plein de gens qui se rendent alors compte qu'il y a vraiment quelque chose qui ne va pas dans leur vie : des financiers, des agriculteurs, des profs… » Houari se souvient d'un « avocat d'affaires de Lyon » qui était « descendu pieds

12 De « holacratie » : système de gouvernance itérative (voir *infra*, chapitre 12).

nus de sa grosse berline ». À cinquante ans, il venait de perdre son père et se rendait brutalement compte qu'il n'avait pas du tout choisi la vie qu'il menait. Cet homme éprouvé donnera, après sa visite, un nouveau cours à son existence…

Le village coopératif du Viel Audon (Ardèche)

Au bord de l'Ardèche, dans un site somptueux cerné de gorges, le hameau du Viel Audon est le creuset, depuis plusieurs décennies, de toute une série d'activités innovantes [13]. Abandonné au début du XIXe siècle, le village en ruines a repris progressivement vie à partir des années 1970. Un petit groupe d'amis, dont Béatrice et Gérard Barras [14], a acquis ce bel endroit situé sur la commune de Balazuc (Ardèche). Ils s'y sont installés, ont reconstruit progressivement des habitations viables et ont d'abord lancé des chantiers pour jeunes du scoutisme. Un troupeau de chèvres est arrivé en 1979 et la vente de fromage a commencé.

Yann Sorbier a découvert le Viel Audon en 1980, à l'âge de dix-huit ans. Il y restera plus de trente ans, exerçant successivement de nombreux métiers : chevrier, éducateur, cuisinier, comptable, directeur. En 1981, une nouvelle équipe de jeunes reprend en main le lieu et change ses activités. Sur la lancée du rapport Schwartz [15], le premier stage d'insertion sociale de jeunes se tient ici en 1984. Des chantiers d'été accueillant un public difficile y seront organisés jusqu'en 1992. Yann et son équipe se lancent alors dans les « classes découverte » : « On avait envie de faire partager le travail agricole aux enfants. »

Le Viel Audon est devenu une réalisation d'envergure. Il est composé de quatre structures. L'association Le Mat (ce qui veut

13 Visite en avril 2014 ; voir le site <www.levielaudon.org>.

14 Fondateurs d'Ardelaine (voir *infra*, chapitre 9).

15 Rapport sur l'insertion professionnelle et sociale des jeunes, qui avait été demandé, en 1981, par le Premier ministre socialiste Pierre Mauroy à l'ingénieur Bertrand Schwartz (voir son livre passionnant : *Moderniser sans exclure*, La Découverte, Paris, 1994).

dire « le fou ») gère l'hébergement des groupes et des particuliers. Neuf salariés y travaillent. Son chiffre d'affaires annuel est de 400 000 euros, autofinancé à 85 %. L'idée est de faire véritablement découvrir la vie de la ferme aux enfants, qui restent généralement cinq jours : « On ne joue pas à la dînette, ils sont au contact avec une vraie économie, de vrais gestes professionnels. Quand ils rentrent dans une serre, il y a trois cents salades. Quand les enfants partent garder les chèvres, ils marchent pendant trois heures. » Adepte de l'« écologie pratique, du quotidien, et pas d'une écologie religieuse ou moraliste », Yann insiste sur l'apprentissage très concret des cycles. « Les enfants voient que le déchet d'une activité, c'est la ressource d'une autre ; les reliefs de leurs repas servent à nourrir les cochons… » Ils apprennent aussi le « faire ensemble » : ce travail collectif les change radicalement d'une école qui place les élèves en sévère concurrence en donnant la priorité à la valorisation personnelle.

Trois autres salariés travaillent à la ferme, qui abrite une cinquantaine de chèvres, six cochons et deux vaches. Elle écoule ses produits sur place, dans les marchés locaux et quelques restaurants. L'association Le Bateleur (deux salariés) s'occupe des jardins et des activités de maraîchage. Enfin, une dernière association gère des chantiers de jeunes, de deux mois chaque été, encadrés par des bénévoles.

Un « conseil de hameau » rassemble les membres de ces quatre structures tous les deux mois. Tout n'est pas toujours d'une simplicité biblique : le Viel Audon a traversé une crise en 2010. Les « porteurs de projet » et les salariés se sentaient trop inégalement impliqués dans leur travail. Un meilleur équilibre a, semble-t-il, été trouvé à l'occasion du renouvellement de l'équipe.

Avec le réseau REPAS [16], le Viel Audon a également initié un système de « compagnonnage alternatif ». Une vingtaine de jeunes explorent, pendant cinq mois, diverses entreprises alternatives qui pratiquent l'égalité des salaires et se placent au service du

16 Réseau d'échanges et de pratiques alternatives et solidaires : un réseau d'entreprises en France qui se reconnaît dans le champ de l'économie alternative et solidaire (<www.reseaurepas.free.fr>).

développement de leur territoire. Yann se réjouit de ses résultats : « Ces jeunes reprennent confiance en eux et on leur injecte une bonne dose d'optimisme ! »

Tout le monde est rémunéré au Smic au Viel Audon. « J'ai encore une vieille télé et ma bagnole a quinze ans, sourit Yann. On est fiers d'y être arrivés, d'être reconnus, d'avoir créé de l'emploi ! On a réussi à incarner une utopie, à faire revivre un village avec différentes activités. » Reste à maintenir l'esprit du lieu avec de nouvelles équipes qui n'ont pas connu la ferveur militante des débuts. « Nous, on vivait dans un projet politique, on avait quelque chose à dire à la société. Notre village coopératif s'est recentré sur ses activités, mais il faut qu'il garde son âme… » Yann est loin, pour autant, d'être partisan de discussions infinies. « Les premières années, on avait beaucoup de réunions, on recherchait le consensus et on ne décidait de rien ! » Résolution a été prise de donner plus d'autonomie aux différents secteurs du village et surtout de se faire confiance *a priori*. « Je crois aux gens qui ont de l'énergie, de l'espoir, aux porteurs de projet », affirme Yann. Nul doute que la réussite de ce lieu, comme celle de bien d'autres, tient au dynamisme de ceux qui l'ont porté.

La pédagogie en actes de l'Écocentre du Périgord

L'Écocentre du Périgord, implanté sur la commune de Saint-Pierre-de-Frugie (Dordogne), s'est installé en 2011 dans un impressionnant bâtiment en bois entouré d'un terrain de 2 ha parsemé d'exemples de constructions écologiques [17]. Ce projet est le fruit d'une association de développement locale, mais il a pu voir le jour grâce à l'appui, rapidement acquis, des conseils départemental et régional. Le financement de cette « vitrine du savoir-faire écologique » est public à hauteur de 60 %.

---

17 Visite en novembre 2013 ; voir son site <http://ecocentre.org> et le blog d'Interval, <http://ecohameau.interval.overblog.com>.

L'Écocentre intervient à quatre niveaux. Il assure d'abord diverses formations. Des modules de quatre mois minimum, financés par la région, permettent de former des artisans spécialisés dans les techniques écologiques ; des « chantiers nouvelle chance » de sept mois s'adressent à un « public plus éloigné de l'emploi », parfois allocataire du RSA, et désireux d'acquérir une compétence en maçonnerie ou en isolation. Un deuxième type d'activité relève de l'« appui à l'autorénovation énergétique » et vise les propriétaires occupants. Un troisième volet propose la réinsertion dans les métiers du bâtiment de jeunes en difficulté, grâce à un solide encadrement. L'Écocentre est enfin et surtout un « lieu ouvert au public », centre de ressources avec sa bibliothèque spécialisée et ses débats réguliers. Le tout, raconte sa présidente Jocelyne Cambuzat, fonctionne avec « quatre équivalents temps plein et beaucoup de bénévolat ».

La grande idée de l'Écocentre est que l'on « peut construire de manière écologique mais aussi économique ». « Si on compare avec des maisons d'artisans classiques, ce que l'on propose n'est pas forcément plus cher », insiste Jocelyne. Dans son esprit, son Écocentre appartient bel et bien à l'univers de l'économie sociale et solidaire, loin de l'image « bobo » souvent accolée à l'écologie. « J'ai toujours travaillé dans des milieux défavorisés », explique Jocelyne. Originaire de Paris, infirmière en région parisienne puis en milieu rural, elle s'est recyclée dans l'agriculture au tournant du millénaire. Ancienne militante du PSU [18], c'est, comme beaucoup, par le biais de la santé que sa prise de conscience écologique est née. Propriétaire d'une grande ferme surplombant l'Écocentre, Jocelyne a failli la vendre. Mais elle n'a pu se résoudre à la céder à d'opulents « survivalistes » qui avaient forgé le projet de s'y terrer pour se protéger des désastres écologiques annoncés. Jocelyne a préféré s'employer à y construire un écohameau. Parvenue à la retraite, à l'âge de soixante ans, elle avait bien l'intention de conserver une activité militante.

---

18 Parti socialiste unifié, petit parti situé à la gauche de la SFIO et du PS créé en 1960, longtemps dirigé par Michel Rocard.

Cinq familles y vivent aujourd'hui. L'objectif est d'en accueillir au total une dizaine. Fondée en 2010, la SCI qui possède le lieu, nommée Interval, a connu des fortunes diverses. Quatre personnes sont parties à la suite de mésententes. Jocelyne reconnaît des « moments de fortes tensions » entre les habitants. Tout le monde n'a pas aisément la même perception de la dimension collective de ce type d'habitat. Le problème est moins de trouver de nouveaux arrivants que d'équilibrer sociologiquement l'écohameau : « On rencontre des tas de gens charmants qui ont un certain âge et un patrimoine urbain qu'ils peuvent vendre, alors que les jeunes couples ne peuvent présenter un apport significatif... » L'écohameau « essaie de travailler avec un bailleur social » pour résoudre cette difficulté. Mais combiner habitat social et accession à la propriété supposerait un changement de statut juridique sur l'opportunité duquel le groupe s'interroge encore.

Cristelle, fille de Jocelyne, habite l'une des maisons d'Interval. Même si elle a travaillé à l'Écocentre, vivre dans un écovillage n'était pas du tout l'un de ses objectifs. « Mon rêve, c'était plutôt une maison sans voisins. Ma famille, c'était ma bulle et la vie en collectif, pour moi, c'était Woodstock ! » À l'expérience, elle se plaît pourtant dans ce type d'habitat : « Je prends plaisir à m'occuper du potager et du poulailler collectifs. » Son mari envisage d'y créer une activité de ruches. Elle-même aimerait bien « travailler moins pour avoir plus de temps ». Cristelle ne nie pas son besoin de protection : « J'aime notre planète et je n'ai pas grande confiance dans l'avenir. J'ai envie d'être un peu coupée de ce qui se passe ailleurs, de cette société tellement agressive et individualiste. » Finalement, pour elle, l'écohameau « est un cocon plus grand que chez moi »...

Réalisations personnelles : quand des vies basculent...

Éric Lavaysse a vraiment failli plonger en 2002. La séparation d'avec sa femme – « je vivais pour elle, par elle » – lui a fait endurer une « année noire » qui aurait pu très mal se terminer. Fort heureusement, un ami lui fait « découvrir la voile ». Surtout,

Éric rompt avec sa vie bourgeoise, « deux voitures neuves et la plus belle maison de la résidence ». En 2004, il abandonne son métier de géomètre. Deux ans plus tard, il traverse une « crise d'éveil » et pratique une sorte d'autopsychanalyse. Éric va alors transformer radicalement son existence. Jusque-là peu sensibilisé aux questions écologiques, il prend conscience de son appartenance au « cosmos » et apprend en visitant des écolieux comme la ferme du Bec Hellouin dans l'Eure. Quittant Lyon, Éric s'installe dans sa grande maison familiale, entourée d'un vaste terrain, située près du village de Tourves (Var) [19]. Son but est de la transformer en « lieu de vie » mêlant agriculture biodynamique, formation écologique et aide à la « reconquête de soi ». Le jour de ma visite, quelques jeunes l'aident dans son entreprise potagère.

« En France, le mouvement des Indignés est moins visible qu'ailleurs, mais c'est un réseau informel, assure Éric. Ce sont des noyaux de fertilité qui vont grandir et, peut-être un jour, se rassembler. » Il est heureux de sa nouvelle vie : « J'ai gagné de l'argent avant, maintenant, j'ai trouvé un projet de vie. Je commence à connaître mes vrais besoins, sans frustration aucune. » Son rêve est de « reconstituer une ferme d'antan au sein d'un collectif ». Sur la fenêtre de son salon, Éric héberge et nourrit un nid d'abeilles.

Patrick Baronnet, lui, a bien plus tôt pris conscience de l'absurdité du système dominant. Il avait vingt ans en 1968 : « J'ai vite vu les failles du mouvement [de Mai 68]. Tout cela, c'était des gens qui se payaient de mots. J'ai compris que c'était notre mode de vie qui était en cause. » L'un des plus anciens membres des Amis de la Terre, ce professeur d'éducation physique démissionnera en 1997 de l'Éducation nationale. Avec sa femme Brigitte, harpiste, il s'est installé dans une maison transformée depuis 2010 en écohameau. C'est la Maison autonome, à Moisdon-la-Rivière (Loire-Atlantique) [20] : « On essaie de vivre avec le moins d'argent possible. On se veut le laboratoire d'un mode de vie qui puisse être reproductible. Pendant dix-sept ans, on a vécu à six, avec nos quatre enfants, avec un demi-salaire. Grâce à notre jardin, on pouvait assurer notre

---

19 Visite en mars 2013.
20 Visite en juin 2013 ; voir la vidéo <ur1.ca/hfq7j>.

nourriture. Et on était autonomes en énergie avec nos panneaux solaires et nos éoliennes. »

La famille prend très au sérieux la réduction de son empreinte écologique : « Il faut balayer devant sa porte avant de changer le monde ! » Elle a utilisé « un des premiers chauffe-eau solaires ». Jusqu'en 2007, Patrick a organisé chez lui un « écofestival » tous les deux ans, qui attirait environ 5 000 participants. Son but est désormais d'offrir des formations et d'accueillir des séminaires. Il pressent des conversions inattendues : « Des hauts fonctionnaires sont venus ici et ils ont fini par nous poser des questions sur leur propres domaines ! » Patrick propose encore des « chantiers participatifs », par exemple pour former à la construction de panneaux solaires.

Ce petit écohameau héberge trois familles grâce à la transformation en cours d'anciens hangars en maisons d'habitation. Une famille de Seine-et-Marne et un jeune architecte viennent de le rejoindre. « L'autonomie est un levier politique majeur, souligne Patrick. Le chemin se fait en marchant. Quand on reprend le pouvoir sur soi, on a beaucoup avancé. » À plus long terme, « il faudra peut-être de la représentativité politique, un jour, à partir de ce que les gens auront fait ». En attendant, Patrick se réjouit de la bonne volonté de son maire qui, tout « royaliste » qu'il est, se montre heureusement aussi sensible à l'écologie qu'au développement rural.

Certains projets n'aboutissent cependant pas. L'Écohameau du vignoble nantais (Loire-Atlantique) est par exemple de ceux qui restent en pointillé. À l'origine, en 2009, c'était l'idée de deux amis dont l'un avait hérité d'un terrain dans le sud de Nantes et l'autre construisait des maisons en paille. Mais le terrain est malheureusement demeuré inconstructible et ils ont fini par se brouiller. En 2011, Sylvain Ghysens a repris ce projet en lien avec le constructeur de maisons[21]. Quand je le rencontre en juin 2013, le problème principal reste pour lui de trouver un lieu : « Les maires du vignoble nantais ne sont pas favorables à céder un terrain pour ce type de projet, ils ne sont pas proches de l'écologie. » Sylvain était « chef de projet en télécommunications » jusqu'à son licenciement

21 Rencontre en juin 2013 ; voir le site <www.ecohameaux-vignoble-44.fr>.

en 2009. « Je gagnais beaucoup d'argent en tant que consultant. Comme je dépense peu d'argent, j'ai investi dans l'immobilier. Maintenant, je suis rentier avec des rentrées de l'ordre du Smic ! L'argent est un outil. » Ce militant EELV de Nantes, partisan de la décroissance, voudrait créer un lieu dédié à la fois à la permaculture et à l'éducation populaire.

Élitisme et rayonnement des expériences alternatives

La visite de ces multiples oasis vertes a quelque chose de très réjouissant. On ne peut éviter d'être frappé par la sérénité qui, le plus souvent, se dégage de ces lieux. À n'en pas douter, le respect de la nature et des autres procure un réel bien-être. Dans ces écolieux, la qualité du lien social va de pair avec les préoccupations écologiques et ces belles réalisations ont une portée démonstrative évidente. Elles prétendent même souvent, à juste titre, à une certaine exemplarité. À tout le moins prouvent-elles empiriquement qu'un autre mode de vie est possible, sans attendre de très hypothétiques lendemains qui chantent. Une « simplicité volontaire » et une rupture avec l'hyperindividualisme qui ne nuisent pas à la joie de vivre, bien au contraire.

Mais c'est ici que pointe le risque de l'élitisme. Par leur réussite même, certains habitants d'écovillages peuvent être amenés à croire qu'ils constituent une sorte de petit peuple d'élus : eux seuls auraient compris les enjeux de notre temps et auraient eu le courage d'y apporter les bonnes réponses. L'exemplarité des comportements expose à l'ivresse d'un sentiment de supériorité. Le danger est d'autant plus réel que les membres des écolieux appartiennent, dans leur grande majorité, à des catégories sociales relativement privilégiées, même s'ils vivent avec peu d'argent. Originaires le plus souvent des classes moyennes, dotés d'un haut niveau d'éducation, ils peuvent être tentés par une forme de mépris envers l'inconscience des classes populaires.

L'autre risque potentiel est celui de s'enfermer dans sa bulle. Le confort moral que procurent ces lieux paisibles, à l'abri des fureurs de l'agressive société de compétition, incite tendanciellement leurs habitants à privilégier leur propre épanouissement. L'image même des « oasis » peut prêter à confusion : n'y aurait-il que de sinistres zones désertiques entre ces îlots bénis des dieux ? On pourrait encore se risquer à des parallèles entre certaines illusions idéologiques d'hier et d'aujourd'hui. On se souvient de ceux qui prétendaient, il y a un siècle environ, « construire le socialisme dans un seul pays » : serait-il plus raisonnable, de nos jours, de bâtir l'écologie dans quelques communes ?

Fort heureusement, les habitants des écolieux sont généralement conscients de ces pentes périlleuses. Aussi s'emploient-ils à ouvrir, autant que faire se peut, leurs expériences sur leur environnement. Ils multiplient les formations ou les stages ouverts à tous, font assaut de pédagogie et d'explications. Il est aussi significatif que leurs entreprises soient fréquemment soutenues par les élus locaux au-delà des frontières partisanes. C'est bien à condition de rayonner le plus largement possible que les îlots verts hâteront l'avènement d'un monde nouveau.

3

Les écomilitants

Il y a mille et une manières de s'engager concrètement en faveur de l'écologie. L'essentiel est de ne pas se payer de mots et de mettre en cohérence, autant qu'il est possible, sa conscience et ses actes. Certains « écocitoyens » s'attachent avant tout à mener une vie sobre. D'autres sont plus versés dans l'action locale. Ils s'efforcent alors d'animer leurs territoires et d'y faire rayonner leurs idées. D'autres encore s'emploient à réaliser des projets dans des domaines divers : énergies alternatives, jardins partagés, protection de l'environnement, etc. Avec ou sans soutien des élus locaux, ces militants de terrain réalisent parfois des projets d'envergure.

Habitations atypiques

Max Barel savoure le plaisir rare de l'autosuffisance énergétique en son moulin des Nonnières qui enjambe une rivière dans un coin fort reculé et montagneux de la Drôme [1]. La turbine hydroélectrique produit 3 kw, soit la moitié du débit d'un compteur de base du réseau. Ce n'est pas énorme, mais le courant y est distribué en continuité (sauf de fin juin à mi-août lorsque le cours d'eau s'assèche). Avec des ampoules basse consommation et des guirlandes de diodes, il est possible de s'éclairer correctement. Tout est question d'organisation. Il n'est naturellement pas question de

1 Visite en novembre 2012.

mettre en route simultanément deux machines. « Mais quel plaisir de prendre une douche chaude à l'eau de source sans rien prendre à la nature ! » Comme la turbine fonctionne 24 heures sur 24, le moulin est partiellement chauffé gratuitement. Pour le reste, un poêle à bois fait l'affaire. L'été, ce sont les panneaux solaires qui prennent le relais. Bien sûr, on se lave alors à l'eau froide. Quant au petit groupe électrogène, « il ne tourne que quelques soirées ».

« Je voulais vivre suspendu dans le cosmos », s'amuse Max. Cet esprit original se définit comme un « mélange de misanthropie et d'humanisme ». Après avoir « fait le tour des avantages de la ville », il a souhaité « vivre dans la nature ». Au début, cela n'a pas été vraiment du goût de sa compagne artiste-peintre, Aline, d'origine moldave. Mais c'est elle qui a eu, par la suite, le coup de foudre pour ce moulin en pauvre état qu'ils ont acheté en 2005. Il leur a fallu beaucoup travailler pour le retaper. Aujourd'hui, le couple s'y sent bien, profitant d'un cadre naturel très privilégié. Et Aline poursuit son activité professionnelle malgré l'isolement du lieu. Trois galeries urbaines exposent ses toiles.

Max, lui, est développeur d'applications sur smartphone. C'est le créateur de l'excellente application « Iphigénie » [2], qui donne accès à toutes les cartes IGN pour une somme modique tout en permettant d'enregistrer la trace de ses randonnées. « Je l'ai conçue parce que j'en avais besoin ; je me balade, j'ai un cheval et les cartes sont ma passion... » Cette « app », créée initialement pour l'iPhone, a rencontré un succès qui a enfin permis à Max d'avoir le « revenu d'un développeur senior de mon âge » (cinquante-neuf ans). Avant cela, cet autodidacte talentueux, qui a pas mal bourlingué, avait inventé plusieurs objets qui n'ont malheureusement pas rencontré d'écho commercial. Tel ce planeur ultraléger dont un prototype gît dans son salon.

« C'est important de diminuer son empreinte, je suis autonome », se félicite Max. Pour autant, lui-même n'est guère partisan de l'« approche punitive de la décroissance ». De gauche avant d'être écologiste, ce petit-fils du député communiste Virgile Barel s'est engagé au Parti de gauche. Il aimerait que celui-ci soit « à

---

2 <http://iphigénie.com>.

l'avant-garde d'une nouvelle démocratie, liquide, participative », plutôt que de rester parfois prisonnier des vieilles façons de faire de la politique. Max est persuadé que les « nouveaux outils technologiques » pourraient permettre, pour peu qu'on le veuille, de rénover profondément la représentation et la décision publiques.

Virginie Farges vit dans un autre type d'habitation atypique, dans une zone rurale de la commune de Chanteix (Corrèze) [3]. La pièce principale ressemble à une yourte, à ce détail près que ses parois sont en terre et qu'elle donne sur plusieurs chambres rondes qui rayonnent en satellites. « C'est une expérimentation pour habitat économique et écologique avec des ressources locales », explique-t-elle. Le terrain n'a coûté que 10 000 euros et la construction de cette curieuse maison ne lui est revenue qu'à 20 000 euros, grâce à des chantiers participatifs. L'inconvénient, admet-elle en montrant un sol inégal, est que « tout est un peu mal fait ».

Virginie et son ami David avaient l'ambition d'atteindre une autonomie complète pour se passer d'échanges monétaires. Un objectif hors d'atteinte à l'expérience. Ils se contentent de vivre avec le moins d'argent possible. Non raccordée aux réseaux, leur habitation utilise l'eau du terrain et l'énergie solaire. Le couple a toutefois recours à un groupe électrogène qui assure l'alimentation de plusieurs équipements ménagers. Dont, curieusement, un lave-vaisselle car ni Virginie ni David ne veulent assumer cette ingrate activité. Personne n'est à l'abri de petites contradictions.

Architecte diplômée, Virginie s'attache à piloter des projets écologiques. Non sans difficulté : « Je voulais faire des choses alternatives, mais tout devient vite inabordable, sauf pour les gens qui construisent eux-mêmes. » Être autonome, passif en énergie, implique un surcoût très important. Comme elle se refuse à construire des « maisons conventionnelles », Virginie se contente de mener à bien deux ou trois projets par an. « Si je n'ai pas de commandes, je fais mon potager ! » Les jeunes retraités qui ont des moyens financiers représentent une bonne partie de sa clientèle. Ce sont eux qui peuvent s'offrir une véritable « maison écologique », construite avec des matériaux sains.

---

3 Visite en novembre 2013.

Philippe Doby, pour sa part, vit simplement dans un habitat partagé qui existe depuis les années 1980, Les Mûriers (voir *infra*, chapitre 7), à Anse (Rhône) [4]. Il a radicalement changé de vie après avoir « pris conscience de l'horreur du système » par des voies multiples. L'horreur d'Hiroshima l'a impressionné mais aussi, dans un genre très différent, la « cruauté qui touche les animaux ». « Ingénieur à la base assez conformiste », cet homme né en 1965 s'est progressivement senti voir les choses d'un tout autre point de vue. « Les meilleurs défenseurs du système sont les gens conditionnés », observe-t-il aujourd'hui pensivement.

Sa « prise de conscience humaniste » ne l'a pas seulement conduit à manger bio ou des produits locaux. Elle l'a amené à démissionner, en 2010, de son poste d'ingénieur au ministère de l'Écologie. « Je n'en pouvais plus de ce système hiérarchique ! » Philippe a décidé de devenir photographe. Sans parvenir à en faire un métier rémunérateur : « Mauvais commercial, j'ai des talents que je ne valorise pas ! » Son utilité sociale est aussi ailleurs. « Je m'occupe des personnes âgées. Je fais le ménage et leur apporte une aide psychologique. Ce sont parfois des grabataires ou des handicapés. » Ce travail, qu'il exerce en indépendant, est à la fois « crevant » et « très plaisant ». Philippe aime rencontrer des « gens qui donnent beaucoup ».

Son niveau de vie n'a, bien entendu, plus guère à voir avec celui d'avant. « Fini les restos, fini les grands voyages… » Mais Philippe se sent bien aux Mûriers, même s'il est un peu déçu par une vie collective quelque peu vacillante. Le repas pris en commun par les habitants du lieu n'est que mensuel. « Hier, on a eu une fuite d'eau. On s'est tous retrouvés. Mais on aurait pu manger ensemble… » Ce célibataire, qui avoue avoir un peu « peur du vieillissement », est résolu à vivre dans un habitat groupé. Son séjour ici n'est que provisoire. Heureusement, il est en contact avec d'autres projets.

---

4 Visite en mai 2013.

Militants de l'énergie

Avec son mari agriculteur, Annick Lemonnier [5], formatrice pour adultes, n'était « pas spécialement écolo » quand bien même il lui était arrivé de voter pour ce courant politique « deux fois » dans sa vie. En 2002, la voici élue conseillère municipale de Martigné-Ferchaud (Ille-et-Vilaine). Deux ans plus tard, une « zone de réflexion sur l'éolien » est lancée avec le concours du préfet. Comme d'autres habitants, Annick se passionne pour le sujet.

Quinze d'entre eux constituent alors l'association L'Énergie des fées. « C'est une démarche citoyenne qui a su plaire aux élus », insiste-t-elle. La motivation des participants n'est pas seulement écologique. Elle doit aussi beaucoup à l'attachement des habitants à leur territoire : « C'est une approche globale. On veut mobiliser l'épargne locale et associer les citoyens au projet. » L'association a déjà réussi à rassembler 200 000 euros d'« épargne citoyenne » pour financer les études du projet. Pas moins de cent quarante-deux personnes y ont participé, épaulées par une dizaine d'investisseurs privés « plafonnés à 10 000 euros ». Forte de ce succès, l'association, qui entend piloter également la construction et l'exploitation du parc éolien, est confiante dans ses capacités à lever les 20 millions d'euros nécessaires.

« On va garantir un résultat de 5 % à 6 % », assure Annick. Des artisans et des entreprises du bâtiment des environs sont parties prenantes. L'objectif est de construire entre cinq et sept éoliennes dans le secteur du Bois-Guy. L'association a dépensé beaucoup d'énergie pour convaincre les propriétaires d'accueillir ces éoliennes. « On donne les deux tiers à celui qui a le mât et un tiers aux voisins qui ont adhéré à la démarche. » Une vingtaine de propriétaires ont déjà passé contrat avec L'Énergie des fées. Les agriculteurs des environs sont souvent sensibilisés aux énergies renouvelables. La moitié d'entre eux ont déjà recours au photovoltaïque. Ce sont plutôt les urbains qui expriment leurs réticences à l'égard des éoliennes. « Ils craignent que cela diminue le prix de leur bien », constate Annick.

---

5 Visite en juin 2013.

Un autre projet éolien, développé dans une logique économique classique celui-ci, est en cours dans le même secteur. « Les deux se feront peut-être. Mais l'idée de réaliser quelque chose d'alternatif plaît. Les gens n'ont plus confiance dans les banques et ils apprécient de pouvoir redonner du sens à leur épargne. » Les activités de L'Énergie des fées ne se cantonnent pas à l'éolien : l'association mène aussi campagne pour une démarche cohérente d'économies d'énergie. Annick donne l'exemple avec sa belle maison construite il y a trois ans. « On n'a pas mis de système de chauffage, juste un poêle. » Selon le « principe bioclimatique », elle a été construite en chanvre avec une ossature en bois. Petit à petit, sans se forcer le moins du monde, Annick est devenue « presque complètement écolo »...

Marc Jedliczka est également versé dans les énergies alternatives mais lui est un écologiste de longue date [6]. Né à Paris en 1958, enfant de la génération post-68, ce fils d'un ingénieur de l'armement est tôt entré « en conflit ouvert avec la société ». Âgé d'une vingtaine d'années, il a quitté la capitale pour s'installer, avec son amie, dans une ruine perchée à 1 000 mètres d'altitude dans le Beaujolais vert, entre Lyon et Roanne. Cette spartiate demeure entourée de forêts n'était pas reliée au réseau d'électricité. Elle s'est transformée, par le labeur, en une vaste maison capable d'accueillir une vingtaine de personnes. Tout en demeurant coupée du réseau électrique.

Libertaire de tempérament, Marc avait fait la « grève des études » en dépit de ses bons résultats. S'il n'a pas passé les concours, il a su exploiter les « concours de circonstances », comme il le dit en souriant. L'isolement énergétique de sa demeure l'a poussé à s'intéresser de près à l'énergie solaire. Au milieu des années 1980, Marc a même équipé sa maison de la sorte, grâce à un programme européen de démonstration du photovoltaïque. De fil en aiguille, il est devenu l'un des meilleurs spécialistes de cette énergie en France. Marc a créé l'association HESPUL, qui s'enorgueillit d'une vingtaine d'années d'expériences dans le photovoltaïque et qui a élargi son champ

6 Rencontre en avril 2014.

d'action à l'ensemble des énergies renouvelables [7]. Basée à Lyon, elle compte aujourd'hui une trentaine de salariés. Son budget est financé au tiers par des organismes publics ou des collectivités locales, au tiers par des programmes européens et le reste par la vente de prestations comme la formation.

On compte quelque 300 000 installations photovoltaïques en France, dont 90 % possédés par des particuliers. Les variations des tarifs de vente à EDF n'ont pas favorisé, c'est le moins qu'on puisse dire, l'expansion continue de cette source d'énergie. Le pic fut atteint dans la période 2006-2010. Marc regrette aussi le coût du raccordement au réseau électrique en France, alors que cette prestation est gratuite en Allemagne : « Dans ce pays, il y a dix fois plus d'installations photovoltaïques que chez nous ! »

Marc est également très investi dans l'association négaWatt, qui a popularisé un scénario détaillé de réduction de l'utilisation des énergies fossiles et du nucléaire [8]. Elle ne comporte qu'un millier d'adhérents, mais rassemble une belle brochette d'experts, juristes, économistes ou scientifiques. « Dans le débat sur la transition énergétique, on a vu qu'on avait gagné sur le fond quand la discussion a tourné autour du scénario de négaWatt », se félicite-t-il. Il est aussi l'un des fondateurs, en 2005, d'Enercoop [9], fournisseur d'électricité écologique, le « seul distributeur qui ne perd pas de l'argent ». Son tarif est cher, mais a le mérite d'être stable. Aussi Marc prévoit-il qu'« Enercoop va être compétitif ». Et même se fixe l'objectif de passer de 15 000 clients en 2014 à 150 000 !

Approché par les écologistes, Marc fut secrétaire régional Rhône-Alpes des Verts à la fin des années 1980. Il a aussi été élu au conseil régional en 1992. Son aptitude à caresser les militants dans le sens du poil n'ayant pas été démontrée, ce militant de terrain n'a pas été reconduit. Cette expérience l'a « vacciné » contre la compétition politique. Toujours membre du parti écologiste, Marc croit qu'il est plus efficace d'agir concrètement, sans négliger pour autant la puissance publique : « Il faut avoir la confiance des

7 <www.hespul.org>.

8 <www.negawatt.org>.

9 <www.enercoop.fr>.

politiques, leur apporter la bonne information et miser sur les collectivités locales. »

« Dans les métropoles, comme dans les campagnes, les gens ont envie de faire, d'être autonomes », souligne-t-il. Marc pense que « les élus ont commencé à comprendre » l'intérêt des investissements écologiques pour développer leurs territoires. « Dans notre scénario de sortie de crise, on crée de l'emploi ! Les énergies renouvelables en offrent plus que le nucléaire. » Et de regretter que le Medef passe à côté de ce raisonnement, tant est puissant en son sein ce que Marc appelle le « lobby des électriciens ». L'écologie bute souvent sur la puissance des métasystèmes qui gouvernent nos sociétés.

Laboureurs de terrain, dans le Tarn, le Var ou à Paris

Céline Rives-Thomas est une femme confiante, persuadée que « les politiques qui jouent sur l'intelligence des gens sont celles qui marchent le mieux ». Avec Jacques, son mari biologiste, cette géographe de formation se passionne pour la préservation des « zones humides », ces tourbières en Midi-Pyrénées menacées par l'agriculture en raison de l'élevage intensif. Or ces zones humides jouent un rôle vital en matière de régulation hydraulique et de maintien de la biodiversité. « Mais, pour être efficace, il faut travailler avec les propriétaires de terrains », explique Céline. C'est dans ce but qu'elle a créé en 2006 Rhizobiòme [10], une société coopérative d'intérêt collectif (Scic), en partant du beau principe que « les gens sont capables de s'intéresser à l'intérêt collectif », tout agriculteurs qu'ils soient. Après avoir expérimenté un « programme financé par l'Agence de l'eau », Rhizobiòme œuvre pour préserver les « sagens » – nom donné localement aux tourbières – dans le Tarn où « tout n'est pas maîtrisé par des élus, petits seigneurs locaux ». Les agriculteurs sont aidés à remettre en état ces parcelles, parfois grâce à un retour au pâturage.

---

10 Visite en octobre 2013 ; voir son site (fort bien fait) <www.rhizobiome.coop>.

Basée à Péchaudier (Tarn), cette coopérative dirigée par Céline, pour laquelle travaillent quatre personnes, associe une quinzaine de propriétaires à son action. L'enjeu de l'affaire n'est pas financier, ni pour la coopérative ni pour les propriétaires. « C'est insupportable cette idée qu'il faut être autoritaire ou donner des avantages financiers pour faire bouger les agriculteurs ! On les enferme dans le système du bâton ou de la carotte alors que ces gens ne sont pas si bêtes... » Par son travail de formation et d'information, qui associe une centaine d'adhérents, Rhizobiòme a l'impression de faire avancer les choses : « Les gens sont capables d'évoluer si on leur explique, ils voient leurs voisins et ils sont ensuite fiers de faire quelque chose de bien pour l'environnement ! »

Damien Dekarz participe d'une autre manière à la revitalisation écologique de son territoire. Ce trentenaire s'est installé, avec sa compagne Marie, dans le joli village de Bras (Var), proche de Brignoles, en 2009, après avoir pas mal roulé sa bosse. Il y a créé l'association écologique La Graine indocile [11], qui a rencontré un succès qui l'étonne lui-même : « Au début, on était seuls et on est presque en train de coloniser le village ! » Elle compte désormais une cinquantaine d'adhérents. Damien est venu à l'écologie par les documentaires animaliers et ses voyages en Amazonie, qui lui ont fait toucher du doigt la gravité du défi environnemental.

Son association gère une petite dizaine de terrains dans les environs de la commune, souvent prêtés par des propriétaires. « On se retrouve autour d'une certaine idée de l'agroécologie. » Le maire de Bras voit ces initiatives d'un bon œil. Damien « apprend aux gens à cultiver différemment », sans engrais, sans pesticides. Il aime ce travail de formation où l'on « refait le monde dans des jardins partagés ». Et s'enthousiasme de tout ce que l'on peut réaliser en quittant les sentiers battus : « On (re)découvre des techniques agricoles révolutionnaires, qu'il est possible de faire pousser des légumes sans labourer la terre, sans fumier et sans arrosage ! » Sur les 2 ha gérés par l'association ne poussent pas moins de deux cent cinquante variétés de plantes potagères. « Nous n'achetons

---

11 Visite en mars 2013 ; voir son blog <http://lagraineindocile.blogspace.fr>.

aucun légume », s'enorgueillit Damien, au demeurant fort peu dépensier.

Pour gagner sa vie, il travaille dans un vignoble en biodynamie [12] et aide parfois des particuliers à installer des potagers chez eux. Mais il côtoie aussi des « anars venus de Marseille », qui sont « en train de s'installer dans des petites maisons en paille ». Ceux-là sont en quête d'autonomie. Les techniques d'écoconstruction enseignées par l'association les intéressent beaucoup. « Il faut arrêter de baisser les bras, on peut prendre en main son destin, on est tous acteurs et responsables », souligne-t-il. Cette philosophie de l'action n'implique pourtant pas, dans son esprit, un rejet de l'action politique. « Je crois que la politique peut changer les choses », estime Damien. Une opinion assez rare dans ces milieux. La campagne présidentielle de Jean-Luc Mélenchon en 2012 ne l'avait pas laissé insensible.

L'écologie pratique peut aussi être urbaine. Jacky Libaud est jardinier et guide-conférencier indépendant de Balades au jardin à Paris [13] – il adhère à la coopérative d'activités et d'emploi de la capitale, Coopaname, qui regroupe plus de six cents personnes (voir *infra*, chapitre 9). « Un peu touche à tout », Caroline Turquet est quant à elle styliste, fabrique des bijoux et s'occupe également de communication Web ; elle aussi participe à Coopaname. Tous deux ont implanté dans le XVIIIe arrondissement de Paris l'expérience du « Troc vert », initialement créée à Montreuil-sous-Bois (Seine-Saint-Denis). La philosophie de l'opération est simple : « Au-delà de son aspect convivial, c'est une journée rare, sans argent où les gens échangent leurs plantes, leurs graines, leurs savoir-faire ou les produits de leur jardin, mais aussi leurs services. » En mai 2012, non sans avoir déployé de l'énergie dans les lourds préparatifs administratifs, ils ont réussi à « occuper » un carrefour de l'arrondissement. Une cinquantaine de personnes ont participé à l'échange de plantes. Une femme est arrivée avec une centaine de

---

12 L'agriculture biodynamique, ou biodynamie, s'inspire des principes posés par Rudolf Steiner (1861-1925), fondateur de l'anthroposophie, et considère tout domaine agricole comme un « organisme vivant ».

13 Voir son site <www.baladesauxjardins.fr>.

plants de tomates. « On a troqué des tranches de cake contre des plantes ! » L'expérience a été rééditée en 2013 et en 2014 [14].

Caroline est aussi membre actif du « jardin partagé éphémère Baudélire » dans le XVIIIe arrondissement de Paris. Et des opérations « Troc vert » se multiplient un peu partout en France. Jacky se réjouit de cette floraison de jardins partagés qui permettent aux habitants des cités de renouer avec le travail de la terre : « C'est un acte militant, les villes sont trop minérales. Les habitants reprennent en main leur quartier, ils investissent l'espace public. Tout est trop encadré maintenant : on ne peut plus sortir les chaises dans la rue, il n'y a plus d'endroits pour s'asseoir. On se réapproprie la ville par la verdure… » Ces pratiques écologiques sont intimement liées à l'aspiration à une meilleure qualité de relations sociales.

L'étonnante pléiade des militants du local

À trente-cinq ans, Benoît Kubiak est un militant du changement écologique déjà rompu à différents modes d'action [15]. Après avoir décroché un master d'aménagement durable, il a travaillé quatre ans à la mise en place de l'« Agenda 21 [16] » – plan d'action écologique des collectivités locales – à la communauté de communes d'Autun (Saône-et-Loire). Un premier travail intéressant, mais dont il mesure assez vite les limites, tenant au caractère institutionnel de la démarche. Benoît entreprend alors, en 2008, un vaste tour du monde pour mesurer concrètement les effets du changement climatique et surtout en témoigner. Un voyage d'un peu plus de deux ans à travers une quarantaine de pays, sans emprunter l'avion, et financé à 80 % par des dons ou des subventions. Ses reportages lui feront toucher du doigt les multiples

---

14 Rencontre en janvier 2013 ; voir l'article « Échangez vos plantes, venez plantez vos chaussures ! », *Viva Cités Île-de-France*, <url.ca/hgaxb>, 18 mai 2014.

15 Rencontre en mai 2013 ; voir son site <http://benoitkubiak.com>.

16 Plan d'action pour le XXIe siècle en faveur du développement durable adopté lors du sommet de la Terre, à Rio de Janeiro, en 1992.

conséquences des dérèglements en cours. « Au Bénin, j'ai vu des côtes de plus en plus érodées, à tel point qu'un hôtel de luxe, bouffé par la mer, avait dû fermer à peine ouvert ! » À son retour en France, Benoît tente de créer son propre emploi de conférencier autour de ce projet intitulé « Avenir Climat ».

Il retournera cependant travailler dans les collectivités locales, cette fois à Quetigny (Côte-d'Or), petite commune de l'agglomération dijonnaise, toujours en charge de l'« Agenda 21 ». En bonne entente avec un élu Vert, Benoît se félicite d'avoir pu faire adopter un « vrai programme » avec cent quatorze actions concrètes. L'exigence écologique implique parfois des réflexions originales dans cette commune de banlieue qui fut une « ville nouvelle ». Benoît explique comment il a été décidé d'adapter la zone commerciale, destinée à s'étendre encore, pour privilégier enfin les cyclistes et les piétons. Cette fois-ci, il est satisfait d'avoir pu impulser une dynamique impliquant vraiment les élus et la population. Benoît se donne encore « deux ou trois ans » avant de passer éventuellement à une autre activité.

Militant chez les Verts depuis les années 2000, l'engagement politique ne lui est pas étranger. Benoît a recueilli 8,1 % des suffrages exprimés comme candidat écologiste dans le canton d'Autun-Nord en 2011. Mais l'expérience électorale lui a laissé un goût amer. C'est qu'elle lui a brutalement fermé plus d'une porte. Comme tant d'autres, il ne croit d'ailleurs guère à l'action politique classique, préférant passer « d'une cause à une autre ». Pour avoir suivi de près les mobilisations de rue lors des sommets internationaux, il a été frappé par leur impuissance : « On n'y arrive pas, soupire-t-il, il y a un tel rapport de forces entre dominants et dominés. » Benoît se situe plutôt dans un « système d'îlots, d'utopies concrètes ». Il s'investit beaucoup dans l'association Morvan en transition [17].

---

17 Voir son blog <http://blog.morvanentransition.fr>. Initié en 2006 dans la ville de Totnes au Royaume-Uni, le mouvement des « Villes en transition » (voir les sites <www.transitionnetwork.org> et <http://villesentransition.net>), qui a l'ambition de mobiliser les communautés en faveur de la transition écologique, est devenu international et comptait en juin 2014 près

Catherine Bernadet est elle aussi une militante de terrain de la « transition » écologique [18]. Psychologue de métier, thérapeute de couple pour être plus précis, elle a eu un jour envie de « faire quelque chose de concret ». L'occasion lui en a été fournie par l'appel à l'aide de son ami Nicolas Hébert. En proie à quelques difficultés personnelles, cet agriculteur bio voulait se reconvertir dans la brasserie : « C'était l'opportunité pour me réancrer dans la terre. » Leur projet aboutira en 2011 à la création de la brasserie-pub Saint-Léon, à Créon (Gironde) [19], petite ville à la riche vie associative. Un lieu qui mêle brasserie, petite restauration, spectacles et diverses activités culturelles. « On voulait faire un endroit où les gens se rencontrent, et qui soit viable économiquement. » Des musiciens et des conteurs s'y produisent régulièrement. Des militants s'y rassemblent, comme ceux du groupe Entre-deux-Mers en transition [20]. La construction d'une ferme est prévue. Un espace de maraîchage est également en projet.

Catherine espère encore que le lieu pourra abriter une école alternative. Une trentaine de personnes sont d'ores et déjà partantes. Proche de Pierre Rabhi depuis de nombreuses années, elle participe de la foi baha'ie, la « dernière religion de l'histoire de l'humanité » qui a l'avantage « de n'avoir pas de prêtre et de donner le pouvoir au groupe ». Pour Catherine, l'humanité parvient, après bien des péripéties et des épreuves, à la « fin de l'adolescence ». Cette femme optimiste et volontaire en est persuadée, un « monde nouveau émerge », où le pouvoir ne sera plus aux mains d'une minorité d'individus. Elle accuse certains courants du « développement personnel », représentés notamment à ses yeux par *Psychologie magazine*, de se situer dans l'individualisme dominant : « Je me sens d'un autre monde, il faut concevoir une autre façon d'être en relation avec les autres. » Pour Catherine, le changement social va de pair avec le changement personnel. Elle est sur ce point très représentative de toutes celles et ceux qui refusent de céder aux

---

de 480 initiatives officielles dans le monde, dont une petite centaine, d'importance très variable, en France.

18 Rencontre en novembre 2013.

19 Voir son site <http://brasseriesaintleon.com>.

20 <http://lentredeuxmersentransition.weebly.com>.

injonctions des normes idéologiques et sociales dominantes, lesquelles ont fait du « développement personnel » un simple produit de consommation courante individuelle, destiné à supporter l'insupportable.

Colibris engagés dans la transition

Née en 1981, Bérangère Sfaxi a initié, en 2011, le groupe Colibris puis Ville en transition de l'Entre-deux-Mers (Gironde) [21]. Une fois par mois, une cinquantaine de personnes se réunissent à la brasserie de Saint-Léon. De plus en plus de jeunes, des profils sociologiques relativement variés : enseignants, musiciens, garde-forestier, etc. Ils s'investissent dans des domaines comme la monnaie locale ou les Incroyables comestibles [22].

Mère de deux enfants de trois et cinq ans, Bérangère caresse un projet éducatif. Elle a constitué un groupe de travail pour créer une école alternative dans la région. L'école publique n'a pas réussi à ses enfants qui sont, pour l'heure, déscolarisés. Ils ont l'« école à la maison ». Le projet pédagogique est écrit, une quinzaine de familles sont partantes et trois enseignants déjà intéressés. L'éco-brasserie de Saint-Léon pourrait même accueillir cette école, qui s'efforcera d'être accessible à tous. Mais il faut que quelqu'un porte le projet, et c'est là que le bât blesse. Bérangère ne veut pas jouer ce rôle ; elle croit que celui-ci pourrait être tenu par un « étudiant motivé », ce qui est sans doute un peu aventureux…

Bérangère préfère s'investir dans son « auto-entreprise d'herboristerie-bouquinerie », car elle « aime les livres et les plantes ». Elle rêve d'un endroit où l'on pourrait « s'asseoir pour boire un thé en lisant ». Pour le moment, cela ne lui rapporte que 300 euros par mois, mais cela lui suffit. Bérangère et Mehdi vivent dans une copropriété familiale avec jardin potager en périphérie de Bordeaux (Gironde). Son compagnon est musicothérapeute. Il

---

21 Rencontre en novembre 2013.

22 Jardins potagers cultivés dans l'espace public des villes et dont les légumes sont en libre-service (voir *infra*, chapitre 5).

travaille, lui aussi, avec le statut d'auto-entrepreneur. Sa spécialité est prisée : des unités traitant les malades d'Alzheimer ou des institutions carcérales font appel à ses talents. Mehdi s'est aussi « spécialisé dans l'éveil musical des tout-petits ». « Aujourd'hui, je refuse parfois du travail », dit-il en se félicitant de générer un « vrai salaire ». Mehdi ne regrette pas une seconde d'avoir abandonné son travail de « régisseur au casino de Bordeaux », qui l'empêchait de dormir. « Je suis autonome, j'ai mon studio et mon matériel pour produire des CD », se réjouit ce musicien né en 1979. Il a visiblement trouvé un bon équilibre entre activité artistique et utilité sociale.

Armelle Bourquard, qui travaille à la communication d'une association d'économie sociale, est très active dans le groupe Colibris du Bordelais [23]. Celui-ci est né d'un « Forum ouvert » qui avait réuni une centaine de participants à Bègles (Gironde) en 2012. Un groupe d'une quinzaine de personnes se réunit depuis tous les mois. On y trouve des architectes, des gens engagés dans les énergies renouvelables ou le développement personnel, mais aussi des retraités, un chômeur, un chauffeur de car, une greffière... Colibris Bordeaux agit dans de multiples directions : les Incroyables comestibles, aidés par la mairie ; l'Habitat partagé, épaulé par des projets de la Communauté urbaine de Bordeaux (CUB) ; un « théâtre-forum » de sensibilisation à l'écologie ; des activités de « santé et bien-être » et enfin des « cercles restauratifs ». Ces derniers représentent le « groupe le plus actif » : le but est d'aider tout un chacun à « apprendre à restaurer les contacts » avec les autres par la communication non violente. Vaste programme dans l'agressive et méfiante société actuelle...

Armelle, qui attend un enfant, s'efforce de vivre en cohérence avec ses idées : « On a commencé à changer nos actes de consommation. » Son ami et elle ont décidé de vendre leur maison, acquise en 2010, pour « se reloger d'une manière plus abordable et dans la logique d'une certaine autonomie alimentaire ». Dans l'idéal, le couple souhaiterait vivre en « habitat partagé », mais ce n'est pas si simple. Armelle aimerait encore « développer à terme

---

23 Rencontre en novembre 2013.

un petite production de plantes aromatiques médicinales » et même bâtir sa maison « en autoconstruction avec ossature bois, paille et terre ». Rien n'est encore signé, mais un terrain a déjà été trouvé…

Florian Jehanno fait quant à lui partie des nombreux jeunes qui ont sacrifié au rite du voyage initiatique [24] : avec son amie Pauline, il a traversé les États-Unis, en 2011, à la rencontre des expériences alternatives américaines. Florian anime, à Nantes, l'association des Cré'Alters dont le but est de « valoriser et mettre en relation les créateurs d'alternatives », dans les secteurs du développement durable ou l'économie sociale et solidaire [25]. Les Cré'Alters ont une cinquantaine d'adhérents, une dizaine de bénévoles actifs et bientôt deux salariés. Ils organisent des « banquets citoyens », repas à prix libre confectionnés « à partir de fruits et légumes biscornus sauvés de la poubelle ». Les habitants qui le souhaitent présentent différents projets qui leur tiennent à cœur au cours du repas. Les convives votent et le vainqueur remporte une petite cagnotte. Le 25 mai 2013, environ deux cents personnes se sont ainsi rassemblées dans le centre de Nantes. Elles ont choisi d'aider un projet de réemploi de textiles pour la création de vêtements uniques et originaux. L'atelier-boutique qui l'avait proposé est reparti avec un pactole de 666,65 euros. Ce succès a conduit Cré'Alters à prévoir deux banquets au printemps 2014, dont l'un dans un quartier populaire de Nantes.

Écocentrismes, dans le Gers ou en Corrèze

Depuis 2013, en périphérie de la petite commune de Riscle (Gers), se dresse le magnifique bâtiment en bois d'un écocentre particulièrement actif [26]. Cette belle réalisation n'est pas sortie toute seule de terre. Elle est le fruit du travail d'une

---

24 Rencontre en juin 2013.

25 Voir son site <http://lescrealters.org>.

26 Visite en octobre 2013.

association née en 1997 et pilotée par Paul Cottavoz, Pierre et Terre [27]. Natif du lieu et issu d'une famille d'agriculteurs, il a d'abord rassemblé des habitants de la commune qui souhaitaient continuer à y vivre, mais à condition d'améliorer leur environnement.

La question de l'eau, polluée par les nitrates, a joué un rôle majeur dans leur prise de conscience. L'autre motivation des participants a été de favoriser une « réappropriation des technologies innovantes » dans un monde qui, « sous des dehors d'autonomie, nous impose la dépendance ». La gestion de l'eau relevant d'instances institutionnelles, c'est plutôt dans le domaine de l'habitat que le futur écocentre s'est employé à agir : « On voulait être acteurs du territoire, ne pas être seulement dans la critique, mais aussi dans l'innovation et dans la cohérence », explique Paul qui est aussi engagé dans la vie locale puisqu'il est adjoint au maire socialiste de Riscle. Cette implication a grandement favorisé la réalisation d'un projet qui ne pouvait être porté uniquement par les cent soixante adhérents de l'association. Celle-ci n'a financé que 20 % de l'investissement de 590 000 euros de l'écocentre, le reste provenant d'aides des collectivités locales et d'un emprunt auprès de la Nef [28]. Le terrain a été donné par la commune. Mais les frais de fonctionnement de la structure ne sont assurés qu'à hauteur d'un tiers environ par les aides publiques. Pierre et Terre doit bel et bien s'inscrire dans un « petit secteur marchand ».

L'écocentre est d'abord un « centre de ressources » très complet pour tous ceux qui veulent s'impliquer, d'une manière ou d'une autre, dans une construction écologique. Le bâtiment lui-même, en bottes de paille porteuses et à énergie positive, donne l'exemple. Avec sa riche bibliothèque et sa palette d'experts, le centre répond à des demandes très diverses. Il intéresse les « autoconstructeurs les plus en rupture, qui ont peu de moyens matériels mais beaucoup de ressources intellectuelles ». Et aussi ces « jeunes couples des classes moyennes qui ne sont pas contre le

---

27 Voir son site <http://www.pierreetterre.org>.

28 Société coopérative de finances solidaires, première banque éthique de France (voir *infra*, chapitre 9).

système, mais s'inscrivent dans une démarche de qualité de vie et de cohérence ». Ses services sont gratuits ou payants selon le niveau d'intervention humaine requis. Pierre et Terre combine la pédagogie libre et la vente d'expertise. L'association s'implique aussi dans la promotion de la « consommation responsable », à travers la mise en réseau des producteurs locaux avec les habitants et l'édition de documents.

Paul est fier du chemin parcouru en quelques années : « Quand l'association a démarré, nous étions très marginalisés. Aujourd'hui, l'opinion est assez convaincue qu'on doit imaginer un autre mode de vie même si c'est toujours difficile de passer à la pratique. Cette évolution influe forcément sur les décideurs. » Ce pragmatique résolu ne sous-estime pas un « système très solide qui laisse peu de place à l'innovation à grande échelle » et qui fera tout pour ramener l'aspiration écologique à sa logique de profit. Mais il parie sur un « effet boule de neige » dont le petit réseau d'éco-centres est partie prenante.

Le Battement d'ailes est le nom d'une association à l'origine d'une autre admirable réalisation. Il s'agit d'un « centre agro-écologique et culturel » à multiples facettes implanté au lieu-dit Lauconie, dans la commune de Cornil (Corrèze) [29]. Là encore, la réussite est le produit de la volonté humaine adossée à des concours publics. Né en 1977, Pascal Brette n'avait que vingt-cinq ans lorsqu'il a initié dans cet ambitieux projet. Le but de cet ancien paysagiste devenu ensuite éducateur était de marier « écologie et social ». Le projet a pu se réaliser sur sa « terre familiale ». Pascal s'y est d'abord installé comme maraîcher bio, ce qui lui a permis d'être pris au sérieux par les habitants des environs. Il lui a fallu ensuite « mobiliser beaucoup d'argent et fédérer du monde » pour donner vie à son ambition : un peu plus d'un million d'euros d'investissement avec, au final, 80 % de financements publics.

Mais le fonctionnement du centre, lui, se doit d'être à l'équilibre – la structure fait travailler onze permanents et affiche un chiffre d'affaires de 350 000 euros. Ouvert en 2013, le bâtiment principal, en bois et bioclimatique, ne fait pas moins de 400 m^2,

---

29 Visite en novembre 2013 ; voir son site <www.lebattementdailes.org>.

abritant une vaste salle d'activités, une cuisine, un restaurant et un gîte collectif. « Il faut la même rigueur de gestion que pour une entreprise, même si nous sommes dans l'associatif. » L'équilibre financier est atteint grâce à une forme de péréquation entre diverses activités très inégalement rentables. Les plus rémunératrices concernent l'hébergement, la restauration ou encore la formation professionnelle. Les moins « monétisables » sont les séjours d'expérimentation, de découverte de l'autoconstruction et de l'autogestion, les ateliers divers à prix libres et l'organisation d'événements culturels.

Pascal vante un « groupe plein de cohérence », où chaque personne se sent « responsable de son activité ». Les salaires sont égaux mais lui-même, cogérant de la structure, est pour l'instant bénévole : « J'ai un logement et ma femme travaille… » Une bonne moitié de l'équipe vient de la région. « On a pas mal de travailleurs sociaux, pas tellement de bébés bio ! Dans notre équipe, il y a beaucoup de gens qui ne trouvaient pas leur place dans la société. » Ancien syndiqué à la CNT (Confédération nationale du travail, syndicat anarchiste), Pascal est très attaché à la dimension autogestionnaire du projet. Il garde en mémoire quelques bonnes surprises : « On peut former les moins compétents bien plus qu'ils ne le croient eux-mêmes… » Sur fond écologique, les activités du centre s'inscrivent dans l'économie locale et l'éducation populaire avec une forte dimension sociale : des jardins partagés destinés à un public en insertion ou encore des activités pour les handicapés. On est loin du cliché de l'écologie tournée vers les « bobos ».

« L'État a cessé de penser l'intérêt général, estime Pascal. Il nous faut interpeller les élus locaux et relocaliser le système de solidarité. » Le Battement d'ailes ne veut pas s'affilier aux écovillages et autres « oasis en tous lieux ». Le centre est en revanche très impliqué dans le réseau REPAS (Réseau d'échanges et de pratiques alternatives et solidaires), déjà évoqué. L'entente avec les élus locaux n'est pas incompatible avec une certaine radicalité…

Enracinement dans le territoire et convivialité

La galaxie des « écomilitants » est extrêmement diverse. Certains sont d'abord engagés dans une démarche d'exemplarité individuelle, d'autres sont plus investis dans des réalisations collectives. Dans tous les cas, une bonne dose de volonté et de détermination est de mise. C'est en ce sens que les initiateurs de ces réalisations, souvent exemplaires, sont des militants au-delà de la manière dont ils se voient eux-mêmes. Un autre de leur point commun est d'enraciner leurs actions dans les territoires où ils vivent. On pourrait presque parler d'écologie de terroir. Ils s'efforcent souvent de mobiliser la fierté d'un « pays », l'aspiration à une meilleure qualité de vie de la part de ses habitants, pour faire progresser les consciences. Cette écologie positive et prometteuse est à mille lieues de l'« écologie punitive » dont on nous rebat les oreilles.

L'inscription locale forte de ces « écomilitants » leur permet d'interpeller efficacement les élus. Innombrables sont leurs réalisations qui n'auraient pas pu voir le jour sans le concours décisif des collectivités locales. Pour critiques qu'ils soient à l'égard de l'État, ils n'hésitent pas à pratiquer le compromis avec ses déclinaisons décentralisées. Encore doit-on observer que le financement public est essentiellement demandé pour les dépenses d'investissement, les coûts de fonctionnement de ces initiatives devant généralement tendre à l'équilibre.

Les militants de terrain de l'écologie sont enfin, plus qu'on le croit, de précieux promoteurs de sociabilité. Leur volonté d'impliquer les populations dans leurs démarches concourt au « lien social », célébré à la mesure de sa déréliction. De nombreuses associations ou réalisations sont le théâtre de rencontres entre des personnes qui n'auraient jamais eu l'occasion d'entrer en contact autrement. Hauts lieux de convivialité, les « jardins partagés » en fournissent un bon exemple. Dégagées de l'utilitarisme marchand, les diverses « écoréalisations » revalorisent l'utilité sociale sous toutes ses formes.

4

Les alterentrepreneurs

L'esprit d'entreprise n'est pas l'apanage de ceux qui sont en quête de fortune ou de réussite sociale. Il travaille aussi, souvent avec succès, des femmes et des hommes qui veulent mettre leur énergie et leur créativité au service d'une certaine idée du bien commun. Ceux que l'on a appelés les « créatifs culturels », selon une expression qui n'est d'ailleurs pas forcément heureuse, mobilisent parfois leur esprit d'initiative au profit de réalisations d'une utilité sociale et/ou écologique appréciable. La figure des « alterentrepreneurs » n'en est pas moins très diverse. Certains d'entre eux impulsent des processus novateurs, qui savent mettre en place des systèmes inédits. D'autres sont plutôt des créateurs d'entreprises qui réussissent à marier exigence éthique et efficacité économique dans des domaines variés. Un troisième profil rassemble les animateurs qui s'efforcent de favoriser le développement de l'économie sociale et solidaire. Et puis, il y a tous ces entrepreneurs individuels, ceux qui ont créé leur propre emploi en cohérence avec leur idéal.

Les promoteurs d'innovations

Philippe Vachette est le prototype du « créatif culturel » [1]. Économiste de formation, « enfant de René Dumont

1 Rencontre en octobre 2012.

et de Raymond Barre », il a d'abord créé, en 1985, une entreprise de réinsertion à partir de déchetteries dans la région de Chambéry (Savoie), Trivalor : « J'aime bien avoir les mains dans le cambouis. » Celle-ci s'est transformée, par la suite, en un imposant bureau d'études – pas moins de deux cent vingt salariés – spécialisé dans le développement durable, Inddigo [2]. « Le secret de notre réussite a été la chance, le fait de bosser beaucoup, mais aussi notre pacte d'associés. » Ici, le capital ne peut pas sortir du salariat. Cette indépendance capitalistique a permis à Inddigo de remporter plus d'un appel d'offre sensible où l'on redoutait les conflits d'intérêts. Il est devenu le « plus gros bureau d'études indépendant » de France. En 2001, Philippe a également lancé l'agence Écomobilité, qui se propose de promouvoir les modes de déplacements alternatifs à l'« auto-solo » en Savoie. Il a encore travaillé comme chargé de mission à la mairie de Grenoble à partir de 2002, où il s'est notamment employé à développer l'usage du vélo. En 2009, c'est le projet de monnaie locale qui a été la cible de son infatigable activisme.

La seule chose qu'il n'a pas réussie, c'est de mener à bien le projet d'habitat partagé qui lui tenait à cœur sur Chambéry. Une nouvelle ZAC de la ville devait être créée, avec 10 % de logements réservés pour ce type d'habitat. L'emplacement correspondait aux critères de Philippe et de sa femme Mylène, qui souhaitaient résider à « dix minutes au maximum en vélo du centre-ville ». Ils y ont consacré beaucoup d'énergie pendant six ans et même perdu 30 000 euros avant que le projet ne capote en 2011. Philippe met en cause la « mauvaise volonté » de la maire de Chambéry, la socialiste Bernadette Laclais, élue en 2007 et battue en 2014 : « On était les emmerdeurs… » Alors, ils demeurent dans leur agréable maison de Barberaz, dans la banlieue sud de la ville. Pour le plaisir de leurs propres enfants, qui n'étaient « pas très pour » cette histoire d'habitat partagé…

Le couple Caron mérite lui aussi de figurer dans le palmarès des « créatifs culturels » au bilan remarquable. Les Français Pascale et Joël Caron ont vécu quinze ans au Québec, tous deux très

2 <www.inddigo.com>.

engagés dans l'économie sociale et solidaire [3]. Joël a travaillé pour la célèbre Caisse d'économie solidaire Desjardins, émanation du deuxième syndicat du Québec. L'âge avançant, ils avaient envie de se rapprocher de leurs parents et aussi d'échapper au rude climat canadien. En 2010, le couple est revenu en France attiré par le beau projet d'habitat écologique et collectif Habiterre, dans le Diois (Drôme) [4]. Un couple ami, Marc et Marie-Noëlle, les avait mis en contact avec ses initiateurs. Compte tenu de leurs compétences, eux-mêmes se sont occupés des questions juridiques pendant que Marc œuvrait sur le terrain. Pascale et Joël sont aujourd'hui installés dans un superbe appartement de 120 m^2 en étage avec vue panoramique sur l'impressionnante barrière rocheuse de Glandasse. Il faut dire qu'ils sont sans doute les habitants les plus aisés du lieu. Pascale reconnaît que le succès d'Habiterre, réalisation haut de gamme en matière d'habitat écologique, tient aussi au profil des participants : « Les trois familles les plus concernées sont complètement dans cette mouvance de l'économie sociale et solidaire. »

L'habitat groupé ne signifie pas vie en communauté. Chacun est libre de participer comme il l'entend à la vie collective : « Ce matin, on a petit-déjeuné tous ensemble, mais j'ai aussi besoin de ma bulle. » Les petites décisions se prennent au consensus. Jusqu'à présent, il n'a fallu voter qu'une seule fois, à propos de la politique d'assurances. À une autre occasion, le groupe a pratiqué la méthode de l'holacratie, à propos du sort à réserver à un local initialement prévu pour le stockage de matériaux divers : à la réflexion, les habitants sont convenus que c'était un luxe qui confinait au gâchis et ils ont décidé de le transformer en logement supplémentaire. Mais il a fallu tout un dimanche de débat itératif pour en arriver à cette conclusion.

De retour en France, Pascale et Joël n'ont pas rompu avec leur activisme. Pascale s'est donné pour mission d'implanter dans son pays le système de l'Accorderie (voir *infra*, chapitre 6),

---

3 Rencontre en novembre 2012.

4 Voir son site <www.habiterre.org> ; et *infra*, chapitre 7.

créé par eux au Québec en 2002 avec l'appui de la Caisse d'économie solidaire Desjardins et de la Fondation Saint-Roch. Il s'agit d'un système de solidarité fondé sur l'échange de services sans argent entre particuliers. Sept lieux de ce genre existent au Québec, rassemblant 2 500 adhérents. En France, ils sont déjà au nombre de deux (Chambéry et Paris) et l'objectif est d'en implanter entre une vingtaine et une trentaine d'ici à cinq ans ! La troisième Accorderie française sera bientôt créée près de chez eux, à Die. Joël, pour sa part, se consacre à l'ingénierie financière au sein de la Nef, la banque solidaire, ainsi qu'à des projets d'énergies renouvelables.

« Ce qui m'énerve le plus, c'est que toutes ces initiatives sont méconnues », regrette Pascale, qui se définit comme une « incurable optimiste » : « L'idée qu'on ne peut pas faire autrement est fausse ! » Elle est persuadée que le secteur privé court à sa perte et que l'économie sociale et solidaire (ESS) constitue une alternative sérieuse. D'autant plus que l'État désargenté prouve chaque jour davantage son incapacité à assurer une véritable cohésion sociale.

Equiphoria, le cheval pour surmonter son handicap

« Faire autrement » avec l'espoir d'être reconnu : telle est également la conviction animant les promoteurs d'une réalisation originale d'un genre très différent, qui s'épanouit non loin des gorges du Tarn. Au-dessus du bourg de La Canourgue (Lozère), un beau domaine abrite Equiphoria [5]. Ce nom mystérieux désigne un « institut d'activités équestres à objectif thérapeutique pour personnes en situation de handicap ». Plus simplement, ce lieu résume en un slogan son propos : « Un cheval pour surmonter son handicap. » L'idée d'utiliser cet animal, étonnamment proche de l'homme, pour soigner les humains n'est pas nouvelle. Mais elle est ici

5 Visite en octobre 2013 ; voir son site <http://equiphoria.com>.

concrétisée avec un professionnalisme et un enthousiasme qui forcent l'admiration.

Le projet est né des retrouvailles de deux amis d'enfance qui s'étaient perdus de vue, Hélène Viruega et Erik Bogros. Leurs parcours professionnels les avaient projetés dans des directions opposées. Elle a longtemps travaillé avec les chevaux, sa passion, aux États-Unis, dans le Montana, tandis qu'il sévissait dans la banque internationale à Singapour. Hélène rêvait de concrétiser son souhait d'un « travail innovant de traitement des handicaps par le cheval ». Elle avait pu en mesurer l'intérêt Outre-Atlantique : quelques huit cents centres de ce type existent aux États-Unis. La France, pour sa part, se contente de centres équestres qui ne sont pas véritablement spécialisés dans cette mission.

Erik, de son côté, commençait à ressentir une certaine « fatigue par rapport à la finance », avec ses rémunérations démesurées, déconnectée d'une réelle utilité sociale. Au fond, c'est sans doute ce qui l'a poussé à faire une « confiance aveugle » à Hélène et à mettre ses compétences au service de la réalisation du projet : « Je sais parler aux banquiers et rédiger un *business plan*, cela nous a bien aidés. » Sans cette complémentarité entre la vision et le désir d'un côté, le réalisme et l'analyse de l'autre, l'entreprise n'aurait sans doute pas été couronnée de succès.

Le couple est revenu en France en 2008. Il a fallu en convaincre du monde pour que le centre voie le jour. Jacques Blanc, maire de La Canourgue, a soutenu ce projet innovant. La Lozère est, il est vrai, dotée d'une solide tradition d'accueil des handicapés, souvent issus de la région parisienne, qui date de l'époque où il était de bon ton de les éloigner des villes. Un ancien centre de formation des moniteurs d'équitation, fermé quelque temps après son ouverture, a pu être racheté par une association médico-sociale de Lozère pour être louée à Equiphoria. Le département et la région ont également fourni de précieuses aides. Mais tout cela n'aurait pas suffi sans l'engagement et la ténacité de l'équipe. Une passion qui n'exclut évidemment pas de s'entourer de toutes les compétences nécessaires. Une dizaine de personnes travaillent à Equiphoria, dont trois thérapeutes. « Tout le monde doit s'entraider, même si chacun a sa spécialisation », insiste Erik. L'entreprise à but non lucratif prévoit de se transformer en Scic (Société coopérative d'intérêt collectif).

Hélène et Erik sont fiers d'avoir gagné, en 2012, le concours « Coup de pouce » de la création d'entreprises de la région Languedoc-Roussillon. Un bel encouragement pour cette « thérapie non médicamenteuse » aux résultats parfois impressionnants. Ils me montrent des vidéos témoignant d'améliorations spectaculaires par la grâce du contact établi par la personne handicapée avec le cheval, à la condition de respecter des procédures aussi précises que contraignantes. Un handicapé qui chevauche l'animal doit généralement être entouré de deux accompagnateurs. Soigneusement sélectionnés, les chevaux sont ensuite formés spécialement pour ce travail.

C'est ainsi que Sylvie, une hémiplégique de naissance, a repris confiance en elle grâce à ces exercices. Au point de surprendre son lieu de vie par l'étonnante récupération de ses capacités physiques. Le centre, ouvert officiellement en septembre 2012, traite à 80 % des handicaps mentaux. Les thérapies peuvent être longues, à raison de séances hebdomadaires, ou courtes, concentrées sur une semaine.

Le principal problème d'Hélène et d'Erik est de « faire connaître » Equiphoria, mais aussi parfois de vaincre certaines résistances d'un corps médical pas toujours spontanément enclin à apprécier les méthodes nouvelles. Se pose aussi la question de la prise en charge financière de traitements non encore reconnus par la Sécurité sociale. La majorité des patients leur sont envoyés par des associations qui ont pris conscience de l'efficacité de ces stages. Quant à la « reconnaissance scientifique » de ces méthodes, en dépit des études d'ores et déjà conduites avec succès, elle attend toujours...

Plantes aromatiques dans la Drôme, vin bio dans le Bordelais

L'expérience réussie de L'Herbier du Diois prouve que l'écologisme peut fort bien se marier avec l'économie [6]. À la fin des années 1970, deux couples d'universitaires hollandais, les Wartena et les Vink, s'installent dans la Drôme pour un « retour à la terre ». Ils achètent une ferme dans le pays du Diois, alors en plein déclin, élèvent des chèvres puis se lancent dans la culture de plantes aromatiques. Une première dans cette région qui se limitait, en ce domaine, à la culture de la lavande. L'exploitation est « bio » dès le départ, ce qui était très rare à l'époque, avec une diffusion de sa production dans les réseaux spécialisés comme Nature et Découverte.

Aujourd'hui, L'Herbier du Diois est une entreprise de trente-trois salariés au chiffre d'affaires de 4,2 millions d'euros. Dirigée par Tijlbert Vink, le fils du fondateur, elle traite trois cent cinquante variétés de plantes différentes et exporte un quart de sa production. L'entreprise a contribué à redynamiser l'agriculture locale en nouant des liens de confiance avec les petits producteurs. Certains d'entre eux lui restent fidèles, pour la livraison de leur production, depuis une trentaine d'années déjà. L'entreprise a profité des mutations de la cuisine française, qui intègre beaucoup plus d'épices variées qu'auparavant.

« Dans notre personnel, nous avons 50 % de bureaucrates et 50 % de manuels, s'amuse Tijlbert. Pour un kilo de vente de plantes, il faut un kilo de papiers en bio ! » Les normes à respecter et les contrôles sont excessivement nombreux. Mais le label « bio » tel que ce jeune homme rigoureux l'entend ne se résume pas à la « démarche individualiste » de ceux qui souhaitent avant tout « prendre soin de soi ». Il s'inscrit dans une philosophie écologiste globale. « Pour notre usine, on a fait le choix d'un bâtiment qui s'intègre dans le lieu, qui utilise le bois local, et qui est à énergie positive. » Pas moins de 1 900 m^2 de panneaux photovoltaïques alimentent le bâtiment, climatisé grâce à

6 Visite en novembre 2012 ; voir son site <www.herbier-du-diois.com>.

la géothermie. L'entreprise accorde même une « prime verte » de 100 euros à ses salariés qui viennent en vélo.

Mieux, l'originalité sociale accompagne cette exigence écologique. L'écart des salaires n'est que de un à trois. « Nous arrivons quand même à attirer des cadres hyperqualifiés : ils gagnent trois fois moins d'argent qu'avant, mais ils ne travaillent, comme les autres, que quatre jours par semaine pendant 35 heures. » Tijlbert a le souci d'« amener chaque salarié le plus loin possible » par rapport à son potentiel. La cohérence du collectif de travail est renforcée grâce à la connaissance, par chacun, de ce que font les autres. « Ceux qui arrivent font le tour des postes. Tout le monde a l'obligation d'aller en production une fois par semaine. Dans l'autre sens, ceux qui produisent expliquent, à tour de rôle, leur travail devant l'équipe. »

La maladie de son père a obligé Tijlbert à reprendre les commandes de l'entreprise en 2004, à l'âge de vingt-six ans. Soucieux de l'avenir de L'Herbier du Diois, et ne souhaitant pas transmettre l'entreprise à ses enfants, il songe à la transformer en Scop. Les cadres de l'entreprise sont d'ores et déjà associés à sa direction. La principale crainte de Tijlbert concerne le maintien, à long terme, de l'« indépendance » de cette société originale. Car le durcissement des normes en tous genres rend de plus en plus coûteuse cette caractéristique. La fièvre normalisatrice a aussi pour objectif dissimulé d'éradiquer les singularités…

Ce contre quoi s'active également Vini Vitis Bio, une société bordelaise assez originale, puisqu'elle aide à la conversion bio de la viticulture bordelaise, un vignoble peu réputé pour sa vocation écologique [7]. Elle a été fondée en 2003 par Daniel Noël, un ancien cadre de la distribution très engagé dans les actions humanitaires. Né au début des années 1940, celui-ci a transmis sa société à deux jeunes associés, Mathieu Huguet et Daniel Pasquet. Dans le Bordelais, le vin bio reste très marginal : sur quatre cents négociants, un seul s'est spécialisé dans ce secteur. L'externalisation du commerce par le biais du négoce ne facilite pas la conversion : le vin bio n'a pas de saveur spécifique et il

---

7 Visite en novembre 2013.

occasionne un surcoût que les négociants se refusent généralement à payer.

Œnologue de profession, Mathieu est pourtant convaincu qu'une autre manière de travailler est indispensable si les vignerons veulent assurer la pérennité de leur labeur. Les maladies qui touchent la vigne ne sont pas, souligne-t-il, étrangères aux traitements chimiques qu'on lui fait subir : « Plus on la pousse à l'azote et plus elle est sensible à ces maladies. » Devenu « consultant en viticulture avec sensibilité bio », Mathieu incite les vignerons « à abandonner les herbicides et à se remettre à travailler les sols ». Il pense même qu'il serait opportun de « repasser la charrue », quitte à utiliser des modèles « en inox, pas trop lourds et maniables », ou encore de « revenir à la traction animale ». Il n'est pas pour autant un adepte de l'« écologie pure et dure ». Ses préoccupations environnementales ne proviennent pas de considérations idéologiques, mais bien plutôt d'une réflexion sur l'avenir du métier de viticulteur. Vini Vitis Bio est, pour l'heure, « presque la seule entreprise à offrir une expertise bio et œnologie ». Son associé est spécialisé dans la biodynamie. Les chèques-conseils d'aide à la conversion bio offerts par le conseil général constituent une aide précieuse. Mais l'essentiel se produira quand les viticulteurs prendront enfin conscience de leurs intérêts à long terme.

Habitats écologiques

La même attention à l'avenir et au « vivre autrement » préoccupe les alterentrepreneurs de l'habitat écologique, qui se sont multipliés, en France comme ailleurs, depuis les années 1990. La maison de Pierre Pralus est tout simplement magnifique. De belles courbes, d'amples volumes, beaucoup de lumière, la vue sur la forêt. Elle est aussi le siège du bureau d'études Trihab, spécialisé dans l'architecture bioclimatique [8]. Plantée dans les environs du village de Seillans (Var), cette

8 Visite en mars 2013 ; voir son site <www.trihab.com>.

construction offre un exemple séduisant de ce que l'on peut réaliser en la matière. Grâce à sa conception et à son exposition, elle nécessite très peu de chauffage. Pierre se reproche même de l'avoir équipée d'un système de géothermie coûteux, alors qu'il n'aurait eu besoin que de quelques radiateurs électriques pour les rares moments de chauffage. En été, ses visiteurs sont bluffés par la fraîcheur de l'intérieur, assurée par l'ouverture des fenêtres la nuit et la protection d'une « casquette » en bois qui empêche le soleil de pénétrer.

Maître d'œuvre en écoconstruction, Pierre travaille avec son « ami de trente ans », Bruno Bazire, artiste plasticien et designer. Ils ont créé Trihab en 2000 avec un troisième partenaire architecte, Jean-Guillaume Larribeau. Leurs clients sont très variés : des agriculteurs bio qui s'installent et veulent une ferme en cohérence avec leurs idées comme des informaticiens qui rêvent d'habiter la maison du « parfait écolo » et qu'il faut parfois déniaiser. Les très hauts revenus sont rares : « Les gens riches n'ont pas tellement de soucis écologiques, et ils n'ont pas de contraintes financières. » Ils sont tout de même de plus en plus contactés par des cadres moyens qui ont franchi le seuil d'une certaine prise de conscience écologique.

Doté d'une certaine notoriété dans la région, Trihab ne court pas après les clients individuels. Bruno et Pierre regrettent surtout la difficulté à mener à bien des projets d'urbanisme innovants. Ils participent à la conception d'un « écoquartier rural » à Seillans (Var) mais celui-ci, la crise n'arrangeant rien, tarde à se concrétiser. Ils militent en faveur d'un mélange d'activités et de fonctions sur un même périmètre aux antipodes du « zonage » qui fait tant de ravages. Sur 12 ha, le projet de Seillans comprendrait également emplois, commerces et loisirs.

Les deux amis sont convaincus que le choix de son logement est lourd de sens : « On ne propose pas de maison sur catalogue. On essaie de comprendre le projet de vie des gens, on s'occupe de leur santé. Nos maisons sont une invitation à vivre autrement, à se sentir plus léger sur Terre. C'est de la décroissance intelligente. » Ils prônent « des maisons ouvertes plutôt que des maisons rondes comme des œufs, repliées sur elles-mêmes ». Bruno et Pierre ont en mémoire le cas de cet ingénieur qui a « changé de vie après avoir construit sa maison ». Celle-ci lui a donné l'envie de faire son propre potager et d'organiser des rencontres avec son voisinage. Et, de fil en aiguille, cela a modifié radicalement sa manière de voir les choses.

Patrick Belland, lui aussi, participe d'une autre conception de l'habitat. Mais ne lui dites surtout pas à qu'il est un « défricheur ». Cela rappelle de mauvais souvenir au gérant du magasin Maison Nature, à Albertville (Savoie) [9]. « Vous avez fait le chasse-neige », lui a un jour fait remarquer, avec le sourire, le patron d'un Point P. Patrick se flatte d'avoir créé, en 2001, le « premier magasin de produits écologiques pour la maison avec showroom en France ». Le pionnier a cependant souffert par la suite : « J'ai été imité et même volé. » Que voulez-vous, « la grande distribution a repris la main » dans le secteur stratégique des isolants.

D'un restaurant musical dans la région parisienne à la direction d'un centre de vacances en Savoie, Patrick a exercé de nombreux métiers avant de se lancer dans l'habitat écologique. Pour des raisons assez personnelles : « J'ai toujours eu la passion de restaurer des vieilles pierres, mais j'ai développé pas mal d'allergies à beaucoup de produits. J'en crevais de la laine de verre ! » C'est ainsi qu'il a appris que les Allemands utilisaient déjà des produits plus écologiques. D'où l'idée d'en vendre en France.

Dans un premier temps, sa boutique a très bien marché. Un peu trop même. Patrick était invité à faire des conférences un peu partout. « Je me suis laissé griser par ça... » Victime de quelques entourloupes et d'une gestion insuffisamment rigoureuse, comme il l'admet lui-même, le commerçant a été contraint de réduire la voilure. « D'autres se sont installés et nous ont copiés. On est descendu à cinq salariés alors qu'on était monté jusqu'à treize avec deux magasins. » Son chiffre d'affaires a cessé de croître depuis belle lurette. « On va peut-être se limiter à la décoration, à la peinture et aux enduits. » En misant sur la qualité du conseil et le bouche-à-oreille. « La grand-mère, nous,

9 Visite en octobre 2012 ; voir son site <http://maison-nature.fr>.

on ne va pas lui vendre deux fois plus de peinture qu'il ne lui en faut ! »

Patrick constate que beaucoup de gens malades ou victimes d'allergies sévères fréquentent son magasin. Il se souvient de ce papa paniqué parce que son bébé était pris de violentes crises d'asthme. Le pauvre homme avait amoureusement préparé la chambre de l'enfant avec de l'affreuse colle polyuréthane... Patrick s'amuse de la superstition de certains clients qui « viennent chercher de la peinture avec un pendule ». Il s'irrite de « phénomènes de mode », comme celui qui porte aux nues les BBC (Bâtiments basse consommation) alors que ces maisons seraient, à l'en croire, « à haute teneur toxique, étanches à l'air et productrices de champs magnétiques déments ». Le label « écologique » se prête parfois à d'étranges détournements et il convient d'aller au-delà des étiquettes pour juger de la qualité d'une réalisation.

Biovallée (Drôme) et Écossolies (Nantes), pour stimuler la société civile

« On a pour spécificité de s'appuyer sur une société civile très en pointe, extrêmement innovante », se réjouit Philippe Méjean, chef du projet de Biovallée. Ce nom a été déposé en 2002. Quatre communautés de communes portent la Biovallée, qui court le long de la Drôme [10]. Ce projet fait l'objet d'un programme dans lequel la région investit 10 millions d'euros en cinq ans. Avec des objectifs ambitieux comme celui d'assurer, dès 2020, la consommation des ménages par la production locale d'énergies renouvelables ou encore d'atteindre 50 % d'agriculteurs et de surfaces en agriculture biologique en 2015.

Cette région « de pionniers du bio et de soixante-huitards » était prédestinée à accueillir un tel projet : la Drôme s'enorgueillit d'être le premier département bio de France. Les produits de ce type y occupent 13 % de la surface agricole, environ quatre

---

10 Visite en novembre 2012 ; voir son site <http://biovallee.fr>.

fois plus que la moyenne nationale. Ici, explique Philippe, ingénieur agronome de formation, « le développement durable a commencé depuis une trentaine ou une quarantaine d'années ». La vallée de la Drôme est enracinée dans une solide tradition d'ouverture avec son couloir d'échanges, son implantation protestante ou encore ses souvenirs de la Résistance. Et si les élus locaux accompagnent activement le mouvement, ils ne prétendent pas le diriger. « Nous marchons à l'envie, au positif », insiste Philippe. L'association Biovallée propose toute une série de mesures environnementales très concrètes, qui donnent lieu à l'octroi d'un certain nombre de points. Entreprises, associations et collectivités locales peuvent ainsi mesurer leurs progrès écologiques. Ultérieurement, les produits de la vallée pourront être estampillés d'un label propre.

Biovallée pilote encore des programmes spécifiques. Doremi (Dispositif opérationnel de rénovation de la maison individuelle) permet ainsi une rénovation thermique à bas coût grâce au regroupement d'artisans complémentaires et à des solutions techniques économisant le coût des études préalables. Philippe cite encore le « kit pour économiser l'eau et l'énergie ». Gratuit, il contient des accessoires tout simples qui procurent de réelles économies : une ampoule LED (lampe à diode électroluminescente) à allumage automatique par détecteur de mouvement, un réducteur de douche, deux aérateurs pour robinet et une lampe fluocompacte. Ce kit est distribué en priorité à des familles en difficulté dans cette région où le revenu moyen est très nettement inférieur à la moyenne nationale. L'écologie est loin d'être un luxe pour enfants gâtés.

À Nantes, c'est l'économie sociale qui est stimulée par un vaste réseau, celui des Écossolies [11]. Cette association regroupe des professionnels, des entreprises, des institutions et des militants qui se reconnaissent dans l'économie sociale et solidaire (ESS) dans la région nantaise. Marquée par une culture associative forte ainsi que par les traditions syndicale et catholique sociale, celle-ci constitue un terreau favorable : « Il y a un

11 Visite en juin 2013 ; voir son site <www.ecossolies.fr>.

renouveau d'intérêt pour l'économie sociale lié à l'évolution de la société, mais on est encore tout petits », estime son directeur, Marc Richard.

La Loire-Atlantique compte quatre-vingt-dix Scop, d'abord implantées dans le bâtiment et l'artisanat. Nantes-Métropole, sous l'impulsion d'un élu Vert de Nantes, Jean-Philippe Magnen, déploie de réels efforts pour développer l'ESS. Avec l'appui de l'agglomération, les Écossolies pilotent un « pôle de coopération » au cœur de l'Île de Nantes. Dénommé Solilab, cet espace d'environ 9 000 m^2 (dont près de 4 000 m^2 de bâti), ouvert en janvier 2014, sert de vitrine à l'économie alternative. On y trouve des magasins (notamment de réemploi) et des événements à destination du grand public, tout comme une « pépinière-incubateur » d'entreprises et des salles de réunion mutualisées.

« Nous voulons aider des gens militant avec de fortes convictions, mais qui n'ont pas forcément la culture de l'entreprenariat, explique Marc. Trop de projets se cassent la figure ou vivotent parce que leurs initiateurs se fatiguent. » Des offres variées de formation et d'aide sont proposées, qui s'adressent à des publics contrastés, du jeune motivé et sans expérience au quinquagénaire sans emploi, en passant par tous ceux qui caressent un projet de réorientation professionnelle. Mais les alterentrepreneurs doivent déjouer bien des pièges : « Ils ont tendance à voir à court terme, en ne regardant que leur budget et sans véritable *business plan*... » Nombreux sont toutefois ceux qui s'accrochent et finissent par créer leur emploi au service des autres.

Créer son propre emploi

Luc Parlavecchio ne serait pas revenu en France en 2013 s'il n'avait pas eu vent du projet Habiterre [12] – comme avant lui le couple Pascale et Joël Caron, que j'ai déjà évoqué. Ce

12 Rencontre en novembre 2012.

quadragénaire a vécu treize ans au Québec : « J'ai quitté la France à cause de ses impossibilités, de sa capacité à voir surtout les obstacles dans une logique de moyens. » En Amérique, on se projette plutôt dans une logique des résultats. Au Québec, Luc avait monté une originale coopérative de solidarité par le sport. Histoire d'aider les jeunes en difficulté à sortir de leur mal-être grâce à des pratiques sportives spectaculaires. Ancien travailleur de rue, il a mis au point des épreuves de courses d'envergure qui permettent aux jeunes de se transformer et de reprendre confiance en eux. Les groupes de coureurs sont « mixtes », c'est-à-dire qu'ils associent des jeunes qui décrochent du système scolaire, ou qui souffrent de divers problèmes d'addiction, à d'autres qui relèvent de la « normalité ». C'est ce mélange qui produit les meilleurs résultats. L'idée est d'attirer les jeunes en leur proposant des « trucs délirants », comme des courses de plusieurs centaines de kilomètres...

Luc entend implanter une coopérative analogue en France dont le siège est à Die (Drôme). Elle s'appelle DesEquilibres [13]. Il est à la recherche de financements, mais les choses sont ici moins faciles qu'au Québec, où il pouvait dire franchement aux décideurs : « Je vous offre un vrai service social, payez-moi ! » En France, tout passe plutôt par des réseaux de connaissances. Avec ses deux enfants et sa femme québécoise, Luc découvre aussi l'expérience Habiterre : « Tout le monde n'a pas la même façon de vivre en collectivité, observe-t-il. Au niveau humain, ça me passionne. » Il a pourtant failli se retirer du projet en raison du surcoût de la construction. Une ou deux autres familles auraient également été dans l'obligation de le quitter si les plus aisés n'avaient pas accepté de supporter, au nom de la solidarité, les dépenses imprévues. Il est heureux que celui qui aide les autres puisse, à son tour, bénéficier de l'altruisme.

Certains alterentrepreneurs se sont enfin engagés dans cette voie avant tout pour se forger un emploi qui leur corresponde. Né en 1983, Antony Barillé s'est ainsi résolu à « créer son propre

---

13 Voir son site <http://france.desequilibres.org>.

truc » [14]. Après avoir bourlingué en Afrique et tâté de différents métiers, il s'est lancé dans le compostage des déchets : « C'était au moment du Grenelle, j'ai compris qu'il y avait un engouement pour l'environnement. » En mai 2011, Antony a créé à Saint-Nazaire (Loire-Atlantique) JardiCompost, une société de conseil en réduction des déchets organiques [15].

Son travail consiste à implanter des bacs de compostage au pied des immeubles dans l'ouest de la Loire-Atlantique. « Cela part toujours d'une demande d'habitants », souligne-t-il. Antony se charge des démarches administratives et du financement des bacs en lien avec les communautés de communes et les propriétaires. « Cela marche mieux dans les milieux populaires. Les gens sont très respectueux du site. On leur propose quelque chose qui ne leur coûtera rien et qui est une réalisation concrète. » Antony cite le cas d'une « femme qui travaille la nuit » et qui est particulièrement fière de cette innovation : « Quand ma famille va venir me voir, j'aurai quelque chose à lui montrer ! » Antony constate plus de « blocages dans les milieux favorisés » : « Les bobos ont peur de se salir. »

Pour l'heure, son emploi est aidé. Antony a connu une période au RSA où il a fait « un peu de politique » aux côtés des écologistes. JardiCompost a obtenu un prix local « Entreprises et innovation, dans la catégorie sociétale ». Un contrat a été passé, en 2012, entre sa petite entreprise et la communauté d'agglomération de Saint-Nazaire. L'objectif est d'implanter, d'ici 2016, une dizaine de sites de compostage. Il a d'autres projets comme le « broyage des déchets verts » ou bien l'initiation au compostage dans les écoles ou même chez les particuliers. « Ce qui me passionne, c'est de ressentir l'utilité de ce que je fais, même si je ne sais pas si ça change vraiment la société. » Déçu, Antony a arrêté le militantisme politique. Il n'en mesure pas moins quotidiennement les résistances à une mutation des comportements : « Quand j'installe un site de compostage, j'ai toujours du mal à

14 Rencontre en juin 2013.
15 Voir son site <www.jardicompost.fr>.

dépasser les 30 % de gens qui l'utilisent... » L'écologie concrète a toujours des difficultés à devenir majoritaire.

Rudy Lauberton a également créé son propre emploi pour sortir, par le haut, de ses difficultés [16]. Responsable d'une association d'aide aux handicapés, il a été licencié en 2009 : « Ils ont transformé la structure au nom de la rentabilité, cela a jeté une trentaine de personnes dans la nature. » Après une heureuse rencontre dans le Midi, Rudy tente de mettre sur pied une ferme lombricole : il élève des vers pour produire du compost mais aussi un jus qui sert d'engrais naturel redoutablement efficace. Il le vend 10 euros par bouteille et jure que ses clients en redemandent.

Le grand problème de Rudy, c'est qu'il n'a pas encore de vraie ferme. Pour le moment, son installation occupe un terrain gracieusement prêté par un agriculteur des environs d'Ugine (Savoie). Il y a installé la carcasse d'un ancien camion frigorifique acheté avec ses indemnités de licenciement. Rudy lorgne sur une ferme abandonnée qui correspond tout à fait à ce qu'il recherche pour son exploitation, avec son vaste grenier, idéal pour élever des vers. Mais la municipalité bloque, à la recherche d'un repreneur agriculteur qui sera pourtant difficile à trouver pour cette ferme sans terre...

Rudy ne vit pas encore de sa petite exploitation lombricole. Il est bien obligé d'effectuer des « CDD de temps en temps ». « Un peu de tout », reconnaît cet ancien chaudronnier qui sait faire pas mal de choses. Heureusement, dans cette petite ville savoyarde, « il y a de l'entraide et du troc ». Cela facilite l'existence. Mais le passionné Rudy est bien décidé à réussir dans son entreprise. Et il songe déjà à ceux qu'il pourrait aider si le sort lui sourit : « L'idéal, ce serait que j'aie les moyens d'embaucher deux handicapés ! » « Écologiste modéré », Rudy ose dire qu'il n'est pas opposé à l'énergie nucléaire. Cet optimiste fait le pari que le progrès technique permettra de résoudre les problèmes liés à cette filière.

---

16 Rencontre en octobre 2012.

Idéalisme et sérieux

La figure des alterentrepreneurs prouve que le militantisme peut accoucher de réalisations concrètes. Elle interroge sur la motivation qui guide les entreprises humaines. Pourquoi faudrait-il que l'argent soit le seul moteur de la prise de risque et de l'effort ? Comment ne pas reconnaître que l'idéal peut être un puissant stimulant pour créer une activité originale ? Le tout est de combiner idéal et sérieux. Le pragmatisme des alterentrepreneurs les prémunit généralement contre les pièges de l'emballement. Mais ces innovateurs ont tout de même souvent besoin d'être accompagnés. C'est ici que les diverses structures d'aide et de formation créées ou soutenues par les collectivités locales jouent un rôle décisif.

On rétorquera que plus ces entrepreneurs différents sont confortés par leur environnement et moins ils demeurent dans une démarche alternative. C'est d'autant plus vrai que, d'un autre côté, ils sont toujours menacés de participer d'une sorte de « capitalisme vert ». Le système économique, dans sa force et sa globalité, est expert dans l'art du recyclage et de la récupération des aspirations initialement les plus subversives. Il n'y a pas, au demeurant, une rupture franche entre un petit monde d'entreprises alternatives et le reste de l'économie. Les alterentrepreneurs sont simplement aux avant-postes de pratiques qui restent à inventer.

II

Le bouquet des innovations

5

Les nouveaux paysans

Le monde agricole est un terrain de prédilection pour les défricheurs. Depuis les années 1990, sa profonde mutation s'opère en France – comme dans nombre d'autres pays – dans deux directions antagonistes. D'un côté, le nombre d'exploitations agricoles ne cesse de diminuer – il a encore chuté de 14 % de 2003 à 2012 pour atteindre 483 815 unités [1]. De l'autre, le travail de la terre attire de plus en plus une population nouvelle : « Environ 30 % des exploitants qui s'installent actuellement ne sont pas issus du milieu agricole », affirmait en 2010 William Villeneuve, président du syndicat Jeunes Agriculteurs (JA), qui notait que « le phénomène s'accroît depuis une dizaine d'années [2] ».

Ces nouveaux paysans pratiquent souvent une agriculture biologique, mais celle-ci séduit également un nombre croissant d'agriculteurs traditionnels. Là encore, un double mouvement s'observe. La taille des exploitations grandit sans cesse et leurs responsables se transforment fréquemment en industriels de la terre. Simultanément, des exploitations à taille humaine s'efforcent de respecter les rythmes de la nature et de produire dans le respect de l'environnement. Stéphane Le Foll, ministre de l'Agriculture depuis 2012, n'hésite d'ailleurs pas à se faire le chantre de l'agroécologie, reprenant le terme promu notamment par

---

1 MSA, « Tableau de bord de la population des chefs d'exploitations agricoles et des chefs d'entreprises agricoles en 2012 », septembre 2013, <url.ca/hh5ma>.

2 Éric DE LA CHESNAIS, « Ces nouveaux paysans venus des villes », *Le Figaro*, 26 février 2010.

Pierre Rabhi. Le 31 mai 2013, le ministre a présenté un programme « Ambition Bio 2017 », prévoyant un doublement de la surface cultivée en bio d'ici 2017. C'est moins ambitieux que l'objectif de 20 % de surfaces biologiques à l'horizon 2020 jusqu'ici évoqué par lui, puisque seulement 3,5 % des terres agricoles françaises relevaient de cette catégorie en 2011. Il n'empêche que le mouvement de conversion est net. Les surfaces bio ont progressé de quelque 85 % de 2007 à 2012, le nombre de ces producteurs ayant doublé pendant la même période pour atteindre les 25 000 [3].

Conversions bio

Nathalie Ginet-Welker a vécu sa jeunesse dans une petite ville, mais elle savait « traire à huit ans ». Passionnée d'agriculture, elle pilote aujourd'hui la Ferme du Villard, à Brette (Drôme), avec Hervé Reynaud, lui-même issu de la septième génération travaillant sur cette exploitation [4]. Toute la production est passée en bio à l'arrivée de Nathalie en 2005. Cela n'a toutefois pas représenté un grand changement, car « l'agriculture d'ici n'était pas très loin du bio ». Les difficultés inhérentes à ce terrain montagneux obligeaient à des « cultures plus ou moins ancestrales » et la ferme n'a jamais utilisé de désherbants chimiques pour ses céréales.

Elle abrite aujourd'hui cent vingt chèvres et quatre-vingts brebis. Fromages, produits laitiers, viandes sont produits par la ferme qui transforme également la lavande en huiles essentielles. Nathalie se méfie un peu des labels bio, qui ne sont pas forcément la garantie écologique que l'on croît. Elle peste contre « les contrôles et la paperasse » qui les accompagnent : « Il vaut mieux un bon fermier qu'un mauvais agriculteur bio ! » Nathalie

---

3 Agence Bio, « La bio *made in France* gagne du terrain et prend un nouvel élan avec la plan Ambition Bio 2017 », 2013.

4 Visite en novembre 2012 ; voir son site <www.la-ferme-du-villard.com>.

s'emploie surtout à faire ce qu'elle « estime juste », sans souci des étiquettes. « On est des militants de l'ombre », s'amuse-t-elle.

L'agricultrice croit beaucoup à la vente directe. À la ferme mais aussi dans des magasins tenus par des producteurs comme celui de Bourg-lès-Valence (Drôme) où elle sert régulièrement. « C'est agréable de vendre son propre produit, on parle avec les consommateurs, on leur explique le rythme des saisons. » Son conseil est très simple : « Trouvez-vous un fermier de famille comme on dit médecin de famille ! » Histoire de tisser des liens de confiance avec des producteurs que l'on connaît. Car, elle en est intimement convaincue, « tout ne passe pas par l'argent ».

L'été, la ferme accueille les campeurs. Une douzaine d'emplacements. C'est un complément de revenus, mais aussi et surtout l'occasion d'« ouvrir notre ferme ». Toujours le goût des échanges. Cela permet de discuter avec des citadins qui pèchent parfois par une vision un peu naïve de la nature. Nathalie se souvient encore de ces cris d'indignation urbains au spectacle d'un aigle royal dévorant, sans le moindre scrupule, un tendre agneau…

« Ça veut dire quoi écologiste ? » s'indigne soudain ce couple d'agriculteurs. Ils en veulent aux « écolos » accusés d'être partialement « pro-loup ». On ne plaisante pas avec ce sujet par ici : « Un gros souci dans la région. Le loup est un animal magnifique, mais je leur demande : êtes-vous prêts à laisser un tiers de votre revenu pour que le loup habite à côté de chez vous ? » Le redoutable canidé leur a tué quatorze bêtes en 2007 et dix-sept en 2012. Ils n'exigent pas son extermination, mais seulement « qu'on ne finisse pas en taule si on tire dessus pour protéger nos troupeaux ». Quelques coups de fusil de temps à autre, ils en sont persuadés, rendraient le loup moins audacieux dans les parages des fermes.

Le mouvement de conversion biologique de l'agriculture est fréquemment le fait d'enfants qui reprennent une exploitation familiale. Même si ses parents avaient ouvert « un des premiers restaurants bio à Bordeaux », macrobiotique pour être précis, Cédric Marmié a mis du temps avant d'avoir une activité professionnelle liée à l'écologie [5]. Rétif au système scolaire, cet homme né en 1972 a d'abord œuvré une dizaine d'années dans l'automobile, comme mécanicien puis comme chargé de clientèle dans une grosse concession. Il aurait voulu devenir indépendant, mais ce n'est plus possible depuis que les voitures sont bourrées d'électronique. Après une période difficile, Cédric a « découvert le monde du social » en devenant, durant six années, éducateur pour adolescents. « C'était tellement opposé à ce que je connaissais, mais j'ai eu la sensation de participer à ce que les choses aillent mieux. » En 2007, il a fini par accepter la proposition de son père, revenu dans la ferme familiale, de l'aider à y relancer une activité de maraîchage.

« Un retour à la nature », s'amuse Cédric, même si ce terrain se situe dans l'agglomération de Villeneuve-sur-Lot (Lot-et-Garonne). Avec sa femme architecte, il a acheté une « maison des années 1950 en cube », heureusement située à côté de la ferme. « Elle est méconnaissable : on s'est beaucoup documentés et on l'a transformée en maison extrêmement écologique. » L'astuce consiste à lui apposer une enveloppe extérieure avec une couche d'isolant et un bardage en bois de qualité. L'achat de cette vieille maison en béton et sa réhabilitation leur auront coûté, jure-t-il, la moitié du prix d'une maison neuve de qualité énergétique équivalente. « Il est surréaliste que cela ne soit pas plus répandu. L'ADEME [6] nous a même consultés ! »

Cédric s'est attaché à convertir en bio le maraîchage paternel. Il expérimente même des techniques nouvelles de protection des plantations par des plastiques, aussi peu esthétiques qu'efficaces. Son exploitation a été certifiée « Nature et Progrès » et il songe à « passer en biodynamie », tout en faisant la part des choses sur cette méthode à la dimension parfois ésotérique. Toute sa production est vendue sur les deux marchés hebdomadaires de Villeneuve-sur-Lot. « J'aime beaucoup faire les marchés », dit son épouse qui accorde la priorité à l'éducation de leurs deux enfants. Le couple est ravi d'habiter à la fois près d'une ville moyenne, qui

---

5 Rencontre en novembre 2013.

6 Agence de l'environnement et de la maîtrise de l'énergie.

offre de nombreux services, et à proximité immédiate d'un environnement agricole. « On ne prend presque jamais la voiture », se félicite Cédric. Il y a quelques années, le couple avait acquis une « magnifique maison en ruines » en Dordogne. L'isolement lui a vite pesé. Cette fois-ci, il est parvenu à combiner « qualité de vie et environnement écologique ».

Reconversions agricoles

Avec Nicolas Petit, on reste dans la catégorie des reconversions dans l'agriculture. Après avoir vécu ses vingt-trois premières années à Paris, puis dirigé des grands magasins à Lille ou à Poitiers, il a radicalement changé de vie. « J'étais un jeune cadre dynamique dans un système ultracapitaliste », se souvient-il sans l'once d'un regret. Grâce à son patrimoine et après s'être dûment formé, Nicolas a repris une ferme qui périclitait en 2001. Située au nord d'Auch (Gers), elle s'appelle La Ferme en coton [7], mais cela n'a rien à voir avec cette douce matière végétale. C'est simplement le nom cadastral que Nicolas a gardé pour sa connotation poétique.

Nicolas Petit et son épouse Anne-Catherine ont mis au point un « projet de couple » autour de cet établissement. Institutrice, elle aussi en avait assez de son métier. Leur idée a été de porter une « double casquette de ferme d'exploitation et de ferme pédagogique ». La Ferme en coton n'a toutefois rien de ces fermettes conçues pour la distraction ou l'édification des citadins. C'est une véritable exploitation qui produit quelque 8 000 volailles à l'année, dont la vente se fait presque exclusivement à la ferme. Elle élève encore un bataillon de porcs noirs aussi bruyants (vivants) que goûteux (morts). Nicolas cultive même 75 ha pour nourrir ses animaux, tout en vendant le surplus. Après avoir rencontré, en 2002, le spécialiste de l'agroforesterie Alain Canet, il s'est converti à ce type de culture. « L'arbre est en train de

7 Visite en octobre 2013 ; voir son site <www.lafermeencoton.fr>.

retrouver sa place » dans son exploitation. Ses porcs peuvent ainsi s'ébattre dans de vastes enclos séparés de haies d'arbres.

La ferme pédagogique, pilotée par Anne, s'adresse aussi bien aux enfants des écoles qu'à un public handicapé, jeune ou vieux. Lors de ma visite, des enfants handicapés mentaux, accompagnés de leur mère, s'émerveillaient au milieu des poussins, assis dans les cabines en bois mobiles qui les abritent. « Cela permet de créer un lien entre les enfants et les animaux, les enfants et leurs parents. » Des personnes âgées en chaise roulante, atteintes de la maladie d'Alzheimer, viennent aussi profiter des bienfaits de cet environnement.

« Il y a un équilibre entre nos deux activités », diagnostique Nicolas. Le couple semble ravi de sa reconversion : « J'ai redonné un sens à ma vie professionnelle, je produis ce que je mange et j'en suis fier ! » Sa clientèle est fidèle : « Les gens qui ont découvert des produits de qualité ne reviennent pas en arrière, crise ou pas... » Nicolas est persuadé qu'il est possible de produire autrement sans que cela soit un luxe. « Le bio est cher à Paris et dans les grandes villes, mais on peut manger bio pas cher ailleurs. » Comme tant de ceux que j'ai rencontrés, Nicolas affirme « militer par son exemple ». Il ne néglige pas pour autant l'instance politique : « Tant qu'il n'y aura pas de directives européennes sur l'agroforesterie, cela ne se fera pas », avertit-il. Le Gersois Philippe Martin, alors ministre de l'Écologie, est son « ami ». Il est venu visiter sa ferme et « soutient l'agroforesterie ». Tout comme l'affirme l'actuel ministre de l'Agriculture, Stéphane Le Foll, sans toutefois convaincre vraiment.

Éric Souffleux n'avait pas non plus prévu de devenir agriculteur. Né en 1978, cet éducateur sportif donnait des cours de karaté qu'il pratiquait à un haut niveau. Lorsqu'il a arrêté la compétition, Éric a ressenti un grand vide. « Et je suis tombé dans la marmite écolo ! » Le sportif a fini par abandonner son métier pour devenir maraîcher bio à la Ferme des colibris [8]. Après des études et un stage, Éric a repris l'exploitation d'une

8 Visite en juin 2013 ; voir son site <www.lafermedescolibris.net>.

maraîchère bio qui partait à la retraite près de Saint-Père-en-Retz (Loire-Atlantique).

Il vend toute sa production par le système des AMAP, sur place ou à Saint-Nazaire. Ses clients sont plutôt des « militants avec de petites voitures ». Il leur faut venir l'aider à mettre les légumes dans les paniers une fois tous les six mois. Éric a trois salariés. Son exploitation est de moins en moins mécanisée. Après une première année d'utilisation du tracteur, il opte désormais, la plupart du temps, pour la traction animale à l'aide de deux chevaux fjords : « Cela demande un temps supplémentaire, mais j'ai 15 % de production en plus, moins de maladies et des produits de meilleure qualité ! » La qualité de la terre ainsi travaillée serait incomparable. Éric est intarissable sur la relation très particulière entre les vers de terre et l'argile.

Écologiste profond, son mode de vie est en parfaite adéquation avec ses idées. La consommation de pétrole le préoccupe beaucoup. Éric s'est séparé de sa moto. Il ne roule plus qu'avec une vieille Citroën AX de 300 000 kilomètres « qui ne consomme que 3,7 litres aux 100 ». Ou avec un « vélo couché » de sa fabrication. Éric a également radicalement changé sa manière de s'alimenter. « Avant 2002, je consommais comme un sportif, de la viande, des pâtes... » Il est devenu presque végétarien, ne mangeant de la viande que « socialement ». L'élevage de bœuf lui apparaît comme une « aberration ». Et l'industrie du poisson pis encore : « Il faut autant de litres de pétrole que de kilos de poisson pêchés ! » Éric consomme désormais beaucoup de légumes secs.

Sa vision de l'avenir est particulièrement sombre. « La société actuelle va s'écrouler », il en est persuadé. « On va vers de très gros ennuis. Je ne vois pas de solution. Je suis dans le No Future ! » Dans son pessimisme, le maraîcher va jusqu'à prévoir que « 80 % de la population des pays riches va décéder »... En fait, Éric se prépare à survivre dans les périodes adverses qui s'annoncent. Il le confesse : « Je me suis reconverti au maraîchage pour me mettre à l'abri de la crise. » Une sorte d'autodéfense anticipée. Et il ne cache pas sa nostalgie d'un passé lointain. Se satisfaisant de peu, Éric vénère le « mode de vie paysan ». Il admire les Amish[9], « ces Américains qui ont refusé les tracteurs et l'électricité ».

Fermes écologiques, de la Drôme à l'Hérault

Certaines fermes sont un peu plus que des fermes. Elles ont l'ambition de faire rayonner une idée de l'écologie agricole. Guillaume Maillard a beau avoir vécu à Nanterre (Hauts-de-Seine) dans sa jeunesse, il avait envie d'être agriculteur depuis son plus jeune âge. Il a réalisé son souhait à la Ferme de Pierre Vieille, juchée sur les hauteurs de Cornillac (Drôme)[10]. Cette annexe de la ferme familiale de la compagne dont il s'est séparé, Laurence, est redevenue une exploitation agricole vers 2005. « Le projet était plus global que de produire simplement des denrées », souligne-t-il. Il s'inscrivait dans une démarche écologique d'ensemble. Les toits ont été équipés de panneaux solaires. La production bio est écoulée, pour la moitié, en vente directe. La ferme produit du petit épeautre, l'ancêtre du blé, des noix, des abricots ou des prunes… Et encore des plantes aromatiques.

Guillaume aime vendre ses produits dans le magasin de producteurs de Dieulefit : « Cela nous permet d'éduquer les gens, de leur montrer que les abricots peuvent avoir les joues rouges sans être mûrs, tandis que les nôtres sont bons même s'ils ont parfois la peau grêlée ! » Il apprécie aussi le contact avec tous ceux qui viennent, l'été, participer aux promenades, plus ou moins longues, qu'il organise accompagné d'ânes. La ferme compte seize de ces bêtes réputées à tort têtues simplement parce que « c'est un animal qui sent peu la douleur ». Au fil de ses contacts, Guillaume est impressionné par le « nombre de personnes qui souhaitent s'installer à la campagne ». Une aspiration forte qui génère parfois quelques illusions. La culture de plantes

---

9 Communauté anabaptiste présente en Amérique du Nord, qui vit résolument à l'écart de la société moderne.

10 Visite en novembre 2012 ; voir son site <http://pierrevieille.com>.

aromatiques fait fantasmer beaucoup de jeunes qui ne se rendent pas forcément compte à quel point elle est délicate.

À trente-six ans, Guillaume garde intacte sa passion de l'agriculture, même si elle ne lui rapporte pas grand-chose – « au final 700 euros par mois » – et s'il va sans doute devoir trouver une nouvelle ferme. Mais il est persuadé que l'évolution du monde ira dans le sens qu'il souhaite : « S'il y avait plus de gens dans les campagnes, plus de petites fermes, plus d'activités en collectif, la société s'en sortirait mieux ! » Pour lui, « l'écologie doit être à la pointe technologique ». Il s'étonne de ne trouver que « très peu d'écrits de référence sur la production bio », alors même que le lobby de la « bio industrielle », de plus en plus puissant, menace de dévoyer cette démarche. Surtout, Guillaume croit énormément au développement des territoires : « À la limite, pour moi, le local est plus important que le bio. »

Les Jardins du Salvet constituent une autre réalisation exemplaire [11]. C'est une ferme écologique tournée vers les plantes située sur la commune d'Olargues (Hérault), dans le Parc naturel régional du Haut-Languedoc. Le lieu abritait une petite communauté hippie dans les années 1970. Celle-ci a laissé quelques vestiges sous formes d'habitations de bric et de broc qui, il faut bien l'avouer, ne se sont pas révélées spécialement durables. À 520 mètres d'altitude, Caroline Rondineau et Jean-Louis Rey forment aujourd'hui un couple passionnément engagé dans la réussite d'une entreprise originale.

Cueilleur nomade de profession, petit-fils de naturaliste, Jean-Louis a toujours été versé dans la botanique. Il a trouvé au Salvet un « endroit idéal, protégé de la pollution, pour exercer [son] activité ». Mobilisant les économies de sa famille, il a pu acquérir ce lieu et le développer. Jean-Louis pratique surtout la cueillette de plantes sauvages, avec l'accord des propriétaires des terrains et en respectant la pérennité de la ressource, dans la région. Il cultive aussi 10 % de sa production. Celle-ci est essentiellement vendue en gros, à des herboristeries ainsi qu'à des coopératives. La ferme respecte le strict cahier des charges du

11 Visite en octobre 2013 ; voir leur site <www.lesjardinsdusalvet.fr>.

syndicat SIMPLES [12], une association de « puristes de plantes » créée en 1982 dans les Cévennes.

« Nous vivons de très peu dans une démarche de simplicité volontaire », expliquent-ils. Leur production vedette est le thym : « On nous en demande plus qu'on ne peut en produire. » Jean-Louis n'en est pas moins soucieux, car l'abandon des campagnes et la raréfaction des troupeaux, phénomènes qui favorisent broussailles et forêts, portent atteinte à la diversité des plantes. Heureusement que le Salvet est spécialisé en plantes méditerranéennes très prisées : « Les produits de qualité, c'est demandé, nous ne connaissons pas la crise. » Leur entreprise s'est développée sans le moindre recours à l'endettement ; ils pratiquaient l'*organic grow* (croissance d'une entreprise avec ses propres ressources) sans le savoir…

Caroline et Jean-Louis travaillent soixante-dix heures par semaine, mais ne s'en plaignent pas : « Tout est mélangé, l'aspect familial, professionnel, social, on n'a pas vraiment l'impression de travailler ! » Caroline s'occupe de la partie transformation des produits et de leur commercialisation. La ferme vend, sur les marchés et dans quelques boutiques, des produits du terroir, en plus des plantes séchées : des confitures, des conserves ou des sirops réalisés à partir de plantes sauvages. Le couple ne se contente pourtant pas de gérer sa petite affaire et de faire « découvrir [son] mode de vie » aux nombreux *woofers* qui viennent le visiter. Adepte de l'autoconstruction, il a bâti, avec des amis, ses deux hangars de séchage ; et il bricole encore, de la menuiserie aux récupérations de toute nature, pour viser une autonomie maximale – « Caroline travaille le cuir, on fabrique nos sandales ». Jean-Louis est fier d'avoir inventé un système original de refroidissement de ses séchoirs par ventilateurs solaires.

Ils voudraient aller encore plus loin : transformer leur ferme, non seulement en GAEC [13] pour être plus nombreux à y

---

12 Syndicat inter-massifs pour la production et l'économie des simples (<www.syndicat-simples.org/fr>).

13 Un groupement agricole d'exploitation en commun (GAEC) est une société civile agricole de personnes permettant à des agriculteurs associés la réalisa-

travailler, mais aussi en lieu à vocation thérapeutique. « Un accueil pour des personnes fragilisées par la vie. » Dans leurs rêves de « changer le monde », les Jardins du Salvet permettraient à des visiteurs restant plus ou moins longtemps d'améliorer leur façon d'être. Ils ont déjà entrepris un travail de formation personnelle dans le Var pour gérer ce type de relations. « Cela coûte cher pour des paysans comme nous ; on s'est retrouvés entre des néoruraux et les milieux du développement personnel, j'aimerais rapprocher ces deux milieux. »

Les visiteurs des Jardins du Salvet sont, pour le moment, hébergés dans des caravanes. Ils devraient l'être prochainement dans des « habitats écologiques ronds avec les matériaux pris sur place ». Caroline et Jean-Louis s'apprêtent également à construire leur propre maison, ronde également, avec trois étages de taille de plus en plus réduite. Jean-Louis, qui connaît bien José Bové pour avoir habité à côté de lui, n'a rien contre les « gens qui prennent ces responsabilités ». « Il faut aussi faire de la politique au sens noble », dit-il. Mais on sent bien qu'il préfère agir concrètement là où l'air est plus pur. Jean-Louis est devenu écologiste quand il a « vu toutes ces têtes de mort sur les bidons de produits agricoles ».

Difficultés agricoles

On peut avoir la vocation mais aussi des moments de doute. « Je me demande si je ne vais pas arrêter », soupire Guillaume Étienne (trente-cinq ans), petit maraîcher près de Saint-Romans (Drôme) [14]. « Ça prend un temps de dingue, c'est super dur de travailler de 5 heures à 22 h 30, et le week-end j'aurais envie de passer du temps avec mes enfants. » Mais Guillaume sait parfaitement qu'il ne fera pas une croix aussi facilement sur ce qu'il a déjà réalisé. Fils d'instituteur qui se destinait

---

tion d'un travail en commun dans des conditions comparables à celles existant dans les exploitations de caractère familial.

14 Visite en novembre 2012.

lui-même à devenir instituteur, il a tôt pris conscience qu'il n'était « pas du tout citadin » et avait « envie de bosser dehors ».

Après avoir travaillé dans plusieurs exploitations agricoles, toutes bio, de la Loire à la Haute-Savoie, et suivi une formation, Guillaume a eu envie de se mettre à son compte. Pas facile de nos jours, surtout lorsqu'on ne dispose pas d'un capital de départ. Fort heureusement, il a rencontré, dans ce Diois où la solidarité n'est pas un vain mot, un propriétaire qui a cru en son projet. Celui-ci lui a « prêté tout l'argent » et permis de s'installer sur l'un de ses terrains. Cette belle région, Guillaume la connaissait depuis longtemps : « Il y a des rivières, des montagnes, des forêts, tout ce que j'aime, même si le terrain d'ici est seulement calcaire, ce que j'aime moins. »

Guillaume a décidé de cultiver des légumes. « Il y en avait très peu par ici, parce que ce n'est pas facile. » Les tomates représentent la moitié de son chiffre d'affaires. Il écoule sa production à 90 % sur les marchés des environs. Il a affaire à des clients exigeants, dont certains ne veulent acheter que certaines variétés de tomates, les plus goûteuses, qui sont comme par hasard les plus délicates à faire pousser. Il y a suffisamment de travail pour que Guillaume fasse appel, depuis trois ans, à une aide à mi-temps. Sans compter les coups de main plus informels dont il bénéficie de temps à autre : « Je ne connais personne dans ce travail qui n'a pas un pote ou deux qui l'aident à l'occasion. » C'est que l'agriculture bio est particulièrement chronophage : « Les limaces, les criquets, les doryphores, les maladies : pour tout cela, il y a beaucoup plus de solutions en conventionnel ! »

Dans ses petits moments de découragement, Guillaume se demande s'il ne serait pas plus raisonnable pour lui de retourner se faire embaucher par un agriculteur. Ce serait pourtant dommage d'abandonner après tous les efforts fournis. D'autant plus que son activité s'inscrit dans une vision « clairement politique » : « Je rends la Terre un peu moins pourrie. » Guillaume se chauffe au bois et s'astreint à des « choix de consommation de plus en plus écologistes ». Ce souci de cohérence ne l'empêche pas de faire preuve de tolérance : « J'emmène de temps en temps mes enfants de six et huit ans manger au McDo, parce que ça leur fait plaisir, mais je leur explique ! »

Marie-Christine Fort est également soucieuse : « Nous sommes nés ici et nous luttons pour rester ici », affirme-t-elle d'un ton volontaire. Cette femme née en 1959 me reçoit dans la Palmeraie du Sarthou, un « jardin remarquable » – appellation officielle – situé dans la commune de Bétous (Gers) [15]. Dans une vie antérieure, elle fut secrétaire de mairie. Tout a commencé avec l'achat, en 1980, d'une belle propriété rurale comprenant une maison et un très vaste terrain de 8 ha. « Mon mari cultivait des palmiers, il a créé une pépinière de loisirs. » Marie-Christine rejoint alors cette entreprise familiale.

Dans un premier temps, l'affaire a bien marché : « À Pau ou à Tarbes, il n'y a que des palmiers, ils sont à la mode ! » Résidents principaux ou secondaires, les propriétaires de la région aiment agrémenter leurs jardins de ces arbres exotiques. Mais les temps difficiles n'ont pas tardé : « La grande distribution des zones commerciales a fait une OPA sur toutes les plantes exotiques, on a dû progressivement leur brader notre stock et le marché s'est totalement écroulé pour une petite entreprise comme la nôtre... » Il leur a fallu alors se diversifier en créant un beau jardin planté de toute une variété d'arbres et de plantes, exotiques ou non. Les médias ont fait écho à cette initiative après l'attribution d'un prix en 1999, « Talent 99 », et cette deuxième activité est devenue première : « On s'est recentrés sur les visites, on en a environ 3 000 par an. »

Quatorze ans plus tard, Marie-Christine ne cache toutefois pas son inquiétude : « Très peu de jardins s'en sortent bien », contrairement à ce que l'on pourrait croire. Le contexte économique déprimé de la période n'aide pas malgré la modicité du prix de l'entrée (6 euros) : « Les sites payants sont à la baisse au profit de ce qui est gratuit, comme la visite des fermes. » Elle en veut aussi à certains choix institutionnels : « Le Gers a décidé de valoriser les grands sites et les festivals de tourisme, il faut

---

15 Visite en novembre 2013 ; voir son site <www.palmeraiesarthou.com>.

maintenant payer pour mettre des plaquettes dans les offices du tourisme ! » Marie-Christine s'y refuse obstinément.

Ses « convictions écologiques » lui valent un bon nombre de visites militantes. Pour autant, Marie-Christine ne cache pas sa vision critique de cette mouvance : « C'est devenu une niche politique et économique avec des technocrates comme les autres ; le label bio est totalement obsolète ! » Marie-Christine se console en se disant qu'elle a, au moins, créé un « lieu écologique » susceptible, par sa simple beauté, d'éveiller les consciences.

Biodynamie et agroforesterie

La biodynamie se situe en quelque sorte à la pointe extrême de l'agriculture biologique. L'agriculture biodynamique a été définie au XIXe siècle par le philosophe Rudolf Steiner, l'inventeur déjà évoqué de l'« anthroposophie » et dont l'œuvre est devenue une référence importante pour nombre de défricheurs d'aujourd'hui – j'y reviendrai souvent par la suite –, dans l'agriculture mais aussi en matière d'éducation (voir *infra*, chapitre 8). Elle se propose de cultiver la terre en la respectant pleinement comme un organisme vivant. Concrètement, cela revient à observer un certain nombre de préceptes dont certains relèvent d'une rigueur d'agronome et d'autres de croyances plus ésotériques.

Créée en 1927, l'association Demeter certifie le respect de ces règles par l'octroi d'un label qui concernait en 2014 quelque 9 000 exploitations dans le monde – mais guère plus de trois cents en France [16]. Les conditions à remplir sont assez précises. Toutes les cultures doivent recevoir, au moins une fois par an, de la bouse et de la silice de corne de vache. Les fumiers et compost doivent encore être alimentés par des préparations à base de plantes médicinales. La biodynamie pose enfin des règles, celles-ci moins bien respectées, de date de plantation en fonction de la position des astres. Ces considérations ésotériques

16 Voir son site <www.demeter.fr>.

ont de quoi susciter le scepticisme. Il n'empêche que les agriculteurs qui la pratiquent jurent généralement de son efficacité. Et qu'une étude parue en 1993 dans la très sérieuse revue *Science* a conclu que « les sols de la plupart des fermes biodynamiques présentaient des qualités biologiques et physiques supérieures » à la moyenne [17]. En France, le Mouvement de l'agriculture biodynamique (MABD) rassemble quelque 1 500 consommateurs et jardiniers et quatre cents agriculteurs.

Le Domaine Saint-Laurent, sis dans un joli vallon non loin de Cluny (Saône-et-Loire), fait partie des exploitations en biodynamie [18]. « C'est une ferme depuis les Mérovingiens », disent fièrement ses occupants d'aujourd'hui. Au Moyen Âge, elle était occupée par des moines qui produisaient de la nourriture pour le célèbre monastère. Le lieu a, par la suite, connu son heure de gloire avec un mélange de viticulture et d'élevage. En 1992, ce beau domaine fut racheté par trois familles d'agriculteurs en biodynamie avec l'ambition de prouver la viabilité de cette exigeante forme d'agriculture. Les acquéreurs, sous forme de SCI, ont fait don de la bâtisse principale du domaine à la Fondation Paul Coroze, qui se propose de faire connaître l'anthroposophie de Rudolf Steiner. Le domaine devient alors le siège d'une « ferme diversifiée » où travaillent une soixantaine de personnes à ses débuts.

En vingt ans, quatorze associés se sont succédé. Le domaine en est à sa troisième génération d'occupants. Six foyers y résident aujourd'hui. Ingénieur agro, Manuel cherchait à s'installer dans une « ferme innovante ». Il ne pouvait pas mieux tomber et y cultive des céréales. Après avoir travaillé dans l'audiovisuel, convaincu par les thèses de la décroissance, Baptiste s'est formé à la biodynamie en Alsace. Un stage l'a conduit à s'installer au domaine pour s'occuper des activités de maraîchage. Clémence,

---

17 John P. Reganold, Alan S. Palmer, James C. Lockhart, A. Neil Macgregor, « Soil quality and financial performance of biodynamic and conventional farms in New Zealand », *Science*, 16 avril 1993.

18 Visite en mai 2013 ; voir son site <http://domaine-saint-laurent.fr>.

elle, vit ici sa « passion pour les chevaux » après avoir travaillé au développement rural pour le compte de collectivités locales.

Le GAEC du Domaine Saint-Laurent est composé de quatre associés et de quatre salariés, dont Sylvie, présidente de l'association, qui gère le site. Le domaine s'étend sur 150 ha, dont 110 ha de terres agricoles. Le cheptel est diversifié : une trentaine de vaches Salers pour la viande, une dizaine de vaches laitières, des moutons, des cochons, sans oublier les chevaux et les ânes. « L'idée est de faire un peu de tout dans les limites de la taille de la ferme. » Le respect des animaux est un principe cardinal. L'écornage des bovins est, par exemple, banni.

La ferme respecte les règles strictes de la biodynamie, comme une alimentation produite sur place avec un maximum de 10 % d'apports extérieurs. Des « préparants » spéciaux, à base de plantes ou d'organes animaux, concourent à l'« équilibre des sols ». Une astreinte qui est compensée par une « différence de rendement et de qualité des produits » spectaculaire. « C'est du bio ++ », sourit-on. Toute la production est écoulée en vente directe aux prix du marché. « Les gens sont épatés par le goût des aliments. »

Le domaine est en instance d'être racheté par Terre de liens [19]. Cela ne l'empêchera certes pas de continuer à cultiver sa particularité. Ses occupants sont convaincus d'œuvrer dans une voie d'avenir qui retrouve, par un étrange paradoxe, les leçons d'antan : « Notre culture agricole disparaît dramatiquement. J'ai le niveau bac plus cinq, mais je suis sur le cul quand je discute avec les petit vieux qui vivent au-dessus de chez nous ! » L'avenir peut se dessiner en se souvenant des leçons du passé.

Dans les environs de Velleron (Var), Aldric et Jeanne Guillon s'efforcent de créer une ferme en biodynamie. Leur projet doit beaucoup à l'énergie d'Émile Ricard, qui se définit comme un « vrai militant » de toujours [20]. La JOC, des

---

19 Né en 2003, Terre de liens est à la fois un réseau associatif, une entreprise d'investissement solidaire et une association destinés à faciliter l'accès au foncier agricole de nouvelles installations paysannes (<http://terredeliens.org>).

20 Rencontre en mars 2013.

responsabilités à la CFDT quand il est devenu éducateur, mais aussi la création d'un syndicat de médiateurs familiaux lorsqu'il a embrassé cette profession. Encarté quelques années au PSU il y a belle lurette, Émile vient de rejoindre la toute petite Alliance écologiste indépendante. Comme tant d'autres, Émile a été sensibilisé aux questions écologiques par le prisme des problèmes de santé : « J'ai vu trop de cancers autour de moi. » Les effets du dérèglement climatique l'ont également interpellé. C'est pourquoi il a conçu le projet d'aider à la création d'une ferme écologique. Une association d'une quarantaine de membres a été mise sur pied à cet effet. Elle a déniché un terrain et permis l'installation d'un couple de maraîchers venus des Alpes-Maritimes où ils ne trouvaient pas d'endroit pour s'installer.

Le problème, c'est que ce terrain agricole de 6 000 m^2 n'est pas constructible. La famille d'Aldric et Jeanne Guillon, avec leurs cinq enfants, vit pour l'heure dans des yourtes et des chalets. La mairie n'apprécie pas du tout cet habitat et une procédure d'expulsion est en cours. « On essaie de les aider financièrement, on les soutient. » Le jeune couple, qui pratique la biodynamie, écoule ses produits – du maraîchage, mais aussi des œufs et du pain – en vente directe, par des paniers ou sur les marchés.

Aldric a appris dans une école d'agriculture biodynamique les secrets de cette méthode particulière : « J'ai vu les dérives de la bio industrielle, alors quand j'ai découvert la biodynamie... » Celle-ci part de l'« idée d'être attentif à l'harmonie entre le sol, les plantes, les humains ». Concrètement, cela revient à utiliser des semences non hybrides, à préparer sa terre avec certains concentrés (bouse de vache...) et son compost itou (intestins de vache...). « C'est très scientifique, c'est théorisé », assure-t-il. Aldric ne se préoccupe toutefois pas tellement de respecter le calendrier de la biodynamie qui préconise, par exemple, de « planter les carottes avant la pleine lune ».

Les bienfaits de cette méthode lui semblent palpables : « On obtient une meilleure résistance aux maladies et les légumes sont plus brillants. » Beaucoup de viticulteurs, souligne Aldric, se seraient convertis à la biodynamie et s'en trouveraient fort aise. Une fois son problème de logement enfin réglé, la famille Guillon aimerait que l'exploitation soutenue par Émile accueille une pluralité d'agriculteurs et d'activités. Une ferme de cette dimension pourrait alors recevoir des familles qui découvriraient cette activité agricole exigeante. Elles pourraient même y participer… et repartir avec les produits de leur travail.

L'agroforesterie, on l'a vu, est une pratique ancienne qui revient également sur le devant de la scène. Alain Canet, directeur de l'association Arbre et Paysage 32, dans le Gers, en est un ardent promoteur [21]. « Agriculture de demain » après avoir été celle d'hier, l'agroforesterie consiste à planter des arbres au milieu des parcelles agricoles. La cohabitation entre le travail de la terre et l'arbre, longtemps pacifique, a été l'une des victimes de la modernité. Les remembrements des années 1960 ont provoqué des abattages à la mesure de l'élargissement des propriétés. La mécanisation de l'agriculture, avec le recours à des tracteurs toujours plus puissants, a également été fatale aux arbres, dès lors considérés comme des obstacles gênants. « Mais c'est invraisemblable d'avoir perdu de vue la valeur de l'arbre », s'indigne Alain. Car celui-ci jouait un rôle précieux dans le bon équilibre de la terre travaillée par l'homme : « Les sols étaient fertiles ; aujourd'hui, avec l'érosion, ils ne tiennent plus ! » La forêt produit beaucoup de matières organiques qui permettent à la terre de rester « vivante ». L'agroforesterie se propose précisément de renouer avec ce cycle naturel, plutôt que de compenser l'appauvrissement des sols par l'utilisation d'entrants chimiques.

Fils d'agriculteurs bio qui avaient déjà compris la « fonction écologique et économique de l'arbre », Alain est aussi président de l'Association française d'agroforesterie, laquelle fédère quelque 6 000 membres. Celle-ci lutte contre les « idées reçues opposant une sphère environnementale qui estime qu'il faut protéger à une sphère économique qui pense qu'il faut produire ». L'association Arbre et Paysage 32 rassemble quant à elle huit cents adhérents et emploie une dizaine de salariés. « On laisse venir à nous les agriculteurs », explique Alain, qui observe

---

21 Rencontre en novembre 2013 ; voir son site <http://arbre-et-paysage32.com>.

avec satisfaction la montée en puissance de l'agroforesterie. Il m'a présenté un éleveur de poulets non bio des environs d'Auch (Gers) récemment converti à cette méthode et qui se réjouit des résultats obtenus : ses volailles sortent désormais plus volontiers de leur hangar pour profiter de l'ombre portée par les arbres qu'il a plantés. Il m'a également fait rencontrer Jean-François Robinet, présenté comme « cuisinier agroforestier ». Celui-ci travaille à la conversion bio, locale et agroforestière des cantines des collèges du département. « En tant que cuisinier, affirme-t-il, je peux vous assurer que ce sont de meilleurs produits. » L'écologie rime bien avec qualité de vie.

La guerre des semences : le combat de Kokopelli

« On est des extrémistes de l'écologie, des anarchistes qui refusent toute législation sur les semences qui appartiennent au domaine public », proclame, avec un brin de provocation, Ananda Guillet. Le jeune directeur (vingt-six ans) de Kokopelli gère l'association fondée par son père Dominique. Un « visionnaire », selon son fils, qui a créé en 1999 l'association Terre des semences dans l'Allier pour protéger la biodiversité alimentaire et assurer la production de semences libres. « Dominique produisait alors lui-même sur 30 ha ses semences avec trente personnes en réinsertion, mais cela a été très dur ! » Le projet a rebondi avec Kokopelli [22].

Ananda raconte l'histoire de la dépendance des agriculteurs français aux produits chimiques. « À la Libération, les Américains ont recyclé leurs gaz de guerre pour éradiquer les doryphores. Ces produits chimiques ont permis de sauver l'agriculture et les paysans ont pris l'habitude de faire confiance aux techniciens agricoles. » De fil en aiguille, ils ont recouru aux semences industrielles. Or celles-ci ont le gros défaut de ne pas être reproductibles. Dans le même temps, les agriculteurs ont

22 Visite en octobre 2013 ; voir son site <https://kokopelli-semences.fr>.

fini par avoir « le cerveau grillé par les pesticides », dénonce Ananda. « Ils ont le même problème que les toxicomanes », s'alarme-t-il en pointant la multiplication des cancers en milieu agricole.

C'est pourquoi Kokopelli vend assez peu de semences libres, sa spécialité, à des agriculteurs professionnels : « On travaille surtout avec les jardins familiaux, les maraîchers bio et les AMAP. » Et encore, la majorité des maraîchers estampillés « bio » préfèrent les semences industrielles pour la bonne raison qu'il n'est pas si facile de prouver que leurs semences naturelles sont « bio ». Association à but non lucratif dans laquelle travaillent tout de même une vingtaine de salariés, Kokopelli annonce 10 000 adhérents. Des particuliers lui donnent gratuitement leurs semences, mais la grande majorité provient d'une vingtaine de producteurs français. La société livre quelque quatre cents colis par jour en pleine saison. Elle se flatte de proposer 1 300 variétés différentes entreposées dans son nouveau hangar situé au Mas d'Azil (Ariège). Le surplus est envoyé à l'étranger gratuitement, surtout en Afrique mais aussi en Amérique latine.

Ananda voudrait multiplier le nombre d'adhérents de l'association pour être plus fort dans les combats qu'elle doit mener. « On nous attaque pour concurrence déloyale parce qu'on refuse de s'inscrire dans le catalogue officiel de la GNIS (Groupement national interprofessionnel des semences et plans) qui recense les variétés autorisées. On nous dit qu'on trompe le consommateur », s'indigne Ananda. Se caractérisant par leur polymorphisme et leur adaptabilité, les semences paysannes ne peuvent répondre aux critères d'homogénéité et de stabilité exigés par les sélectionneurs officiels. Les procès se succèdent, notamment de la part du gros semencier privé Baumaux, le « géant du bulbe ». Et Kokopelli les perd souvent.

« L'écologie est totalement récupérée », se désole Ananda, qui ne croit pas du tout à l'« agriculture raisonnée » et se méfie comme de la peste du *greenwashing* économique : « On nous bassine avec le réchauffement climatique et on culpabilise les gens sur des choses anecdotiques », va-t-il jusqu'à affirmer. Le militant n'en reste pas moins déterminé : « Les gens commencent à nous écouter, ils en ont marre des cancers, ajoute-t-il. Si tous les toits des immeubles étaient mis en jardins à Paris, vous imaginez la production alimentaire ! » Pour autant, Ananda reconnaît qu'il n'est « pas optimiste du tout ». Lui aussi a une vision du futur plutôt catastrophiste : « Il y a beaucoup trop d'humains sur cette planète et, s'il y a vraiment un effondrement économique, ce sont des millions de personnes qui vont mourir... »

En attendant ces funestes événements, les nouveaux paysans savourent, au-delà de la rudesse et des aléas propres à leur activité, le plaisir du travail bien fait et de la maîtrise de leur métier. Ils interviennent fréquemment sur l'ensemble de la chaîne, de la plantation à la vente de leurs produits. Cela leur donne un sentiment de plénitude qui tranche avec la frustration provoquée par la division excessive du travail dont souffrent nos sociétés. Le désir d'autonomie caractéristique des défricheurs trouve ici l'une de ses expressions.

J'ai aussi été frappé par la séduction nouvelle qu'exerce le travail manuel sur une fraction de la jeunesse éduquée. Celle-ci ne le méprise pas comme tous ceux qui préfèrent une tâche de bureau répétitive, pourtant bien peu « intellectuelle », à un labeur physique, qui suppose généralement une bonne dose d'agilité mentale. Le travail de la terre, aussi ingrat puisse-t-il être parfois, mobilise l'intelligence humaine autant que la sensibilité. Les nouveaux paysans, surtout lorsqu'ils sont issus d'une culture urbaine, ne sont pas peu fiers d'avoir su acquérir ces qualités.

6

La solidarité inventive

La solidarité est une très belle et ancienne valeur qui prend aujourd'hui des formes nouvelles. Dans une société où tous les domaines sont de plus en plus envahis par les rapports marchands, les espaces qui y échappent font office de précieux refuges. Tout s'achète et tout se vend dans une indifférence monétarisée. Par une saine réaction, les échanges de services entre personnes qui ne se connaissent pas ou encore la vieille méthode du troc séduisent un nombre croissant de personnes. Ces pratiques sont évidemment d'une utilité particulière pour les titulaires de faibles revenus. Mais elles attirent aussi tous ceux qui sont en recherche d'une meilleure qualité dans les relations sociales.

Dans un esprit voisin, toute une « économie solidaire » se développe dans divers domaines. Le recyclage d'objets usagés et leur récupération deviennent des activités prisées dans nos sociétés d'immenses gâchis. Ces travaux offrent des emplois précieux aux personnes en difficulté. L'aide à la réinsertion peut aussi se concrétiser par des « jardins solidaires ». Là encore, il n'y a pas de frontière nette entre des activités à but « social » et d'autres qui s'adresseraient à tous. Les « jardins partagés » remplissent l'une et l'autre fonction. Ils sont aussi et surtout le lieu d'une nouvelle convivialité et d'une heureuse prise de conscience écologique.

Libres échanges et monnaies locales

Né en 1944, Daniel Herlaut est un militant chevronné qui n'a pas renoncé à changer le monde [1]. Longtemps syndicaliste aux Impôts, cet autogestionnaire un peu libertaire sur les bords a toujours été en quête d'alternatives. Le système des SEL (Système d'échange local), importé au milieu des années 1990 en France de l'expérience anglaise des LETS (Local Exchange Trading System), l'a tout de suite intéressé.

Daniel a créé le « SEL de Paname » en 1996, dans le XVe arrondissement de Paris où il vit modestement. Il a su réunir un « groupe de personnes pratiquant l'échange multilatéral de biens, de services et de savoirs » par voies d'affiches et de contacts dans les cafés. Le but est d'« échanger principalement des biens, comme dans une brocante mais toujours sans argent et avec une contrepartie en panames » (la monnaie de l'association). Ce système d'entraide a vite rencontré un réel succès. Le nombre d'adhérents dans le sud de la capitale a grimpé jusqu'à deux cent cinquante en 2004. Il est toutefois retombé à cent quatre-vingts aujourd'hui. « Et pourtant la situation s'est aggravée depuis 1996 », s'étonne Daniel. Il est vrai que ce système est exigeant : « Pour que ça marche, il faut échanger, prendre la peine d'aller vers les autres, c'est tout un état d'esprit ! » Paradoxalement, la crise ne le favorise pas tant elle incite parfois à un repli démoralisé sur soi-même.

Au-delà des échanges de services, gérés de manière autonome par les adhérents au moyen d'un carnet, c'est bien la « création de liens sociaux » qui est la principale qualité des SEL. Les adhérents sont plutôt variés : « Bien sûr, ce n'est pas la richesse, mais on a aussi bien des gens au chômage que des artistes, des personnes au RMI que des ingénieurs informaticiens… » Des réunions conviviales permettent les rencontres. Celle qui se tient tous les mois rassemble une trentaine de personnes.

En dépit de ses qualités, Daniel mesure les limites de cette « sorte de monnaie privée » fondée sur le temps. « On ne va pas

---

1 Rencontre en mars 2014.

résoudre tous les problèmes de la crise... » La perspective d'une révolution ne fait pas peur à Daniel. « Pour qu'il y ait un changement de société, gronde-t-il, il faut une réponse globale. » En attendant, il accueille favorablement toutes les initiatives qui permettent d'améliorer les choses. Les Accorderies, dont j'ai déjà évoqué l'expérience (voir *supra*, chapitre 4), sont basées sur le même principe d'échange de services. C'est leur statut qui est différent : elles sont financées par de puissants organismes et gérées, à Paris, par les régies de quartier. Le SEL de Paname, lui, ne fonctionne que grâce au bénévolat. Il existe actuellement quelque cinq cents SEL locaux en France et le mouvement est également international.

Né en 2002 au Québec, le mouvement de l'Accorderie est fondé sur un concept voisin. Il s'agit, là encore, d'échanges de services entre habitants d'un même quartier, sur la base de leur savoir-faire et sans contrepartie financière. La « transaction » s'opère sur la base du temps passé : une heure de bricolage est par exemple égale à une heure de cours du soir. Le but de l'entreprise, soutenue par la Fondation Macif [2], est à la fois de lutter contre la pauvreté et de favoriser la mixité sociale. Le mouvement s'est implanté en France à partir de 2011. Les deux premières Accorderies ont été créées à Paris (XIXe) et à Chambéry (Savoie). Quatre autres les ont rejointes depuis : trois à Paris et une à Die (Drôme).

« Je suis en arrêt de travail, j'ai beaucoup de temps mais pas tellement d'argent » : cette dame a poussé la bonne porte en se rendant à la réunion d'information de l'Accorderie du XIXe arrondissement à Paris [3]. Elle va pouvoir aider les autres et bénéficier, en contrepartie, de services qui ne lui coûteront pas un sou. « J'espère qu'on n'aura plus du tout besoin d'argent dans le futur, c'est peut-être utopiste », se met à rêver une autre femme venue sur les conseils d'une association d'insertion. Car le public de l'Accorderie est assez mélangé. D'honnêtes « bobos »

---

2 Fondation de la Mutuelle d'assurance des commerçants et industriels de France et des cadres et des salariés de l'industrie et du commerce (Macif).

3 Visite en janvier 2013.

y côtoient des gens en difficulté. À l'origine, c'est de la lutte contre l'exclusion et la pauvreté qu'est née l'idée au Québec. Mais elle attire aussi beaucoup de personnes isolées à la recherche de liens sociaux.

L'échange doit être équilibré, car il ne s'agit pas ici de bénévolat. Le problème est que toutes les compétences offertes ne trouvent pas forcément preneur : « Les services les plus demandés sont en lien avec le bricolage, la couture, l'aide au déménagement ou au transport, les cours de langue », confie Lucie, qui travaille pour l'association. Inversement, les prestations proposées par les adhérents socialement les mieux pourvus, de facture plus intellectuelle, sont moins recherchées. Seulement la moitié des adhérents ont déjà procédé à des échanges.

L'Accorderie du XIXe arrondissement compte près de sept cents adhérents, dont 70 % vivent dans l'arrondissement. Plus de 5 000 heures de services ont d'ores et déjà été échangées. Le projet est financé par la mairie de Paris et dépend de la régie de quartier. Un vendredi sur deux, des rencontres conviviales autour d'un apéritif permettent aux membres de se connaître dans une curiosité partagée avant de se rendre service en toute confiance. Un grand nombre d'ateliers de groupes sont organisés par les « accordeurs », qu'il s'agisse d'apprentissage de la peinture, de maîtrise de la broderie, de coiffure ou de pétanque.

Rebond par recyclage

Le recyclage et la récupération d'objets usagés sont d'anciennes activités de réinsertion sociale. On connaît le magnifique travail réalisé par le mouvement Emmaüs qui rassemble aujourd'hui deux cent quatre-vingt-trois groupes à travers la France. D'autres initiatives, souvent soutenues par les collectivités locales, s'inscrivent dans cette démarche.

Maître d'œuvre dans les travaux publics, Murielle Debernardy a supervisé la construction du vaste et moderne bâtiment qui abrite aujourd'hui La Ressourcerie de La Buisse (Isère)[4]. Cette entreprise de réinsertion par le recyclage des objets, pilotée par la communauté de communes du Pays voironnais, a ouvert ses portes en décembre 2011. Murielle a finalement été séduite par le projet : « Ce qui m'a attiré, c'est l'aspect recyclage plus que l'aide à la personne, mais maintenant je place sur le même plan le social et l'écologie. » L'experte en travaux publics est devenue la responsable de La Ressourcerie. À trente-neuf ans, elle ne regrette pas d'avoir abandonné son ancien métier, même si ce changement a impliqué une baisse de ses revenus : « J'ai le sentiment de jouer un rôle positif dans la société, je n'ai plus l'impression de travailler pour une banque ou pour des actionnaires ! » Un centre Emmaüs n'est situé qu'à 15 kilomètres, mais les deux structures sont complémentaires. La Ressourcerie emploie des « salariés plus proches du retour au travail ». Ce sont des contrats de six mois, un an maximum, adossés à un projet de retour dans l'activité. Mireille est heureuse de compter déjà un « sortant » qui a trouvé un précieux CDI.

Paradoxalement, les objets d'ici sont vendus moins cher qu'à Emmaüs, qui en « refuse pas mal ». On peut y dégotter un canapé, certes fatigué mais toujours propre à l'usage, pour 3 euros. Mireille est satisfaite de contribuer à la réinsertion professionnelle d'un certain nombre de personnes. Elle s'étonne tout de même d'avoir des places libres en ces temps de chômage massif. « Ça ne se bouscule pas au portillon, nous avons deux postes vacants, la principale difficulté se situe au niveau des entretiens pour recruter des travailleurs ! » Sans doute beaucoup ont-ils déjà baissé les bras…

La récupération peut également emprunter des voies artistiques. « L'art de la "récup" » : c'est le slogan de la Débrouille Compagnie à Paris[5]. Cette association, née en 2002, « fédère des artistes et artisans du monde entier qui créent, à partir de déchets, des œuvres utilitaires ou décoratives ». Elle a sept salariés. « Cela n'arrête pas de grossir, avec les déchets, on est dans l'air du temps »,

4 Visite en octobre 2012 ; voir la page <ur1.ca/hhnnc>.
5 Visite en janvier 2013 ; voir son site <www.debrouille.com>.

observe Émilie Pascual, trente-six ans, qui travaille depuis octobre 2011 à la boutique de Débrouille Compagnie. Celle-ci a plusieurs activités : fabrique et vente d'objets de récupération, ateliers de fabrication (pour adultes ou enfants), spectacles, coopération internationale. Avec une forte composante pédagogique : « Les participants collectent des déchets et on ramène notre matériel pour leur apprendre à fabriquer des objets. »

Après avoir été hôtesse dans un cabinet d'affaires, Émilie a enduré une période de chômage d'un an et demi. Elle qui aime fabriquer des marionnettes en papier a trouvé une activité qui lui parle. Émilie a aussi suivi une formation de comédienne et monte des spectacles de marionnettes avec l'association Artisans du monde où elle milite. La plupart de ceux qui travaillent à la Débrouille ont « des engagements à côté ». « On était tous mal dans le système. J'ai été vendeuse, caissière… C'est en faisant un bilan de compétences que j'ai pris conscience que je devais faire un travail en cohérence avec mes propres valeurs. Il vaut mieux être payé au Smic et faire un boulot où on se sent bien ! »

Isère, Savoie, Drôme : solidarités militantes

Né en 1958, Jean-Jacques Pierre est militant socialiste depuis les années 1980. Au dernier congrès du PS, il a soutenu la motion de Stéphane Hessel et Pierre Larrouturou. Mais ce n'est pas principalement comme cela qu'il fait de la politique. Son véritable engagement, c'est l'association des Amis du Zeybu, à Eybens (Isère), une commune populaire de la banlieue sud de Grenoble [6] : « J'y ai tout mis, c'est la traduction politique concrète d'une pulsation citoyenne. »

Tout est parti de la crainte suscitée par la disparition de l'épicerie dans le quartier où vit Jean-Jacques. Il lui a semblé décisif de sauvegarder un lieu de vie et de brassage de la population. D'où l'idée de créer une coopérative de quartier. La mairie a

6 Visite en octobre 2012 ; voir son site <www.lesamisduzeybu.fr>.

acheté et prêté les locaux. Et les Amis du Zeybu sont nés en 2009. La principale activité de l'association est de gérer une épicerie solidaire au fonctionnement original. Elle commande des produits à des producteurs locaux qui acceptent sa philosophie de la solidarité. Ceux-ci livrent leur cargaison au prix du marché plus un don de l'ordre de 8 % à 10 %. Le produit de la vente de ces dons permet d'alimenter le compte du « Zeybu solidaire ». Grâce à celui-ci, les adhérents relevant de l'aide alimentaire sont aidés sans « marqueur social ». Tout se paie en « monnaie locale », ce qui permet de ne pas distinguer les acheteurs ordinaires de ceux qui bénéficient d'une aide sociale. Les adhérents (5 euros par personne) peuvent commander les produits sur Internet. Ils viennent ensuite les chercher un soir de « marché solidaire ». Le système, souligne Jean-Jacques, est plus souple que celui des AMAP. Les producteurs livrent selon leurs récoltes, mais les clients n'ont pas d'obligation régulière d'achat : « C'est une économie de la confiance. »

Une dizaine de producteurs participent au système. On compte environ quatre-vingts personnes par marché, dont une dizaine éprouvent des difficultés : « C'est un mélangeur social. On peut y croiser un médecin de quartier et une mère de famille monoparentale issue de l'immigration. » L'association pilote aussi un atelier du « faire ensemble », prisé par les enfants, et un espace « café solidaire ». Elle organise encore des fêtes avec pizzas ou crêpes pour tout le quartier : « C'est important l'accès à tous de ce lieu ; c'est un projet d'identité du territoire qui lutte contre l'identitaire ! » L'association compte actuellement plus de deux cents adhérents. « Le Zeybu, c'est un rite laïque », sourit Jean-Jacques qui considère que son « projet est banalement révolutionnaire ». Il regrette que les responsables politiques ne soient pas plus attentifs à ce genre de réalisations : « Il y a une mutation dont ils n'ont pas conscience qui peut régénérer l'humus social, on dirait que ces nouveautés leur font peur ! »

Dans la même région, une autre militante du concret peut s'enorgueillir de belles réalisations dans le domaine de la solidarité. « Je ne me sens pas du tout bobo », s'indigne en souriant Patricia Louis, cinquante-huit ans, qui pilote un projet de gestion partagée de terrains et vergers dans un hameau situé à 400 mètres d'altitude, au-dessus de Ruffieux (Savoie) [7]. Sa mère était ouvrière, son père lui est inconnu. Patricia, qui n'a pas fait d'études, a été maman très tôt. « Utopiste à vingt ans », radicalement écologiste, elle a quitté très jeune la région parisienne pour s'installer dans une petite maison sans électricité d'un village isolé de la Tarentaise. « Je vivais avec très peu d'argent et je regardais la vallée en étant persuadée que le monde allait s'effondrer. »

En 1983, Patricia a emménagé dans la maison qu'elle occupe aujourd'hui. Une grosse bâtisse que « vingt ans d'intenses travaux » ont transformée en confortables habitations. Pendant une vingtaine d'années, elle y a accueilli des enfants en difficulté. D'abord gratuitement, de manière informelle, par le biais de petites annonces dans *Libé*. C'est ensuite la DDAS [8] qui lui a confié la garde d'adolescents à problèmes. Son fort caractère a produit de bons résultats : « Je leur parlais très franchement, c'est la formule qui fonctionne : leur dire qu'ils ne sont pas les rois. Par exemple : "On fait les foins et on mangera après !". » Patricia en est persuadée : « Ce qui a marché, c'est qu'on n'était pas des professionnels. » Elle a remarqué que ces jeunes meurtris par la vie savent pertinemment comment blesser les éducateurs en leur lançant : « Vous êtes payés pour qu'on vous fasse chier ! » Hélas, petit à petit, elle s'est rendu compte que les travailleurs sociaux avec lesquels elle s'occupait de ces jeunes « voulaient être des salariés ». Alors, des ennuis de santé s'y ajoutant, Patricia a arrêté cette activité en 2007.

Dénommé « L'Aire du temps », son projet actuel vise à regrouper dans sa maison quelques personnes qui voudront bien s'occuper ensemble d'un potager, d'un verger et d'un poulailler : « Je ne vais pas louer mes appartements à des gens qui ne sont pas dans cet état d'esprit. » Bruno est arrivé il y a quelques mois, ravi d'être ici chauffé au bois. Un jeune couple a également été convaincu par ce projet. Patricia recherche encore un

---

7 Rencontre en octobre 2012.

8 Direction départementale des affaires sanitaires et sociales, supprimée en 2010.

locataire qui serait sensible à ses préoccupations écologiques : « Dans cette maison, je n'ai pas utilisé de bois exotique, alors qu'une porte en chêne d'ici coûte deux fois plus cher. » Sa devise favorite : « C'est bien de manifester, mais il vaut mieux faire du concret. »

Une autre femme agit concrètement en faveur de la solidarité du quotidien. « Personne n'échappe aux contradictions », philosophe Marianne Godez [9]. Elle qui tient un « garage à fringues » à Die (Drôme) s'essaie pourtant, plus que d'autres, à établir une cohérence entre ce qu'elle pense et ce qu'elle vit. Marianne est costumière de métier, pour le théâtre, le cirque ou encore le spectacle de rue. Un beau jour, elle en a eu « ras-le-bol de [se] farcir l'ego des metteurs en scène et des comédiens ». Alors, elle a bourlingué. Vivant dans une yourte ou construisant des toilettes sèches itinérantes. Et puis, elle a eu envie de « se poser ». Le Diois alternatif lui a semblé un excellent choix. Au début, Marianne y vivait dans un camion. Elle a eu un peu de mal à retrouver l'habitude d'être protégée par quatre murs, comme c'est désormais le cas dans son appartement.

« De sensibilité plutôt artistique qu'écologiste », Marianne a néanmoins pris conscience des dégâts provoqués par l'industrie textile lorsqu'elle a voulu fabriquer des vêtements pour les vendre. « Je la connais bien et je savais toute la chimie que l'on peut mettre dans un simple T-shirt blanc, c'est vraiment trash ! » Pour elle, « le coton est un truc monstrueux, avec 2,5 % de la surface cultivée qui utilise 25 % des produits chimiques ». Elle a donc décidé de « se mettre à la teinture végétale ». Et de proposer à sa clientèle des produits sains à base de chanvre, de laine et de soie. Sa petite entreprise ne marchait pas si mal. Enfin, pas si bien que ça non plus… « À un moment donné, j'ai fait marche arrière, je fabriquais des trucs top, mais qui coûtaient très cher, des chemises à 200 euros… » Et malgré ces prix élevés qui la gênaient un peu, elle ne réussissait pas à gagner beaucoup d'argent : « Pendant deux ans, j'ai travaillé 70 heures par semaine pour 200 euros par mois. »

---

9 Rencontre en novembre 2012.

En 2010, Marianne a cessé son activité artisanale. Elle s'est inscrite au RSA et a lancé son « garage à fringues » à Die. « Il y a énormément de gens qui auraient besoin de réparer leurs vêtements, mais qui ne savent pas bien comment faire. » Dans un premier temps, Marianne l'a installé dans un petit restaurant bio de la ville. Tous les lundis après-midi, les gens arrivent avec leur problème ou leur projet, et elle les aide de son précieux savoir-faire. Cela va de l'homme seul qui vient recoudre un bouton à la mère de famille nombreuse qui confectionne des vêtements pour les siens. Deux machines à coudre sont à leur disposition.

Pour développer cette activité, Marianne vient d'acheter une « ancienne usine textile » avec une amie. Elle prévoit d'y transférer son « garage à fringues » après les travaux de rénovation qu'elles effectuent. Il y aura aussi une salle de danse et des expositions. « Ce qui est important pour moi, souligne-t-elle, c'est le côté humain. » Et pourtant, sur ce plan aussi, il y a parfois des déceptions. Marianne avait passé l'été à organiser des « apéros tricot », le samedi après-midi, dans le centre de Die. À ces occasions, un platane de la grande place centrale avait été orné d'un poétique pull à cinq manches. Par malheur, cette réalisation collective a été vandalisée... Marianne l'a vécu d'autant plus douloureusement qu'elle ressent des « interactions très fortes » avec son environnement proche. Le vaste monde, quant à lui, l'indiffère assez largement : « Je n'ai pas la télé et j'ai coupé Internet. À la radio, j'éteins quand les informations arrivent. L'actualité ne m'intéresse pas. » Marianne ne vote plus.

Des jardins conviviaux, de l'Île-de-France au Var et à l'Isère

Laurence Baudelet a découvert les « jardins partagés » lors d'un colloque en Amérique du Nord à la fin des années 1990 [10]. Les jardins de quartier sont apparus à New York dans les années 1970, occupant les lieux délaissés, et se sont

10 Rencontre en mars 2014.

répandus par la suite dans les autres villes américaines. De cette expérience est né en 1997 en France le réseau Le Jardin dans tous ses états [11]. Les jardins partagés se distinguent des anciens jardins ouvriers, devenus jardins familiaux, en ce que leur premier objectif est de « créer du lien social » et qu'ils sont situés au cœur des villes. « La Fondation de France a joué un rôle important dans la création du réseau, au nom de la lutte contre l'exclusion », rappelle Laurence.

En 2014, on estimait à six à sept cents le nombre de jardins partagés en France. La région Rhône-Alpes en comptait deux cent cinquante et l'Île-de-France cent cinquante. Une politique volontariste de la municipalité a permis l'implantation d'une centaine de ces jardins à Paris. Des réalisations provisoires ont fini par être heureusement pérennisées. Dans le XIe arrondissement, la mairie a ainsi renoncé à construire une médiathèque au profit du Jardin nomade. Dans le XXe arrondissement, une longue lutte des habitants contre la ZAC des Amandiers a permis la survie du jardin Papilles et papillons. En cas d'opération immobilière, le réflexe est désormais plus souvent pris de laisser une place à ces espaces, comme c'est parfois le cas au pied des immeubles d'habitat social.

« On est en train de dépasser l'antinomie entre la ville et la nature », se réjouit Laurence, salariée depuis 2006 à l'association Graine de jardins qui anime le réseau des jardins partagés d'Île-de-France. Elle évoque un « mouvement de fond ». Une dizaine de jardins nouveaux voient le jour chaque année. Leurs modèles sont multiples. Certains privilégient les parcelles individuelles, tandis que d'autres sont d'esprit collectif. La plupart d'entre eux pratiquent un modèle hybride, évolutif, où l'on s'oriente souvent – expérience oblige – vers plus d'espaces partagés.

Les participants aux jardins partagés sont également divers. Certains viennent presque tous les jours, « ils ont besoin d'un contact avec la nature au quotidien ». D'autres ne les fréquentent que de temps en temps, « ils viennent se reposer ou rencontrer du monde ». On compte une majorité des femmes dans ces jardins,

---

11 Voir le site <http://jardins-partages.org>.

tout particulièrement des dames âgées à la recherche de contacts avec les enfants. Le profil sociologique varie selon les lieux, avec une prédominance des « classes moyennes supérieures à Paris » et un public plus populaire en banlieue. « À Villiers-le-Bel, le vice-président de l'association est analphabète ! » Laurence vante une « expérience politique du vivre ensemble », sans en nier les difficultés. Il faut parfois déployer beaucoup d'efforts pour faire comprendre aux populations d'origine immigrée qu'il ne s'agit pas de « jardins de Blancs » ou de « trucs de bobos ».

La pénurie du foncier dans les zones urbaines denses reste le principal obstacle au développement des jardins partagés. « Pour beaucoup d'élus, déplore Laurence, la priorité va au logement et aux équipements socioculturels qui les accompagnent. » Il n'est pas facile pour eux d'assumer le choix de rendre certaines parcelles non constructibles. Elle se souvient encore de la manifestation bruyante du DAL (Droit au logement) contre l'inauguration des Jardins d'Éole, dans le XIXe arrondissement de Paris… Et pourtant, souligne Laurence : « Le cadre de vie est aussi une question sociale, les plus pauvres ont droit à un environnement de qualité ! »

Car les jardins partagés sont d'indéniables facteurs de sociabilité. « Qu'est-ce qu'on peut faire de concret pour créer du lien social ? » Ingénieur commercial et lecteur de Pierre Rabhi, Jean-Paul Raoust s'est demandé avec quelques amis d'Adrets de l'Esterel (Var) s'il ne fallait pas « faire un champ de patates »[12]. Ils ont commencé par organiser une « conférence sur les pois chiches, qui poussent n'importe où ». À leur grande surprise, celle-ci a rencontré un franc succès. « Cela rappelait des choses aux anciens, et les jeunes aimaient le côté décalé… » L'association Regain de l'Esterel s'est lancée dans la foulée, en 2008. Une soixantaine d'habitants du village en sont aujourd'hui membres. « On s'est mis à chercher un terrain pour établir un jardin partagé. » Un particulier leur en a prêté un, dans les environs de la commune, en 2009. Décision fut prise de ne point le diviser en parcelles individuelles. « On nous a taxés de communisme ! » La participation de chacun est très souple : « On se partage les légumes entre les présents. Moi,

12 Rencontre en octobre 2013.

je suis végétarien. En saison, cela représente une bonne partie de ma consommation alimentaire. » Jean-Paul se félicite de la reconnaissance par la mairie de ce projet : « On est passé du statut de doux rêveurs à celui de gens un peu plus sérieux. » L'association projette d'aider à l'implantation de « deux ou trois maraîchers sur la commune ». Son seul regret est que le jardin partagé n'attire pas plus de « gens qui sont dans le besoin ». Ce sont surtout des cadres, il est vrai nombreux dans cette commune proche du littoral, et des personnes âgées qui y participent.

D'autres jardins communautaires ont une dimension sociale plus affirmée. Sexagénaire tonique, Dominique Viau baigne de longue date dans un environnement écologique et militant [13]. Après quelques années d'enseignement, elle s'est installée, au cours des années 1970, dans une ferme de Touraine où elle pratiquait déjà la biodynamie avec son mari ingénieur agronome. « Je ne mange pas de viande depuis des années et j'ai utilisé des couches lavables pour mes quatre enfants », se rappelle-t-elle. Un accident de santé a interrompu ses activités agricoles et a conduit Dominique à travailler comme cadre pour les Apprentis d'Auteuil [14].

Elle pourrait aujourd'hui couler une retraite paisible, mais elle a préféré s'investir dans les Jardins d'Hyères, créés avec une partenaire [15]. Cette dernière avait hérité d'un vaste terrain d'un peu plus de 1,5 ha, qui s'étend en périphérie de cette commune du Var. Ces jardins partagés ont été inaugurés en avril 2010. Une quarantaine de personnes louent, pour une somme modique, des petites parcelles qui leur permettent de produire leurs légumes. « On a des familles très pauvres, qui sont au RSA, mais aussi d'autres plus riches. La plupart d'entre elles ne savaient pas jardiner avant d'arriver ici. Beaucoup de gens ont des problèmes de santé et cela leur fait du bien. » Dominique revendique une politique de quotas, afin de tendre à un équilibre entre catégories sociales : « On a un peu trop de retraités qui ont la belle vie et pas assez de jeunes sans trop de moyens, alors on leur réserve des parcelles. »

---

13 Rencontre en octobre 2013.

14 Voir son site <www.apprentis-auteuil.org>.

15 Voir la page <url.ca/hho9y>.

Les jardins ne sont pas fermés et les règles de fonctionnement peu contraignantes. Les trois seules conditions imposées sont de cultiver en bio, de ne pas vendre sa production et d'accepter la présence d'handicapés, auxquels une parcelle est dévolue – il peut s'agir d'handicapés mentaux, victimes de maladies dégénératives ou de civilisation. Par ailleurs, Dominique aimerait bien que ses jardins puissent accueillir un jeune maraîcher en biodynamique : « On a de la place. Quand on pense qu'il y a un lycée agricole à côté et que des tas de jeunes deviennent chômeurs... » Pour Dominique, les Jardins d'Hyères sont un « outil politique citoyen ». Et surtout concret : « Je suis en relation avec des jeunes qui bougent, qui vivent parfois avec le RSA pour avoir un complément de revenu à leur activité. » Ses jardins offrent même parfois un refuge provisoire à des personnes qui traversent une phase délicate. Ce fut le cas pour un jeune qui avait perdu son travail à la suite d'un accident ou pour une femme agressée qui ne pouvait plus payer son loyer. Au moment de ma visite, c'est une « woofeuse » au chômage qui logeait dans la cabane du jardin.

La vocation de certains jardins est enfin d'être des outils efficaces d'insertion. Charlotte Peigné, trente ans, a décidé un beau jour d'arrêter son travail de « technicienne de la mer » [16] : « J'avais besoin de quelque chose de plus humain. » Après une formation en « Environnement et solidarité » à Marseille et un voyage d'une année au Pérou qui a fait mûrir sa conscience écologique, elle est devenue responsable du Jardin de la Poterne à Grenoble (Isère). Géré par l'association Brin d'grelinette [17], c'est un potager à vocation sociale. « Ça fait du bien la terre ! » Charlotte mesure ses effets positifs sur les habitués du jardin. Psychotique, Jojo a considérablement diminué sa dose de médicaments. Il s'est découvert un vrai talent pour la cuisine et il a été à l'initiative de la « table d'hôtes » organisée régulièrement au jardin. Jojo a, en outre, repris confiance en lui depuis qu'il parvient à faire du vélo. Angelo, qui était gravement dépressif, a progressivement retrouvé goût à la vie. Même les jeunes qui viennent y travailler dans le cadre de « mesures de

16 Rencontre en octobre 2012.
17 Voir son site <www.brindgre.org>.

réparation de peine », *a priori* le public le plus difficile, en tirent profit : « C'est un lieu de vie, mais aussi d'expérimentation qui permet à chacun d'aller vers l'autonomie. »

Une femme au RSA, arrivée par le biais du Secours catholique, s'est ainsi souvenue qu'elle rêvait de faire de la menuiserie, le métier de son grand-père. Elle qui déteste les bureaux était titulaire d'un CAP de secrétariat. Pour le jardin, elle a construit la solide table de bois autour de laquelle nous discutons : « J'ai trouvé un menuisier qui a accepté de travailler avec elle », confie Charlotte. La dame de quarante ans a décroché un contrat d'insertion et elle pourra sans doute exercer prochainement le métier de ses envies. Le jardin pratique bien sûr une agriculture biologique : « Pour moi, tout est intégré : le respect des autres, le social et l'écologie. »

Les limites de l'économie de la débrouille

L'engagement admirable de tant de femmes et d'hommes de convictions donne à l'économie solidaire une efficacité remarquable. On ne dira jamais assez l'aide très concrète apportée à des vies difficiles par des structures souvent légères et peu coûteuses. La société du « *care* », maladroitement évoquée par Martine Aubry en 2010, celle du « soin » apporté aux autres, d'une « société décente » qui respecte les plus faibles, trouve ici une traduction réelle.

En période de crise prolongée, comme celle que nous subissons, le développement de l'économie solidaire n'en va pas moins sans quelques lourdes ambiguïtés. Aussi ingénieuses et opportunes puissent-elles être, les pratiques de la débrouillardise sont aussi contraintes par la dureté des temps présents. Les échanges non monétaires sont logiquement plus prisés lorsque les portefeuilles mincissent. Au plus fort de la crise qui a frappé leur pays au tournant du millénaire, deux millions d'Argentins avaient ainsi recouru au troc. En Espagne aussi, plus récemment, la tourmente économique et le chômage de masse ont produit de la débrouille sociale. « Les monnaies sociales, les potagers urbains, le troc, les espaces de *co-working* et d'entraide entre néoentrepreneurs se développent », observe la journaliste Cécile Thibaud [18].

Cette solidarité de la nécessité n'en a pas moins le mérite de faire découvrir d'autres modes de relations sociales. La privation d'argent rend visibles les rapports qui obéissent à d'autres logiques que celle où tout s'achète et tout se vend. La crise redonne ainsi une nouvelle jeunesse aux vieux concepts de don et de contre-don, pratiqués par les sociétés archaïques et analysés par le grand sociologue français Marcel Mauss (1872-1950). Dans un esprit voisin, de nouveaux usages de la gratuité apparaissent tandis que la société se repose la question de ses « biens communs ».

L'économie solidaire peut assurément être vue comme une « béquille du capitalisme ». C'est « partiellement le cas », comme l'a finement analysé en 2009 le sociologue belge Bruno Frère : « Ce n'est pas un hasard si l'économie solidaire est susceptible aujourd'hui d'intéresser le Medef ou la droite. Elle peut confirmer une des idéologies de fond du monde actuel : tout le monde est susceptible d'entreprendre et de créer son entreprise [19]. » Mais le *social business* ne saurait pour autant, ajoute-t-il, faire oublier l'« imaginaire libertaire » au principe de l'économie solidaire. Celle-ci ressuscite finalement, sous de nouvelles formes, des mécanismes d'entraide qui prévalaient à l'aube du mouvement ouvrier. En ce sens, l'économie solidaire a tout intérêt à œuvrer de pair avec l'économie sociale. Viendra même peut-être un jour où la solidarité ne sera plus reléguée aux marges d'une économie qui a écrasé la coopération sous la compétition.

---

18 Cécile Thibaud, « Espagne : contre la crise, la débrouille », *L'Expansion*, 12 juin 2013.

19 Voir son interview, passionnante, par Sandra Blondel, « L'ESS, béquille du capitalisme ? », APEAS, 20 mai 2011, <url.ca/hholj> ; et son livre *Le Nouvel Esprit solidaire*, Desclée de Brouwer, Paris, 2009.

7

Les cohabitations choisies

L'habitat partagé revient au goût du jour. Cette manière de se loger en mutualisant certains espaces et en expérimentant des relations conviviales avec ses voisins s'était répandue dans les années 1970. Revigoré dans le sillage de Mai 68, ce mode de vie alternatif s'est par la suite étiolé. Il connaît une nouvelle jeunesse depuis le début du millénaire, même si le mouvement reste d'ampleur limitée : en 2011, l'Association pour le développement de l'économie sociale et solidaire (ADESS) recensait quelque deux cent cinquante projets d'habitats groupés. Et seulement une vingtaine de lieux existants. Ces chiffres ont certainement grossi depuis, car l'habitat partagé est stimulé par plusieurs facteurs lourds d'évolution de notre société. Le prix devenu prohibitif du logement vient en premier lieu. Ce type d'habitat, qui a pour ambition de limiter les coûts et de lutter contre la spéculation immobilière, permet d'accéder à une qualité de vie hors d'atteinte autrement. « Aucun d'entre nous n'aurait les moyens d'habiter dans une maison en ville avec un jardin. Ce rêve devient possible en se regroupant », relève Carole Contant, présidente de l'association Parasol[1]. Il répond aussi à un rejet de l'hyperindividualisme ambiant en offrant des lieux conçus pour l'échange et le lien social. L'habitat partagé a encore le mérite

1 Citée par Catherine ROLLOT, « L'habitat groupé, ou comment vivre ensemble chacun chez soi », *Le Monde*, 28 décembre 2009.

d'être souvent conçu par un groupe de personnes qui peuvent définir en amont leur futur cadre de vie.

La douzaine d'associations vouées à l'aide ou à la promotion de l'habitat partagé signent l'intérêt pour ce type d'habitat. Citons notamment Habicoop [2], qui accompagne la création et le développement des coopératives d'habitants, Éco-Habitat groupé [3], issu du Mouvement pour l'habitat groupé autogéré fondé en 1977, ou encore Habitat groupé, site collaboratif du réseau du même nom [4].

Lieux partagés

« C'est le terrain qui nous a choisis », aime à dire Marc Bodinier, l'un des fondateurs d'Habiterre, remarquable réalisation d'habitat groupé perchée sur les hauteurs de Die (Drôme) et dont j'ai déjà évoqué le pouvoir d'attraction sur les alterentrepreneurs (voir *supra*, chapitre 4) [5]. Quatre familles – dont deux se connaissaient de longue date – cherchaient à vivre en un même lieu, à une heure et demie maximum de Grenoble (Isère). La Biovallée du Diois, avec son riche « écosystème », les a légitimement conquises. Au-dessus de cette petite ville, le groupe a fait l'acquisition d'un terrain auprès d'un vieil agriculteur « séduit par [son] projet ». La vue sur les crêtes rocheuses du Vercors y est impressionnante. Le seul problème, découvert après coup, c'est le terrain : des « marnes très complexes » qui ont sensiblement renchéri le coût de la construction. Au point que certains participants, les moins argentés, ont failli l'abandonner. Fort heureusement, l'esprit de solidarité du groupe leur a permis de rester.

Il a été décidé en effet de « mutualiser » les financements : chaque famille effectue un apport en fonction de ses moyens,

---

2 <www.habicoop.fr>.

3 <www.ecohabitatgroupe.fr>.

4 <www.habitatgroupe.org>.

5 Visite en novembre 2012 ; voir son site <www.habiterre.org>.

qui n'est donc pas strictement proportionnel à ses parts sociales. Une société civile immobilière (SCI) est propriétaire de l'ensemble, chacun n'étant qu'usager des parties individuelles et communes. Au sein de la SCI, la répartition du pouvoir est égalitaire : un homme égale une voix. Encore les décisions se prennent-elles généralement par consensus ou consentement. Rares sont les problèmes qui doivent finalement être tranchés par des votes. Tous les quinze jours, un petit déjeuner expédie les affaires courantes. Les sujets plus importants sont débattus lors de week-end dédiés.

« Nous ne sommes pas une bande de bobos », affirme Marc. Habiterre abritera, au total, une dizaine de familles. Les adultes ont entre vingt-neuf et soixante-deux ans. Ils travaillent dans des secteurs divers comme la santé, l'éducation, la finance (solidaire) ou l'art. Le succès du lieu doit tout de même beaucoup à la participation de personnes déjà très impliquées dans l'économie alternative. Marc lui-même se définit comme un « autodidacte qui a fait quarante-cinq boulots », avec une prédilection pour l'économie sociale et solidaire, secteur dans lequel il a créé pas moins de sept entreprises, dont celle qu'il dirige aujourd'hui en Haute-Savoie spécialisée dans les ouvrages en bois.

Précisément, beaucoup de bois a été utilisé pour construire ce bel habitat. Et aussi, il faut bien le dire, un peu plus de béton qu'initialement prévu… « Le béton est le produit que les multinationales ont réussi à imposer comme étant incontournable », peste Marc. Il se plaint aussi de la réglementation : « Si on diminuait de 25 % les normes, on réduirait de 40 % le coût de la construction ! » Autant que faire se peut, le matériau utilisé est d'excellente facture écologique. La qualité de l'isolation est impressionnante, grâce à d'épais murs. Un poêle en bois suffit au chauffage des habitations. Il en résulte de très basses consommations énergétiques.

Une vaste « maison commune », financée par l'épargne solidaire (250 000 euros collectés), occupe le centre d'Habiterre. Elle accueille les repas pris en commun par ceux des résidents qui le souhaitent, mais aussi des manifestations ouvertes sur l'extérieur, organisées par les associations en lien avec les habitants. Sa dimension a fait l'objet de longs débats au sein du groupe, de même que son agencement : fallait-il, comme cela a finalement été décidé, se contenter de petites fenêtres côté sud, au risque de se priver de la vue panoramique ? Le point de vue écologiste l'a emporté. Ici, il fait froid l'hiver et chaud l'été. Agréables visuellement, les baies vitrées auraient été thermiquement coûteuses...

« On essaie de marier l'utopie de l'autogestion avec le pragmatisme du monde économique dans lequel on vit, explique Marc. Le changement ne peut venir que des forces émergentes : on ne construit pas une maison à partir du toit ! » Lui-même ne s'est jamais engagé politiquement, mais il a « beaucoup travaillé avec les élus » – il apprécie Louis Besson (PS), mais aussi Michel Barnier (UMP), tous deux élus de Savoie. Son souci principal reste la bonne intégration d'Habiterre dans le terroir local, ce qui ne va pas toujours de soi : « C'est un projet ambitieux pour un pays qui ne l'est pas », lâche-t-il.

Plus modeste mais tout aussi réjouissant, un autre lieu donne un visage différent à l'habitat partagé dans la commune de Saint-Pierre-le-Vieux (Saône-et-Loire). Françoise était technicienne ONF (Office national des forêts), militante syndicale, dans un bureau d'études. Mais cette vie ne lui convenait pas : elle rêvait d'un « habitat groupé où l'on partage des valeurs essentielles » et où vivraient et travailleraient plusieurs générations. En 2008, avec son compagnon de l'époque, Françoise achète une ancienne ferme nichée entre le Haut-Clunisois et le Haut-Beaujolais et s'y installe. L'endroit se transformera en Terre de possibles, une « association pour se relier à la terre, favoriser la rencontre autour d'un réseau d'échange et de partage, pour une vie plus simple, plus écologique et solidaire, [...] dans l'esprit des Oasis en tous lieux initiées par Pierre Rabhi [6] ». Françoise s'occupe, entre autres, du vaste verger cultivé en biodynamie.

La propriété est transmise à une SCI, qui comprend une trentaine de sociétaires. Manuel et Manuela la rejoignent en 2010 : lui a décidé d'arrêter son travail au conseil général pour devenir boulanger et brasseur à la ferme ; elle apprend à filer la

6 Visite en mai 2013 ; voir son site <http://terre-de-possibles.org>.

laine des moutons tout en s'occupant des enfants. Depuis 2013, Jean-Claude habite quant à lui sur le domaine dans une charmante maisonnette en paille construite grâce à un chantier participatif. Cet ancien ouvrier dans la chimie a perdu un bras dans un accident du travail, sept ans plus tôt. Lecteur du journal écologiste *La Gueule ouverte* dans les années 1970, il avait tôt développé une conscience écologique et se rendait « à reculons » à son labeur. Apaisé, il effectue ici toute une série de travaux, avec une prédilection pour la fabrication du jus de pommes. Terre de possibles se veut un lieu ouvert, qui reçoit beaucoup de *woofers*, même en hiver. Et la ferme prévoit de développer l'accueil de classes du primaire, ce qui lui permettrait d'engranger un « petit revenu » complémentaire. Des chantiers d'autoconstruction sont encore proposés, sans oublier les moments plus festifs comme les fêtes de la Saint-Jean – l'édition de juin 2012 a attiré plus d'une centaine de participants.

Comme tant d'autres défricheurs que j'ai pu rencontrer, Françoise est totalement indifférente aux médias : « Personne, ici, n'a la télévision. Je n'écoute pas la radio et ne lis pas les journaux. J'ai beaucoup de mal avec leur voyeurisme et leur négativisme. On n'a pas besoin de savoir toutes ces horreurs ! Ici, nous vivons dans un espace apaisé et bienveillant. » Elle ajoute pourtant aussitôt : « On ne veut pas rester dans notre bulle. On va créer une AMAP avec des maraîchers d'à côté. » Toujours cette ambivalence entre le besoin de se protéger d'un monde hostile et la nécessité de se relier à son territoire...

Du Château partagé à la Maison mosaïque : épreuves endurées

Cela s'appelle le Château partagé [7]. Un nom un peu pompeux pour une grande maison de maître dressée sur les hauteurs du lac d'Aiguebelette (Savoie). Une demi-douzaine de

---

7 Visite en octobre 2012 ; voir son blog <https://lechateaupartage.wordpress.com>.

personnes y résident autour des mêmes valeurs « de partage, respect du milieu naturel et simplicité ». Buanderie, bibliothèque, atelier et jardin sont mis en commun. On s'échange des « coups de main » et l'on prend assez souvent ses repas ensemble dans la vaste salle à manger du rez-de-chaussée. Autrefois colonie de vacances du conseil général du Nord, le lieu a été acheté en 2009. Le projet est né d'un « enthousiasme commun autour d'un projet de vie plus écologique », explique Marie-Paule Mousse. Quatre couples et un célibataire y habitent actuellement. Les parcours et compétences de chacun sont divers.

Désormais à la retraite, Marie-Paule a été vétérinaire inspecteur. Elle s'occupe des animations organisées au « Château », du jardin et de la cuisine. Son mari bricole. Thierry est maraîcher bio. Il cultive des terres à côté de la bâtisse et s'en va livrer ses produits sur les marchés avec son cheval. Designer, Christophe est aussi accompagnateur en moyenne montagne. Il organise des randonnées ou des « ateliers Nature ». Thomas, qui travaillait il y a peu dans un cabinet d'études de Chambéry, s'investit dans un projet d'épicerie associative qui livrera dans les environs. Fabien, issu du monde informatique, est responsable de l'accueil des cinq chambres d'hôtes du « Château »...

« On n'est pas des exemples de vie, mais on montre qu'on peut faire autre chose », résume Marie-Paule. L'aventure n'est pas simple pour autant. « Le projet évolue, les gens évoluent », ajoute-t-elle. Lors de ma visite, le « Château » traversait une sorte de crise existentielle. « Est-ce qu'on a encore un projet en commun, s'interrogeait Marie-Paule. Certains veulent la simplicité volontaire, d'autres non. » Le rêve d'autosuffisance de Thierry n'est pas partagé par tous, loin s'en faut. Le groupe avait prévu de faire appel à une « dame spécialiste » pour y voir plus clair sur son propre avenir. « Tout ce qu'on a fait, c'est grâce au groupe », rappelle Marie-Paule, même si elle admet qu'il a sans doute été « un peu trop fusionnel ». Pour sa part, elle préférerait que l'on évite de fixer « trop de règles ». Et que chacun ressente plutôt naturellement ce dont le groupe a besoin...

La réalisation de projets d'habitat partagé n'est pas chose simple. Longtemps directrice de maisons des jeunes, Annette

Mathelin avait envie de revenir en Savoie à sa retraite. Mais pas question pour cette militante aguerrie de la vie associative de la vivre inactive. « L'idée m'est venue de créer un lieu de vie où une douzaine de personnes de différentes générations cohabiteraient », se souvient-elle. Elle a rencontré des habitants de Valence, désireux de sortir des personnes âgées de maisons de retraite, qui poursuivaient le même projet. Une association, la Maison mosaïque, dont Annette est la fondatrice, fut créée dans ce but en 2001 [8]. Quatre ans plus tard, celle-ci a ouvert une maison d'habitat partagé près de Valence, dans l'Ardèche. Cette grosse propriété a pu être achetée grâce à des appels de fonds dans le journal de la Nef. Le projet a aussi bénéficié de l'aide de la Fondation de France et du conseil régional de Rhône-Alpes.

Il abrite aujourd'hui un étudiant, une famille de trois enfants, deux jeunes retraités et un octogénaire. La plupart des habitants sont locataires. Chacun dispose d'un logement privé, mais les locaux collectifs sont importants. Chaque mois, une « réunion de maison » permet de discuter des travaux à effectuer et de mille autres choses. Les habitants ont pris l'habitude de fêter ensemble tous les anniversaires. Ils s'échangent régulièrement des services. Les personnes âgées surveillent les enfants dans le jardin. Et les adultes veillent sur les anciens. Une adolescente a pris l'habitude de descendre regarder les informations télévisées avec l'octogénaire. Sa famille n'avait pas de poste et cela a été l'occasion de fructueux échanges.

De l'aveu d'Annette, la deuxième expérience de la Maison mosaïque a été moins réussie. La ville de Chambéry (Savoie) avait décidé de construire une résidence de personnes âgées. Annette a milité, au sein du conseil de quartier qui pilotait le projet, pour qu'il se transforme en habitat partagé. Avec un relatif succès. La résidence des Trois Sources, d'une quarantaine de logements HLM, est bien sortie de terre à Chambéry-le-Vieux (Savoie). De jolis petits immeubles de trois étages construits autour d'un jardin. Mais les initiateurs du projet n'ont pas pu, en majorité, s'y loger, choix de la mairie oblige. « La résidence n'est

---

8 Visite en octobre 2012.

pas animée comme si on était là », regrette Annette. Le lieu a effectivement l'air plutôt ordinaire, quand bien même il comprend une bibliothèque associative et un « jardin partagé ouvert à tous les habitants ».

« On innove, mais ce n'est pas facile dans cette société individualiste », soupire-t-elle. Seulement 10 % des projets d'habitat partagé aboutissent. « Ce sont des problèmes de relations humaines, de contacts, qui sont cause d'échec ; c'est pour cela qu'il est fondamental de travailler sur les valeurs. » Pour son premier projet, l'association n'avait pas hésité à déployer un véritable programme de préparation des participants : « On avait commencé par des stages de communication non violente, puis mis en place un système de sociocratie (voir *infra*, chapitre 12). Cela prend du temps, mais on évite des problèmes. »

Risques d'usure, de la Viorne (Isère) aux Mûriers (Rhône)

L'habitat groupé ne vieillit pas toujours très facilement. Avec le temps, le maintien d'une vie collective peut se révéler problématique. Avec un autre couple, Cécile Viallon et son mari Jean-Michel sont à l'origine de l'habitat groupé de La Viorne, à Villefontaine (Isère) [9]. C'était en 1975. Plusieurs familles habitant le même immeuble et devenues amies avaient envie de vivre ensemble. Elles ont monté un projet, rédigé une charte, « autogestionnaire mais pas spécialement écologiste », et se sont adressées à trois sociétés de HLM. Celle de la ville nouvelle de Voiron leur a répondu favorablement et présenté un terrain, long mais étroit et en pente. « Il fallait qu'on soit dans le prix des HLM », se rappelle Cécile. Et le groupe a pris contact avec le Mouvement Habitat groupé autogéré. Treize familles participèrent au lancement du projet. L'architecte a eu un peu de mal à comprendre pourquoi ces drôles de paroissiens avaient

9 Visite en mai 2013.

besoin de liaisons entre les appartements et de tant de lieux communs. Ils emménagèrent en 1985.

À l'expérience, certains équipements on dû être revus. « La salle des enfants n'a jamais bien fonctionné. C'est maintenant un garage à vélos. » La Viorne a traversé une période de crise à partir de 1995. Les HLM ont imposé des surloyers à certains occupants pour cause de revenus devenus élevés. « On a alors demandé à acheter nos appartements, mais cela nous a été refusé. » Progressivement, des logements se sont vidés « et on n'a pas trouvé des gens pour les remplacer ». Les HLM y ont alors placé des locataires qui ne partageaient pas forcément la philosophie du lieu. Y compris des cas sociaux. « Mais on a tenu bon. »

En 2000, les anciens locataires ont enfin pu acheter leurs appartements. La majorité des occupants sont aujourd'hui propriétaires. De nouveaux arrivants ont été attirés par l'originalité du lieu, tel un jeune couple de cadres trentenaires : « On a retrouvé l'entraide et la solidarité. On dort à l'occasion chez les voisins. On s'aide pour la garde des enfants. Une femme seule nous a dit qu'elle s'était permis d'adopter une petite Togolaise parce qu'elle habitait ici. »

Cécile est coprésidente d'Éco-Habitat groupé, l'association historique du secteur, de tradition autogestionnaire, qui regroupe vingt habitats existants et vingt en projet. Elle espère bien qu'avec les nouveaux statuts juridiques de la loi ALUR, l'habitat groupé pourra rapidement retrouver son niveau des années 1970. En 2005 ont été créés Habicoop et le Réseau interrégional de l'habitat groupé. Au total, on compte quatorze associations d'habitat participatif. Particularité de son groupe, Cécile estime que, « pour aboutir, il faut s'appuyer sur les organismes HLM ».

L'habitat groupé des Mûriers, à Anse (Rhône), déjà évoqué (voir *supra*, chapitre 3), date également du début des années 1980. Alain Liénard est l'un des pionniers de l'habitat partagé en France [10]. Il a participé à l'aventure de cette superbe ferme beaujolaise transformée en habitat groupé. « L'habitat partagé était très répandu il y a une trentaine d'années »,

10 Visite en mai 2013.

rappelle-t-il. C'est la délocalisation d'un service public de recherche à Lyon qui a été à l'origine du projet. Une bande de collègues n'avaient pas envie de se retrouver isolés dans un lotissement et souhaitaient, à l'inverse, mutualiser leurs équipements. « C'était aussi une motivation économique. » Ils dénichent une ancienne ferme à Anse, au nord de Lyon, et s'y installent en 1983 : « On a payé ça 500 000 francs à l'époque ! » De vastes parties communes sont prévues : une cuisine, une salle de jeux pour les enfants, une buanderie et deux chambres d'amis. Tous les week-ends, les repas collectifs entretiennent la convivialité. Avec le temps, l'esprit de groupe s'est toutefois affaibli. Des couples ont éclaté, de nouveaux habitants sont arrivés. « On a eu tendance à rogner sur les parties communes. » Les repas collectifs se sont progressivement espacés. « Il faut faire un effort pour garder l'esprit d'origine », reconnaît Alain, qui reste néanmoins confiant quant à l'avenir de l'habitat groupé, car le thème revient incontestablement au goût du jour. Un signe qui ne trompe pas, « les élus commencent à être sensibles à ce discours ».

Projets naissants en Rhône-Alpes

Audrey et Ludovic ont emménagé aux Choux lents, maison d'habitat groupé sise à Saint-Germain-au-Mont-d'Or (Rhône), près de Lyon, en septembre 2012, après avoir fait un « tour du monde » en 2009 et 2010 [11]. En cherchant à « vivre avec les habitants » dans des villages en Afrique et en Asie, ils ont mesuré l'impact de l'environnement sur les populations. Leur conscience écologique en a été aiguisée. Quand ils seront au complet, les Choux lents abriteront cinq foyers. Ils sont composés d'une « maison bourgeoise », d'une grange en pisé et d'un appendice. L'espace commun n'occupera pas moins d'un tiers de la superficie : salle polyvalente, buanderie, chambre

11 Visite en mai 2013 ; voir leur site <http://leschouxlents.potager.org>.

d'hôtes... Il est prévu de dîner en commun « tous les soirs, mais sans obligation ».

La diversité des membres est plus générationnelle (trente à quarante-six ans, sans compter les enfants) que sociale. Ingénieurs, chercheurs, profs : ce sont très souvent des membres des classes moyennes qui participent à ce genre de projets. Audrey est conseillère en énergie dans l'habitat. Ludo a créé une société qui propose aux entreprises un accompagnement vers l'écocitoyenneté. L'environnement urbain favorise les comportements écologiques. La gare est située à dix minutes à pied. Les voitures des habitants devraient être mutualisées. Après avoir énoncé le « vivre ensemble », l'« expérimentation sociale », la « simplicité », l'« expérimentation écologique » et l'« ouverture », la charte des Choux lents se termine par ce slogan ambitieux : « Bref, vivre moins con ! »

Les habitants prennent leurs décisions selon les principes de la sociocratie, ce qui prend parfois du temps. « Dans le groupe, on n'est pas trop anti », confesse Audrey qui vante la « façon d'être positif ». Le couple se définit comme « plutôt décroissant » mais ne cherche pas à « être militant ». Les méthodes propagandistes lui sont étrangères : « On essaie de rayonner, pas de convaincre. » Audrey et Ludovic accordent visiblement plus d'importance à la « conscience spirituelle », à condition qu'elle se traduise en actes, qu'à la vieille conscience politique prometteuse de lendemains qui chantent.

Pour les conspirateurs des Granges des Toits liés, le but est proche : ils en sont aujourd'hui à surveiller de près le chantier [12]. Depuis 2010, ils se sont retrouvés tous les 21 du mois. Leur projet : réaliser un habitat groupé à Pontcharra (Isère). L'idée est venue de la lecture du livre *Habitat groupé* [13] offert à Fanny Grenier – qui deviendra la cheville ouvrière du projet – par des voisins et amis à Noël 2009. Fanny est chef de projet dans un

---

12 Visite en octobre 2012 ; voir leur page Facebook <url.ca/hjdy3>.

13 Christian La Grange, *Habitat groupé. Écologie, participation, convivialité*, Terre vivante, Mens, 2008.

cabinet d'architecte, celui-là même à qui a été confiée la réalisation de cet habitat.

Les conjurés sont allés voir le maire (divers gauche) de Pontcharra qui disposait d'un terrain communal, ancienne propriété d'un charpentier, à réhabiliter. Le lieu a l'avantage d'être à la fois proche du centre de la commune, à moins d'un kilomètre de la gare et bordé par une piste cyclable. L'habitation prendra la forme d'une copropriété dotée de vastes parties communes : cave, buanderie, salle commune, mutualisation de l'électroménager comme les machines à laver. « C'est une réponse à l'isolement, à l'étalement urbain, aux besoins en logement des petits budgets, avec une construction en matériaux plus sains et un logement qui favorise la convivialité », explique Fanny.

Elle aimerait « retrouver l'esprit d'un petit village » avec ce que cela implique de « facilité d'échanges et d'entraide ». L'immeuble de trois étages comportera huit logements. Les familles propriétaires ont recouru à un financement de crédit classique, à ce détail près qu'elles se sont toutes adressées à la même banque pour bénéficier de « conditions un peu plus favorables ». Et que les capacités financières de chacun ont été prises en compte dans les calculs : « Certains ont mis de l'argent à la place des autres. » L'immeuble hébergera également trois locataires. Une diversité sociale et surtout d'âge est recherchée : familles avec enfants, personnes âgées...

Les participants au projet ont longuement débattu de sa réalisation concrète. La place du béton, notamment, a provoqué de vives discussions. Au début, l'idée d'une grande maison en bois séduisait ces écologistes. Mais l'option a dû être écartée en cette zone d'activité sismique. Et chacun a dû admettre que, tous comptes faits, « le béton est plutôt bon thermiquement ». Mais il y aura quand même du bois autour de la structure en béton. Et le résultat est tout à fait séduisant, sur le plan esthétique, avec ses toits inclinés en cascade, ses panneaux de bois et ses surfaces colorées.

« Nous sommes à la recherche d'une vie plus simple, moins dépendante des objets », affirme Fanny. Elle aimerait « éventuellement abandonner la voiture individuelle pour des véhicules à se partager ». À rebours, la mairie les a obligés à prévoir deux places de parking par logement ! Fanny et son compagnon Richard sont des « décroissants » militants du MOC (Mouvement des objecteurs de croissance, voir *infra*, chapitre 12). Ils scolarisent deux de leurs trois enfants à l'École des quatre saisons (voir *infra*, chapitre 8), ce qui leur coûte 760 euros par mois : « Nos enfants n'étaient pas bien en classe. » L'habitat partagé s'inscrit fréquemment dans des choix de vie globaux.

Projets en devenir

Dans le quartier populaire lyonnais de la Guillotière, un ancien squat appelé Gargousse a donné l'idée à quatre amis d'y fonder un habitat groupé. Le projet n'a pu aboutir, mais il s'est déplacé en un autre lieu. Quatre foyers forment le noyau de cette entreprise qui dure depuis déjà une dizaine d'années [14]. Un vieil immeuble en hauteur a enfin été trouvé dans ce vieux quartier d'immigration où de nombreux logements sont inoccupés. Le but est de créer une coopérative d'habitat. « On n'aurait pas pu acheter », reconnaît Isabelle, l'une des participantes. Le système fonctionnera sur la base d'un apport initial et d'une sorte de loyer mensuel. « La question est de vieillir seule ou avec des gens, ou tout simplement de vivre moins bêtement », sourit cette dame d'un certain âge.

Le projet Gargousse comportera six logements. Infirmier, journaliste, éducateur, informaticien : les professions sont assez classiques pour ce genre de projet. Les décisions du groupe sont prises à l'unanimité. « On discute jusqu'à l'épuisement ! » Mais cela ne se passe heureusement pas trop mal. « On a réussi à devenir amis... » Encore faut-il être capable d'accepter les compromis : « Je fais un gros effort pour être dans un appartement un peu trop petit », avoue Isabelle, ancienne militante d'extrême gauche, aujourd'hui plutôt « décroissante ».

---

14 Rencontre en mai 2013.

Carole Constant attend également avec impatience la réalisation d'un projet d'habitat groupé. Celui-ci date déjà de nombreuses années et s'appelle Graines urbaines [15]. En attendant, elle réside dans un petit appartement d'un quartier populaire de Rennes (Ille-et-Vilaine) et cela ne lui plaît pas trop. Cette cinéaste, qui a vécu son enfance en région parisienne, a derrière elle plusieurs expériences de logement plus ou moins collectif. Carole garde un bon souvenir du groupe d'amis réunis dans un même immeuble de Montreuil (Seine-Saint-Denis) au cours des années 1990 : « On se retrouvait tous dans la cour, il y avait de la solidarité, c'était un plaisir d'habiter dans un endroit où règne une bienveillance générale. » Carole a ensuite vécu pendant deux ans en Bretagne, à la campagne, dans une maison achetée par son compagnon. « On est devenus hyperécolos. » Puis, seule, elle a rejoint Rennes, une ville agréable mais où le logement est « hyperchеr ». C'est alors qu'elle a fondé l'association Graines urbaines. « Le groupe a toujours été génial », à l'exception d'un « intégriste écologiste » qu'il a fallu gentiment écarter. Simplement, mais les choses ont avancé avec une exaspérante lenteur.

« On voulait être un groupe de douze en ville et il nous fallait un minimum de 1 000 m^2. » Les associés ont vainement cherché à trouver eux-mêmes un terrain avant de se tourner vers la municipalité, qui maîtrise largement le foncier à Rennes. Et le groupe a perdu pas mal de membres à force d'attendre l'arme au pied. Un terrain proche du canal Saint-Martin a enfin été déniché par la mairie. Il est au milieu d'une ZAC, mais il faut attendre que les procédures d'expropriation des actuels habitants arrivent à leur terme. Cela peut durer encore longtemps. Et ce genre de situation est évidemment pénible pour des promoteurs d'habitat groupé…

Le participants au projet d'habitat partagé H'Nord à Bordeaux (Gironde) ont également dû s'armer de patience [16].

---

15 Rencontre en juin 2013 ; voir leur page <www.hg-rennes.org/les-graines-urbaines.html>.

16 Rencontre en novembre 2013 ; voir son site <www.hnord.org>.

Jean-Claude Recapet, né en 1966, n'a été salarié que quatre ans dans sa vie. Photographe, chômeur, travailleur dans le bâtiment, homme au foyer, il a multiplié les expériences. Pour l'heure, il partage une grande maison avec sa mère, sa compagne et trois enfants, et songe qu'il serait temps d'avoir son habitation à lui. Mais Jean-Claude ne se voit guère vivre dans un pavillon : « J'aime la vie communautaire, même si j'ai une âme de vagabond. » C'est pourquoi il s'est greffé sur ce projet. H'Nord est une association créée en 2006 pour promouvoir une coopérative d'habitants sur une friche d'anciens chais, à la lisière du fameux quartier des Chartrons, un « quartier en pleine gentrification depuis la construction du pont Chaban-Delmas ». Jean-Claude ne cache pas qu'en bon bobo, le lieu lui plaît aussi au regard de la carte scolaire dès lors qu'il n'est pas question pour lui de mettre ses enfants dans le secteur privé.

Le terrain convoité appartient en majorité à la CUB (Communauté urbaine de Bordeaux) et à un propriétaire privé. Dans un premier temps, leur projet, pourtant porté par deux architectes membres de l'association, a été accueilli avec méfiance par des décideurs tentés de se laisser séduire par des promoteurs classiques dans ce secteur très prisé. La mairie de Bordeaux, où les avis divergeaient sur ce dossier, a un peu traîné des pieds, se souvient Marc Lasaygues, architecte et l'un des membres les plus actifs de H'Nord.

L'association compte une trentaine de membres. Le dernier projet vise à construire, en collaboration avec un bailleur social, une soixantaine de logements répartis en deux immeubles et reliés par un pont : quarante logements pour les membres de la coopérative d'habitants et vingt pour l'organisme HLM. Les coopérateurs devront fournir un apport personnel d'environ 20 % du prix du logement, soit 40 000 à 50 000 euros. « Les jeunes couples n'y arrivent pas, déplore Marc. Ceux qui sont sûrs de pouvoir rentrer sont à la retraite ou en sont proches ! » Les participants à ce projet sont loin de rouler sur l'or. « Les plus riches sont les profs », constate Marc. Lui-même, architecte en bâtiments d'entreprise, gagne moins qu'eux. Ces bobos peu aisés sont adeptes de la mixité générationnelle. Ils aimeraient qu'une place soit réservée aux personnes âgées dépendantes et une autre aux étudiants et apprentis. Les parties communes ne devraient pas représenter moins de 17 % de la surface : crèche associative, buanderie, ateliers, hangar à vélo, etc. Et le jardin occupera une surface équivalente à celle du bâti.

On peut encore rêver d'habitat partagé tout en étant fort bien logé. Claire Galland (soixante-treize ans) réside actuellement dans sa jolie maison, entourée d'un verger, de Montboucher-sur-Jabron (Drôme)[17]. Elle se prépare pourtant à être la doyenne du projet d'habitat groupé Ecoravie[18] de Dieulefit (Drôme). Claire anticipe les difficultés du grand âge. Alors elle va vendre sa maison et se réjouit à l'idée de vivre dans l'un des trois petits immeubles de deux étages à venir. La pratique de la « mixité générationnelle » sera de rigueur pour la vingtaine de participants dont quatre familles avec enfants, parfois en bas âge. Le projet se peaufine depuis déjà 2008. « Dans l'habitat groupé, le gros problème est juridique, on est obligé de bidouiller », confie Claire. Sans compter cet architecte des Bâtiments de France qui leur a prétendu que le terrain acheté n'était pas constructible au motif qu'il constituerait une précieuse « poche de verdure » ! Le comble de l'embûche pour des écologistes pratiquants...

Les participants au projet sont extrêmement attentifs à ce sacré facteur humain qui a fait échouer tant d'entreprises de ce type. Après une période fusionnelle, les tensions naissent généralement au fur et à mesure que les difficultés apparaissent. « On a eu un week-end de communication non violente. » Soucieux d'« intelligence collective », le groupe s'efforce de pratiquer la solidarité. Et de résoudre le déséquilibre classique : « Nous avons des retraités qui ont du patrimoine et des jeunes qui n'ont pas de sous. » Ceux qui le peuvent sont invités à prêter à ceux qui sont dans le besoin. Histoire de se passer des banques.

---

17 Rencontre en novembre 2012.

18 Site : <www.ecoravie.org>.

Maxime Noyon, artiste-photographe né en 1987, cherche surtout à échapper à la solitude urbaine [19]. La ville de Côte-d'Or où il réside lui pèse un peu. « Dijon, ce sont des cercles où je n'ai jamais pu m'intégrer, je ne vois pas mes voisins. » Alors il a rejoint le groupe Aventure village écoconstruction qui a l'ambition de créer un « écovillage » quelque part entre Dijon, Lyon et Moulins – le lieu n'est pas encore fixé. « Pour moi, c'est une démarche plus logique qu'écologique », confie-t-il. Maxime a consacré cinq jours et 250 euros à un stage de préparation aux écoprojets proposé par le centre agroécologique des Amanins (voir *supra*, chapitre 2). Une expérience utile pour contribuer à « consolider le groupe humainement » et aider à franchir sans encombre les différentes étapes du projet. Car les débats font rage entre les participants. Le principal concerne le type de territoire recherché : l'écovillage doit-il être proche d'un centre-ville ou situé en pleine campagne ? Paradoxalement, les préoccupations écologiques militent en faveur de la première solution, tandis que les amoureux de la nature penchent vers la seconde.

Il y a enfin des cas d'échec ou d'abandon. Nathalie Dujardin, née en 1964, a découvert l'habitat groupé au cours d'un tour du monde de plusieurs années [20]. Les réalisations de ce type en Inde l'ont impressionnée. À son retour en France, elle a étudié les projets en cours et constaté que les choses s'enlisaient souvent d'une manière semblable : « Un groupe se forme qui porte le projet. Après bien des difficultés, il finit par trouver un terrain. Et c'est là qu'il explose : il y a les rêveurs qui sortent et ceux qui n'arrivent pas à avoir un prêt. Ne reste qu'un petit noyau et il lui faut trouver d'autres participants… »

Nathalie décide donc, il y a cinq ans, de faire le contraire : trouver un lieu avant les gens. « J'ai rencontré des bailleurs sociaux très intéressés par l'habitat groupé. Mais j'ai dû finalement arrêter, parce qu'il fallait que je me loge. » Difficile d'attendre trop longtemps. Nathalie a acheté son propre appartement parisien il y a deux ans. Consultante en marketing, elle

19 Rencontre en mai 2013.
20 Rencontre en janvier 2013.

« essaie de faire du développement durable » mais « c'est dur ». La jeune femme a rénové sa maison avec des murs en paille. Elle a participé à l'organisation du premier « forum ouvert » des Colibris, à Paris, en novembre 2012. « Je suis une écologiste convaincue, mais avec une vision plus humaniste. » Nathalie, devenue végétarienne en Inde, reste marquée par ce qu'elle a découvert dans ce pays : « Même à Calcutta, on ne rencontre pas cette détresse, cette solitude qu'il y a chez nous. »

Militants de l'habitat

Pierre-Yves Jan se définit d'emblée comme « autogestionnaire ». Il vit dans la Petite Maison, un charmant ensemble de quatre maisons groupées, en bois, dans un quartier excentré de Rennes (Ille-et-Vilaine) [21]. Les habitations, conçues en 1987, disposent de terrasses qui surplombent un jardin collectif. Né en 1955, Pierre-Yves fut un élu PSU de la ville dans sa jeunesse et s'est précocement engagé dans l'habitat participatif ou autogéré. Les familles de la Petite Maison se sont connues comme parents de la même crèche associative. Elles font partie de ce qu'il appelle les « aventuriers du quotidien ». « On s'est lancés à quatre familles et à travers une société coopérative de construction. » Deux ménages du temps des origines sont encore présents. Y vivent aujourd'hui une infirmière, un prof de fac, un architecte, des éducateurs, etc. Pierre-Yves sourit : « On va être classés bobos ! »

Un repas partagé rassemble les habitants tous les mois. Les questions d'intendance sont discutées tous les trois mois. Les problèmes relatifs aux parties communes – comme la grande salle de réunion dénommée « Café Gilbert », une ancienne ruine réhabilitée, ou le studio d'hébergement des amis de passage – sont alors à l'ordre du jour. Consultant dans une coopérative de conseil, Pierre-Yves épaule, par ailleurs, les « aventuriers du quotidien » qu'il chérit dans son labeur professionnel. Il a aidé les

21 Visite en juin 2013.

habitants d'un quartier voisin à créer un original système de garde à domicile géré par les particuliers. L'association compte aujourd'hui trois cents familles et plus de cinquante salariés. Elle offre des services de crèche chez les particuliers, notamment à destination de ceux qui travaillent tard, dans trois quartiers de la ville. « C'est une fille employée de ménage, devenue aide-soignante, qui en est la présidente », dit-il fièrement.

Pierre-Yves souligne que cette réussite a été possible grâce à la coopération d'acteurs divers : les salariés, les bénéficiaires, les collectivités, des experts. Il les distingue des « projets du XXe siècle » où un seul acteur tentait d'agir dans un environnement perçu comme hostile. De nos jours, « personne ne peut réussir seul, il faut croiser les regards ». À ses yeux, il est illusoire de ne pas composer avec le monde tel qu'il est : « Beaucoup de gens ont une vue tellement dégradée du système qu'ils rêvent un peu de tout faire de manière alternative. Or, ce n'est pas possible, il n'y a pas de hors-système. Il faut réapprendre à dialoguer avec l'environnement politico-institutionnel. » Pierre-Yves est résolument un adepte de la théorie du trépied : il prône la coopération du monde des institutions, des professionnels et des habitants. Coprésident de l'association Habitat groupé, il assume cette « posture protagoniste » et regrette beaucoup la « rigidité du dialogue entre les gens et le système en France, contrairement à ce qui se passe en Europe du Nord ».

« Pour que les projets puissent fonctionner, il faut les accompagner » : telle est la conviction d'Olivier David, président d'Habicoop [22]. Le Village vertical de Villeurbanne (Rhône) est l'un des plus prestigieux suivis par cette association : « Ils sont dans une logique Habicoop pure, d'éducation populaire et reproductible pour montrer que cela peut marcher. » Le projet est porté par un groupe très solide. Et il bénéficie d'un fort appui de la municipalité, qu'il s'agisse d'un adjoint au maire Vert ou de l'édile socialiste.

Les coopératives d'habitat, où les habitants sont à la fois locataires et propriétaires de parts sociales, se sont développées au

---

22 Rencontre en mai 2013 ; voir son site <www.habicoop.fr>.

début du XXe siècle, jusqu'en 1936. La reprise en main du logement par l'État leur a porté un rude coup, tout comme la mode des grands ensembles dans les années 1960 suivie par l'engouement pour la maison individuelle. Depuis les années 2000, au travers des préoccupations écologiques, on assiste à un renouveau de l'habitat groupé. Toute la question est de savoir « comment rendre désirable la densité urbaine », souligne Olivier.

Habicoop est particulièrement préoccupé par la structure juridique de ces habitats. La forme de la SCI (Société civile immobilière) lui semble plutôt réservée aux « bobos » ou aux « cathos de gauche », dans la mesure où elle repose sur des emprunts individuels. La SAS (Société par actions simplifiée) lui « pose aussi problème » en ce qu'elle reste « centrée sur l'individu ». D'où l'idée, reprise par la ministre Cécile Duflot et actée par loi ALUR du 24 mars 2014, de « créer un statut qui permette de nommer cette nouvelle forme d'habitat », la coopérative d'habitat. Cette forme juridique permet d'empêcher la spéculation par l'encadrement du prix de cession des parts selon un indice de revalorisation des rentes viagères. Chaque entrant doit s'acquitter d'un apport de 10 % à 20 %, le reste étant financé par un emprunt gagé sur hypothèque.

Cette reconnaissance officielle par la loi ne lève pas tous les obstacles. « La mixité sociale, on n'y arrive pas », reconnaît Olivier. Le phénomène reste largement circonscrit aux classes moyennes. Mais les habitats coopératifs « ont un vrai impact sur la vie des quartiers », qu'ils redynamisent avantageusement, comme on le constate en Suisse. En toute hypothèse, l'engagement des élus est une condition nécessaire à leur réalisation : « On ne parvient pas à mener à bien des projets s'il n'y a pas un portage politique. » Olivier évoque une « logique négociée » qui distinguerait la démarche d'Habicoop de celle d'Éco-Habitat groupé, suspecté d'aboutir à créer des « îlots bobos ».

Habicoop n'a que deux salariés et Olivier, par ailleurs chargé de mission chez Hespul, une association pour la promotion des énergies renouvelables, en est le président bénévole. Il insiste sur le professionnalisme indispensable : « On peut avoir une idée dingue, mais il faut monter un dossier crédible pour pouvoir être suivi, même par des gens de droite. » Ce point de vue fait parfois débat au sein d'Habicoop. « Le rapport aux politiques y est très discuté. Il y a une tendance de certains au repli sur soi. » Olivier lutte d'autant plus contre cette dérive qu'il croit à une action publique transformée : « Le politique doit passer d'un statut de faiseur à celui de facilitateur. »

Certains promoteurs s'attachent à promouvoir un développement urbain « solidaire et durable ». C'est le cas de la Coop de construction de Rennes (Ille-et-Vilaine), une société créée en 1946[23]. Entré comme technicien en 1982, Didier Croc en est devenu le directeur. Sous la pression des banques, en 2000, la Coop s'est mise à « vendre des logements sous une forme classique », mais elle a tout de même conservé un goût pour l'« expérimental ». La société coopérative pilote ainsi le projet d'habitat groupé Salvatierra à Chevaigné (Ille-et-Vilaine). Un immeuble en paille et terre de quatre niveaux qui devrait héberger une douzaine de familles. Le maire avait fait appel à trois promoteurs pour mener à bien ce « projet participatif ». La Coop a « tout de suite dit oui ».

Didier est « fier de cette réalisation », même s'il reconnaît ses inconvénients pour son entreprise : « C'est très lourd et on ne gagne pas d'argent. » Il préfère ne pas trop penser au nombre d'heures qui lui ont été consacrées : « On a eu énormément de réunions pour monter un dossier comme cela avant de le présenter à un banquier. L'autopromotion, je n'y crois pas trop ! » Cet habitat disposera de petits jardins privatifs, mais aussi d'un « espace maraîcher commun ». On y trouvera aussi une salle commune « autoconstruite en paille et terre », une buanderie avec les machines à laver et une chaudière au bois. Ce « hameau écologique » devrait pousser au cœur de la ZAC de La Branchère.

Olivier Cencetti connaît bien l'habitat groupé, en France comme en Europe[24]. Du haut de sa longue expérience d'accompagnement des projets de ce type, il se méfie de la « naïveté » coupable de certains candidats. Pour le chargé de projet de

---

23 Visite en juin 2013 ; voir son site <www.coop-de-construction.fr>.

24 Rencontre en juin 2013 ; voir le site <www.lechohabitants.org>.

L'Écho-Habitants, une association pour le développement de l'habitat coopératif, il ne faut pas se raconter d'histoire : le renouveau de ce type de logement « n'est pas un mouvement de masse », bien qu'il soit révélateur d'« une forte attirance pour les alternatives ». Car ce type d'habitat provoque des réactions contrastées : il séduit mais simultanément « fait un peu peur ». « Il faut simplifier le processus, sinon il n'y a que les intellos qui s'y retrouvent », met en garde Olivier. « La tradition de l'autogestion, a-t-il observé, on la trouve chez les vieux, qu'ils viennent du PSU ou de la tradition anarchiste ou libertaire. » Du côté des partisans de l'écologie sociale, il repère une « double difficulté ». La première consiste à réussir à « s'assumer économiquement ». « Il faut que l'utopisme actuel fasse la preuve de sa viabilité », souligne Olivier. En même temps, cet univers ne doit pas céder à la tentation de « se couper du monde ». Dans le domaine du logement aussi, il arrive que « l'alternative devienne une refuge ». Cette double exigence contradictoire fait partie des dilemmes auxquels sont confrontés les défricheurs.

La reconnaissance des diverses formes d'habitat participatif par la loi ALUR devrait favoriser son développement. Les coopératives d'habitat peuvent répondre à de réels problèmes économiques, comme celui de la crise du logement. L'habitat partagé est encore une solution à des questions de société telles que celle des conditions de vie des personnes âgées. Dans ce domaine comme dans d'autres, la France est terriblement en retard sur beaucoup de pays européens, comme le rappelle Habicoop : en Norvège, 15 % du parc immobilier sont coopératifs ; et en Suisse, cette proportion est de 8 %. En Europe du Nord comme au Québec, les projets immobiliers gérés par les habitants n'ont rien d'exceptionnel : « À Hambourg, en Allemagne, ils représentent même 20 % des logements neufs réalisés », relèvent Emmanuel Guyot et Vincent Boulanger [25].

---

25 Emmanuel Guyot et Vincent Boulanger, « Accompagner l'habitat groupé : des professionnels pour faire aboutir les projets », *La Maison écologique*, n° 52, août-septembre 2009.

La France devrait un peu rattraper son retard, car de plus en plus d'élus, notamment écologistes et socialistes, mais aussi de professionnels de la construction prennent au sérieux l'habitat participatif. Celui-ci semble en phase d'institutionnalisation, au point que certains pointent déjà de possibles dangers. Lorsque les coopératives d'habitat sont conçues, par les décideurs, comme des « substituts au logement social », elles s'exposent au risque de « voir la conception et la gestion de leurs projets formatées *d'en haut* » mais aussi à « celui de se dissoudre ou de se transformer en copropriétés classiques », mettent en garde Martin Denoun et Geoffroy Valadon [26]. Fort heureusement, nous sommes loin d'en être déjà là.

---

26 Martin Denoun et Geoffroy Valadon, « Habitat coopératif, verrou contre la spéculation », *Le Monde diplomatique*, décembre 2012.

8

Apprendre autrement

S'il est un domaine où l'exploration de pratiques alternatives est bienvenue, c'est l'éducation. En France, la gigantesque machinerie de l'Éducation nationale ne cesse de reproduire d'identiques difficultés sur fond de réformes aussi récurrentes que velléitaires. Pour le plus grand profit de l'enseignement privé. Les « écoles alternatives » bénéficient, elles aussi, des failles du système étatique. Beaucoup de parents y ont recours, pour la bonne raison que leurs enfants ne s'adaptent pas aux règles de l'école publique. Mais c'est avant tout la recherche de valeurs éducatives nouvelles qui les pousse à choisir ces classes différentes : apprentissage de la coopération plutôt que de la compétition, équilibre entre travail manuel et intellectuel au lieu du primat de ce dernier, apprentissage actif et non instruction passive, responsabilité plutôt qu'obéissance, etc. Les diverses écoles alternatives n'occupent toutefois pas une très grande place en France. Selon certaines estimations, elles ne concerneraient que quelque 20 000 élèves en additionnant celles qui relèvent des pédagogies Montessori, Steiner et Freinet [1]. Les deux premières sont pratiquées dans des établissements privés, généralement hors contrat, alors que la troisième l'est dans certains établissements publics.

---

1 Voir Sarah Vernhes, « Les écoles alternatives, tout un programme ? », 7 mai 2013, *Slate.fr*, <url.ca/hjogz>.

Les pédagogies alternatives des écoles Montessori et Steiner

Nicole Thomas, ancienne présidente de l'association Montessori France, estime qu'il existe en France quelque cent soixante-six écoles pratiquant peu ou prou cette pédagogie [2]. Seulement soixante-quinze d'entre elles sont toutefois affiliées à son association. « Maria Montessori n'a pas voulu protéger son nom », explique-t-elle. La pédagogue italienne (1870-1952) avait mis au point sa méthode en observant qu'il était possible d'enseigner efficacement à des enfants handicapés mentaux en mobilisant leurs propres capacités d'observation. Nicole déplore que le matériel Montessori – des jeux et jouets en bois très réputés – soit « parfois utilisé comme une recette de cuisine » et que les enseignants de ces écoles non affiliées ne soient pas toujours correctement formés.

Elle est très attachée au respect des principes, propres à cette méthode, de la « psychopédagogie qui aide les enfants à devenir adultes » en acceptant leur rythme d'évolution. Les enseignants ne sont ici que des « accompagnateurs ». L'objectif est de stimuler l'envie d'apprendre des enfants grâce à un matériel adapté. Éducatrice spécialisée à l'origine, Nicole a dirigé, pendant une quinzaine d'années, une école Montessori à Rennes. Par le privilège de son ancienneté, celle-ci avait réussi à passer contrat avec l'Éducation nationale, ce qui n'est le cas que pour cinq écoles de ce type en France. En règle générale, les parents sont obligés de fournir un effort financier non négligeable, allant de 400 à 800 euros par mois et par enfant.

« L'Éducation nationale ne sait plus où elle en est », observe Nicole, qui se félicite d'un intérêt nouveau de ses responsables pour la méthode Montessori. Celle-ci est aussi bien adaptée, selon elle, aux enfants en échec scolaire qu'à ceux qui sont très performants. Sept inspecteurs généraux ont récemment écouté, deux heures durant, un responsable d'école Montessori pour mieux comprendre les raisons de leurs performances. « Nous

---

2 Rencontre en mars 2014.

apprenons aux enfants à se préparer à la vie sociale dès le début et ils deviennent capables d'avoir un jugement moral... » La France n'en reste pas moins très loin de l'Allemagne, où l'on compte quelque quatre cents écoles Montessori.

Le même retard se constate à propos des écoles de la pédagogie Steiner : une vingtaine en France, contre plus de deux cents en Allemagne. Henri Dahan, délégué général de la Fédération des écoles Steiner-Waldorf en France, est un pur produit de celles-ci [3]. Son frère souffrant de difficultés d'expression, ses parents l'avaient placé dans l'une de leurs écoles parisiennes dès l'âge de quatre ans. De nombreuses années plus tard, Henri a enseigné une trentaine d'années dans les écoles Steiner.

C'est l'épreuve vécue par ces écoles au tournant du millénaire qui a provoqué son engagement dans la fédération. Elles avaient été mises en cause, en juin 1999, par le rapport *Les Sectes et l'Argent* de la commission d'enquête parlementaire présidée par le député Jacques Guyard. « Il a fallu se battre et lui faire un procès », se souvient-il. Comme on l'a vu, le philosophe autrichien Rudolf Steiner, inspirateur de cette pédagogie utilisant les enseignements de la nature, est également l'inventeur de l'anthroposophie, une « science de l'esprit » aux connotations mystiques (voir *supra*, chapitre 3). Henri plaide le découplage entre l'enseignement qui a fait ses preuves et cette philosophie controversée : « Steiner disait lui-même qu'il ne fallait pas essayer d'enseigner l'anthroposophie, c'était sa conception du monde. »

Les écoles Steiner ne regroupent que 2 500 élèves en France. Il leur est difficile de passer contrat avec l'Éducation nationale dès lors qu'elles revendiquent la « liberté des programmes et pas seulement des méthodes pédagogiques ». Ces écoles se singularisent par un « rapport à la nature plus fort », telles des activités en lien étroit avec le rythme des saisons : « On ne peut pas prendre conscience de la réalité des problèmes écologiques si on ne crée pas un lien de connivence et d'amour avec la nature. » Elles refusent encore de faire porter aux élèves un « sac à dos trop lourd », comme elles en accusent l'Éducation nationale.

---

3 Rencontre en mars 2014.

Cette singularité a un prix : au moins 3 000 à 4 000 euros par an et par élève. « C'est l'argent qui fait qu'on a peu d'élèves », déplore Henri. Le public, dans ces conditions, est « plutôt classes moyennes, bobos de gauche, artistes *new age* ou écolos... ». Les enseignants, eux aussi, font des sacrifices financiers : « Ils gagnent, en moyenne, de 1 200 à 1 300 euros [par mois], avec parfois des systèmes de péréquation entre eux pour tenir compte des situations familiales. » Ces efforts s'inscrivent dans une perspective politique : « Il n'y a pas de changement social possible sans éducation différente. » Les écoles Steiner sont fières d'inculquer les « valeurs de coopération plutôt que de compétition ». Elles ont d'ailleurs intégré les réseaux Colibris.

Henri participe à la création d'une nouvelle école Steiner à Arles, initiée par les dirigeants des Éditions Actes Sud, Françoise Nyssen et Jean-Paul Capitani. Ces écoles doivent respecter une charte bien précise et ne peuvent être homologuées qu'au bout de trois ans d'expérimentation. Henri regrette un peu que l'héritage de l'éducation alternative ne puisse dépasser ses clivages historiques : « Freinet, Montessori et Steiner datent tous du début du XXe siècle. Depuis, on a eu des chercheurs dans le domaine éducatif, mais pas de grands penseurs. » C'est la raison pour laquelle de nombreuses écoles différentes refusent de se ranger dans une chapelle et bricolent librement une pédagogie empruntant à différentes sources.

Écoles aux champs, en Ardèche et en Savoie

Sophie Rabhi rêvait de « créer un lieu de vie autour d'une école ». Elle a réalisé ce désir avec le Hameau des buis qui abrite la Ferme des enfants [4]. À 2 kilomètres de la ferme de son père, Pierre Rabhi, Sophie a acquis en 2004 un terrain situé sur la commune de Lablachère (Ardèche). Initialement, l'idée était de faire cohabiter une école avec des logements écologiques

4 Visite en avril 2014 ; voir son site <www.la-ferme-des-enfants.com>.

destinés à des personnes âgées. Un collectif d'une petite dizaine de retraités finançait le projet sous forme de prêt en capital. C'est finalement un exemplaire « écovillage », accueillant aussi des familles, qui a surgi de terre grâce à des chantiers participatifs. Quelque 1 500 bénévoles, encadrés par des professionnels, ont construit une vingtaine de logements pouvant abriter une quarantaine de personnes : « En sept ans, on a fait beaucoup de travail ! » Les toits sont végétalisés, les eaux usées retraitées. Les constructions en bois ont été conçues pour limiter au maximum les dépenses d'énergie.

La première tâche fut de réhabiliter un ancien mas en pierre pour y héberger l'école, appelée la Ferme des enfants. Sophie a été marquée par les travaux de la psychanalyste suisse Alice Miller (1923-2010) sur les « racines de la violence dans l'éducation ». Elle s'inspire aussi de la « communication non violente » du psychologue américain Marshall B. Rosenberg. À partir de ces enseignements, Sophie a mis au point une pédagogie qui emprunte à celles des écoles Montessori et Freinet. Sa préoccupation majeure est de préserver la « liberté de l'enfant dans un espace structuré ».

« Plus de note, plus de récompense, plus de jugement » : tels sont ses principes qui lui ont valu d'être critiquée par les écoles Montessori pour dérive libertaire. Sophie reconnaît toutefois qu'elle a « mis de l'eau dans [son] vin » après les débuts de son enseignement : « Les enfants étaient alors totalement libres de choisir leurs activités, et certains pouvaient rester dans les arbres toute la journée. J'étais influencée par l'école anglaise de Summerhill [5], et c'était une réaction qu'il a fallu que je comprenne. » Désormais, la liberté reste une valeur cardinale, mais elle est soumise à l'obligation de travailler.

L'essentiel est que l'apprentissage reste un « plaisir ». Chaque élève coélabore son plan de travail. L'école, avec ses classes de maternelle, primaire et collège, accueille soixante-treize enfants

5 Summerhill School est un établissement d'enseignement anglais créé en 1921 par Alexander Sutherland Neill (1883-1973) et fondé sur une pédagogie résolument libertaire ; le livre de A. S. Neill, *Libres enfants de Summerhill* (Maspero, Paris, 1971), a eu un écho considérable (plus de 400 000 exemplaires vendus).

encadrés par une douzaine d'enseignants (y compris des volontaires). N'obtenant toujours pas de contrat d'association avec l'Éducation nationale, malgré cinq années de demande, la Ferme des enfants se trouve dans l'obligation de demander un sérieux concours financier aux parents : 2 800 euros par élève et par an sans compter la cantine (40 euros par mois). Les familles appartiennent surtout aux classes moyennes. Sept d'entre elles habitent au hameau, le reste provient des environs. Beaucoup sont des néoruraux qui ont déménagé dans le but de mettre leur enfant dans cette école réputée, et aussi d'expérimenter un mode de vie conforme à leurs idées. Neuf nationalités différentes coexistent sur ses bancs.

La Ferme des enfants accueille aussi des enfants difficiles, qu'ils aient été renvoyés de certains établissements ou qu'ils souffrent d'un handicap particulier. « J'ai vu des enfants se transformer », s'enthousiasme Sophie. Cela n'empêche pas les échecs. Dans la majorité des cas, le problème vient du comportement des parents, lorsqu'il n'est pas en adéquation avec les valeurs de l'école : « On ne peut pas donner des fessées à la maison et laisser ses enfants en liberté ici ! » L'école n'accepte pas non plus la « démission parentale ». Il est essentiel que ceux-ci se sentent « impliqués dans une forme de coéducation ».

La nature et les animaux font partie de la pédagogie de la Ferme des enfants. Nourrir les chèvres, s'occuper de la traite ou du fromage sont des activités prisées de l'après-midi. Les habitants du hameau participent à la vie de l'école. Certains retraités sont très actifs et présents auprès des enfants, leur faisant profiter de leurs connaissances. Les élèves apprennent aussi la décision collective : « On espère construire une citoyenneté différente. » Les collégiens dressent un bilan de leur travail en fin de journée et tiennent conseil le vendredi. Ils décident de règles parfois étranges. Les enfants ont ainsi instauré un système de joker qui leur permet de se dispenser de sport une fois par mois. « Ils vont bien se rendre compte que cela n'a pas beaucoup de sens », s'amuse Sophie.

Dans le hameau, aussi, on tend vers une démocratie exigeante. Le mode de décision est passé du consensus au consentement, un système de décision moins contraignant puisqu'il n'impose pas l'approbation explicite de tous. Toutes ces initiatives permettront-elles de changer vraiment la société ? « Il y a une urgence écologique, et on a très peu de temps pour changer les choses, soupire Sophie. En tout cas, on aura vécu une belle aventure et on aura fait de notre mieux… »

La nature joue un rôle pédagogique fondamental dans une autre école, celle-ci basée en Savoie. Une cohorte de gosses joyeux courent se regrouper à l'entrée d'une salle. Un cheval les contemple paisiblement. Nous sommes à l'École des quatre saisons, dans une ferme entourée de champs et de forêts, tout au bout de l'agglomération de Challes-les-Eaux [6]. Les parents s'organisent en covoiturage pour y emmener les enfants quatre jours par semaine. L'école comprend une classe maternelle et deux classes primaires. Relevant de la pédagogie Steiner, elle se propose d'éduquer au plus près de la nature par une pédagogie du concret. On y fête très sérieusement et ludiquement les saisons. Pour les petits, le « développement corporel, artistique et langagier » est privilégié. En classe primaire, « les apprentissages sont amenés par l'observation, le ressenti et l'art ».

L'agriculteur du lieu, Pierre Gallet, a accepté la reconversion partielle de sa ferme quand il a cessé son exploitation laitière en 2010. Comme il disposait d'une vaste salle inutilisée, il avait déjà caressé l'idée, avec sa femme, d'accueillir certains enfants des écoles des alentours pour des « classes vertes ». Ce vieil adhérent de la Confédération paysanne, aux idées de gauche bien ancrées, a un peu tiqué à l'idée de céder sa ferme – il réside toujours sur place comme locataire – à une « école privée », mais il est heureux de voir que son exploitation continue sous une forme originale.

Car un « paysan-boulanger » a pris sa suite. Brice Letissier (trente-six ans) produit du pain de A à Z, de la culture du blé à la livraison de ses produits. Podologue de formation, il projetait de « travailler dans le paramédical de façon alternative ». Sa passion pour la médecine chinoise l'a amené à s'interroger sur

6 Visite en octobre 2012 ; voir son site <www.ecoledes4saisons.fr>.

l'alimentation. Plus il l'étudie et plus il est persuadé qu'elle est « source de déclenchement » de nombreuses maladies. Cette réflexion l'a conduit, à son tour, à la boulangerie. Ce faisant, Brice a renoué avec une « vieille histoire » : il s'est alors souvenu du « premier four en terre chez [sa] grand-mère », qui l'avait marqué tout petit.

Brice est heureux de pratiquer un labeur en cohérence avec son projet de vie : « C'est un travail qui permet au corps et à l'esprit de grandir. » Il limite, autant que faire se peut, le recours aux machines. Brice n'utilise qu'une « petite moissonneuse-batteuse » et se targue de faire appel à la traction animale, deux imposants bœufs vosgiens. Revers de la médaille : « Cela demande beaucoup de manutention et de temps, de faire à la main. » Sa femme s'en plaint un peu. Le paysan-boulanger livre une centaine de pains par semaine au voisinage, à une AMAP, à deux entreprises et à deux points de vente de la proche ville de Chambéry. Il y habite, ce qui lui vaut 8 kilomètres en pente pour rejoindre son travail à vélo. « J'aime bien habiter en ville », confesse Brice.

Innovations rurales : Le Petit Monde et La Marelle

Enseignants tous les deux, Chantal et Jean-Michel Amillard ont créé l'école alternative Le Petit Monde dans un petit village de Fresnay-en-Retz (Loire-Atlantique) [7]. Chantal s'est « toujours interrogée sur les enfants en difficulté scolaire », s'étonnant que ceux qui étaient en échec étaient « parfois les plus intelligents ». Cette préoccupation ancienne l'a amenée à se former à de nouvelles méthodes pédagogiques et à découvrir la pensée de Rudolf Steiner. L'étape suivante fut de créer un lieu éducatif. Chantal et Jean-Michel ont acheté un terrain de 2 800 m², avec un pavillon qu'ils ont rénové et un vieux hangar où ils ont construit, eux-mêmes pour une part, l'école. L'association du Petit Monde a vu le jour en 2007. Aujourd'hui, le jardin

---

7 Visite en juin 2013 ; voir son site <www.lesamisdupetitmonde.fr>.

d'enfants compte dix-sept petits, la classe de primaire huit enfants dont cinq en première classe et trois en deuxième classe. Chantal et Jean-Michel assurent eux-mêmes les cours du primaire. Le jardin, le poulailler, le compost ou encore les buttes de terre, tout concourt à une pédagogie en prise avec la nature.

Le public a été au rendez-vous malgré l'emplacement rural du lieu : « Ils viennent parfois de 30 kilomètres, mais les parents s'organisent avec le covoiturage. » Ceux-ci appartiennent à des milieux professionnels plus variés qu'on ne pourrait le croire : enseignant, médecin, informaticien, naturopathe, maraîcher... Des parents qui n'ont pas forcément des revenus élevés, mais qui acceptent un sacrifice financier pour assurer à leur progéniture un enseignement épanouissant et conforme à leurs conceptions. Il leur en coûte de 175 à 210 euros par mois, sans la restauration. L'établissement est reconnu comme école privée par la commune et se trouve sur le point d'être agréé en tant qu'école Steiner. Mais Le Petit Monde va sans doute devoir déménager. Chantal n'a pas renoncé à son projet initial de « faire une école pour les enfants en difficulté », destinée à ceux qui mobilisent beaucoup leur « cerveau droit » alors que les méthodes pédagogiques traditionnelles privilégient le « cerveau gauche ».

En Dordogne, une autre école alternative a réussi à s'implanter avec succès en zone rurale. « Quelque chose ne va pas dans la manière de faire grandir nos enfants » : sophrologue née en 1972, Géraldine Seignarbieux a commencé à s'inquiéter lorsqu'elle a vu des « enfants de cinq à six ans » venir en consultation parce qu'ils avaient « mal au ventre tous les matins » avant d'aller à l'école. Elle s'est également posé des questions lorsqu'un de ses trois garçons, dyslexique, a eu besoin que l'on s'y prenne « autrement » avec lui. Géraldine a dû l'aider, se montrer « encourageante », mais « cela a marché ».

Ces expériences ont fait germer en elle l'idée d'une école différente. Une rencontre heureuse avec Pierre et Sophie Rabhi l'a ensuite transformée en projet. Revenue dans la Dordogne de ses racines, Géraldine a cherché un local pour abriter sa future école. À l'occasion d'un forum « Transformer nos territoires », elle a trouvé un ancien centre de loisirs adossé à la mairie d'une petite commune rurale, Saint-Pantaly-d'Ans (Dordogne). « C'est trop loin de tout », l'ont mise en garde les pessimistes. La Marelle n'en a pas moins ouvert ses portes avec un effectif maximum (et déjà une liste d'attente) en septembre 2013 [8]. L'école accueille quinze enfants de trois à onze ans dans une classe unique. Les familles – artisans, métiers du bâtiment, artistes, professions libérales... – proviennent d'un rayon d'une trentaine de kilomètres. Beaucoup de parents ont enduré de « mauvaises expériences » dans l'école traditionnelle. Certains ont même déménagé spécialement pour scolariser leurs enfants ici.

La Marelle a pu être réalisée grâce au mécénat privé (L'Archipel des utopies [9]) et à de l'« investissement participatif ». La mairie de la commune a apporté sa contribution en ne demandant qu'un loyer symbolique. L'école n'a qu'une seule salariée, une enseignante venue de Bordeaux qui a accepté un salaire moins élevé que celui qu'elle percevait dans l'Éducation nationale. Toutes les autres personnes sont bénévoles. C'est le cas de Géraldine, qui supervise l'école trois demi-journées par semaine, ou des parents qui « font le ménage à tour de rôle » et épaulent l'enseignante à l'occasion. Tout cela, reconnaît-elle, reste « un peu bancal ». Deux salariés ne seraient pas de trop. Il reste à « pérenniser l'école sur le plan financier ».

Géraldine ne veut pas affilier son établissement à un réseau de crainte de « s'enfermer » dans une idéologie, même si La Marelle utilise beaucoup le matériel pédagogique des écoles Montessori. L'objectif premier est de « nourrir le désir d'apprendre des enfants ». Les devoirs à la maison sont naturellement proscrits. L'essentiel, souligne-t-elle, est que les bambins soient « plus joyeux » qu'ailleurs.

---

8 Visite en novembre 2013 ; voir son site <www.marelleetcompagnie.com>.

9 L'association L'Archipel des utopies aide financièrement, par le mécénat privé, au démarrage de projets d'intérêt général dans le domaine social ; voir son site <www.archiutop.com>.

Les héritages difficiles de l'« éducation populaire »

L'éducation populaire est un autre type d'apprentissage alternatif. Cette tradition, qui s'est développée aux plus belles heures du mouvement ouvrier, est aujourd'hui en sommeil. Fondée en 1925, la Jeunesse ouvrière chrétienne (JOC), autrefois si puissante, ne rassemble plus qu'une dizaine de milliers d'adhérents. Les foyers Léo-Lagrange, qui furent de précieux « constructeurs de lieux de vie » d'inspiration socialiste, se sont institutionnalisés et œuvrent surtout comme délégataires de services publics pour les collectivités locales. Ici et là, des associations indépendantes tentent cependant de rallumer cette flamme. Se revendiquant des principes du « républicanisme social », le Réseau éducation populaire est une plate-forme associative qui rassemble des militants politiques, syndicaux, mutualistes et des intellectuels. Il organise des conférences, des débats ou encore des manifestations culturelles.

Concrètement, il n'est pas si simple de conduire une action d'éducation populaire, comme en témoigne l'aventure du Pavé [10]. En dépit de ses réalisations, cette coopérative basée dans la commune rurale de Gahard (Ille-et-Vilaine) a décidé de s'« autodissoudre » au printemps 2014. L'aventure était née en 2007 des suites des programmes « Recherches-actions » lancés par le gouvernement Jospin à la fin des années 1990. Lorsqu'ils ont été brutalement interrompus, ceux qui s'y étaient engagés ont cherché à « créer leur outil de travail ». Avec l'ambition un peu folle de « se faire payer pour faire de l'éducation populaire ». Le projet fut accueilli avec les plus grands doutes, même de la part de ses participants : « On croyait que ça ne marcherait pas... » Et puis la gamme de prestations offertes par la Scop a trouvé preneurs. Le Pavé a organisé une quarantaine de « conférences gesticulées », des pièces particulières inventées par Franck Lepage à partir de son expérience du théâtre. Un groupe de personnes met en scène, avec humour, son vécu en mélangeant

---

10 Visite en juin 2013 ; voir son site <www.scoplepave.org>.

témoignages de vie et réflexions politiques. Des salariés de Pôle Emploi ont ainsi créé une « conférence gesticulée » pour exprimer mais aussi analyser leur mal-être. De la même manière, des paysans ont réussi à évoquer de façon poignante leur douloureux rapport à l'agriculture intensive.

La Scop a créé un organisme de formation qui s'adresse à la fois aux « intermédiaires » du secteur social et aux particuliers. Cela va des stages d'architectes invités à « repenser leur métier » à des initiations à la sociocratie destinées à des responsables associatifs. Le Pavé travaille parfois avec des élus comme à Vigneux-de-Bretagne (Loire-Atlantique). Il aide encore à l'expression propre des habitants au travers de la technique des « porteurs de parole ». Le Pavé propose enfin d'utiles « ateliers de désintoxication de langue de bois ». La plupart de ses initiatives s'adressent toutefois aux intermédiaires du secteur social, son éducation populaire ne touchant pas directement les populations qui souffrent le plus.

Francine Mahé, qui a quitté un bar alternatif de Rennes pour Le Pavé en 2010, le déplore. « On n'est pas des quartiers, on y serait dominants », ajoute-t-elle. Mais il y aurait beaucoup à faire pour que les responsables associatifs qui y sont implantés renouent avec le dynamisme et l'expérience militants : « Ils ont oublié, ils n'osent plus. » Des syndicalistes commencent aussi à être demandeurs d'une aide pour renouer avec un savoir-faire qui s'est perdu. Ceux de SUD, tout particulièrement, aimeraient bien « sortir du tract et de la manif ».

Francine reconnaît que « le modèle économique est difficile à tenir ». L'équilibre financier du Pavé reste précaire. Son expérience n'est cependant pas unique en France. On compte trois autres Scop d'éducation populaire, à Toulouse (Vent debout), Grenoble (L'Orage) et Tours (L'Engrenage). « On se définit comme communistes libertaires », confie Francine, convaincue que les « formes autogestionnaires » ont de l'avenir, à condition d'éviter le piège du sectarisme. Elle pointe la complémentarité des différentes manières d'envisager le changement social, malgré la « tension entre ceux qui sont dans l'essaimage des initiatives et ceux qui sont dans le conflit avec les pouvoirs ». Francine est une adepte de la théorie du trépied : « Chaque pied est important : les partis politiques qui travaillent à l'intérieur du système ; les syndicats qui s'opposent ; et ceux qui innovent en dehors du système. Il faut arrêter de se dénigrer les uns les autres. On a tous des choses à s'apprendre. » Au sein même du Pavé, cette ouverture d'esprit est nécessaire pour gérer les contradictions entre ses membres lestés d'une « grosse culture syndicale » et ceux qui se définissent comme « décroissants alter ».

Dans son « Manifeste d'autodissolution », l'équipe du Pavé se reproche, pêle-mêle, de ne pas avoir « su suffisamment résister aux sirènes de la société du spectacle », ou encore de ne pas avoir trouvé un « modèle économique » qui permette de travailler sereinement sans se compromettre. Elle a donc décidé de mettre un terme à une « entreprise qui fut certainement trop idéalisée » tout en disant sa fierté d'avoir réussi à « faire vivre une autogestion radicale en créant un outil de travail qui s'est essayé à rendre concrètes des utopies de départ comme le salaire égalitaire, l'absence de hiérarchie, le refus de la spécialisation, l'intervention en binôme, la déhiérarchisation des savoirs ». Pour la suite, l'équipe du Pavé se préparait à d'intenses cogitations pour dessiner les voies d'une possible « refondation ».

En région parisienne, un genre très différent d'éducation populaire repose sur l'échange de savoirs. Claire Héber-Suffrin était enseignante à Orly (Val-de-Marne), dans les années 1970, auprès d'enfants en difficulté. Alors jeune institutrice, elle a eu envie d'expérimenter un système d'école ouverte sur le quartier, collaborative et fondée sur l'auto-évaluation. Mais aussi sur un principe d'échange entre les gens. « Les enfants comprennent tout de suite la réciprocité », explique Pascal Chatagnon, coordinateur national de RERS (Réseaux d'échanges réciproques de savoirs), le réseau né de cette expérience [11].

Après avoir créé un « réseau de connaissance » à Orly, Claire et son mari Marc se sont installés à Évry (Essonne). Cette ville nouvelle accueillait à l'époque des habitants de provenances très diverses qui ne demandaient qu'à mieux se connaître. D'où l'idée de lancer un réseau d'échanges de savoirs. On y apprend, par

11 Rencontre en mars 2014 ; voir le site <www.rers-asso.org> ; et Claire Héber-Suffrin (avec Sophie Bolo), *Échangeons nos savoirs !*, Syros, Paris, 2001.

exemple, à faire une vidange contre des cours de langue... La mairie, où siégeait Claire depuis 1977, a mis une personne à la disposition de l'association pour coordonner ces échanges. Aujourd'hui, le réseau d'Évry agglomération est animé par cinq salariés répartis dans les quartiers. Quelque huit cents personnes participent à ces échanges en une année. On estime à près de deux cents le nombre de savoirs partagés. Attention, « ce n'est pas un système de petites annonces », souligne Pascal : « Avant chaque échange, il y a une mise en relation avec un tiers médiateur. » Car le but est de construire une méthode, de bien préciser comment l'on va apprendre à l'autre. Ces mises en relation font parfois évoluer l'offre des adhérents. D'origine marocaine, Fatna demandait par exemple d'apprendre le français et proposait, en échange, des cours de cuisine. Elle a été mise en contact avec Simone, qui souhaitait, elle, parler l'arabe. Fort heureusement, Fatna s'est alors découvert des talents de pédagogie en apprentissage des langues...

L'effet bénéfique de ces échanges sur la confiance en soi n'a pas échappé aux travailleurs sociaux. À la fin des années 1980, dans la période de création du RMI, ils s'étaient intéressés de près à cette idée d'échanges de savoirs. Le réseau national RERS s'est constitué en 1987. Dès la fin des années 1990, six cents réseaux de ce type quadrillaient la France. Les financements provenaient du ministère de la Jeunesse et des Sports, mais aussi des départements. Pascal n'en est pas moins attentif à ce que ce système ne soit pas perçu comme un « truc pour les pauvres ». Le maintien d'une diversité sociale est essentiel pour l'équilibre de ces échanges : « On est porteurs d'un projet de société, pas seulement d'une convivialité ou de l'aide aux personnes en difficulté ! » Assumant la dimension politique de son action, RERS s'est investi dans le Forum social mondial [12].

---

12 Forum international de rencontre des organisations citoyennes rassemblées autour de la cause altermondialiste, dont le premier s'est tenu à Porto Alegre (Brésil) en 2001.

Alternatives culturelles dans le Gers

Frédéric David est un drôle de zèbre [13]. Ses expériences sociales sont multiples. Il a été chef de clinique dans un centre psychiatrique pour adolescents suicidaires, a créé une crèche-garderie, ou encore travaillé dans un institut médico-éducatif pour handicapés. « À côté de ça, j'étais metteur en scène », raconte ce passionné de théâtre né en 1967. Progressivement, il a souhaité développer sa part créative. Après une formation, Fred est devenu animateur. Cet homme issu d'un milieu ouvrier a travaillé un temps à l'écomusée de Fourmies (Nord).

Se contentant désormais d'un travail à mi-temps, Fred donne alors la priorité à son activité artistique. En 2000, il crée l'association Spirale à histoires, promise à un bel avenir [14]. Frédéric a la chance de s'installer, en 1998, dans une agréable maison entourée d'un grand jardin en pente à Arblade (Gers). Il y organise régulièrement des fêtes avec ses amis artistes, ce qui lui suggère l'idée d'y organiser un festival de proximité. Le premier d'entre eux se déroule en 2003. « On n'a pas voulu l'annoncer comme un truc culturel. On a fait des affiches vert fluo en parlant de festival champêtre... » Fred sait aussi plaire aux médias. Il invite les journalistes à une conférence de presse qu'il tient dans sa baignoire. Succès garanti. Contre toute attente, sept cent cinquante personnes débarquent chez lui pour cette drôle de manifestation culturelle.

Son ambition était d'« amener les gens du coin à voir des spectacles de qualité ». Objectif atteint puisque, au fil des ans, les Gersois sont toujours largement majoritaires. « On ne voulait pas devenir un festival camping cars ou encore un festival alternatif où les gens arrivent en camion », précise-t-il. Fred est heureux lorsqu'un agriculteur du coin vient au festival emmené par ses enfants. Il se flatte d'attirer un public « de dix à soixante-dix ans » et ne dissimule pas son émotion lorsqu'un voisin accueille

---

13 Rencontre en octobre 2013.

14 <www.spiraleahistoires.com>.

un artiste noir homosexuel. Et que de cette rencontre inattendue naît un changement des mentalités. Ce festival atypique repose énormément sur le bénévolat. Plus d'une centaine de bonnes volontés se sont mobilisées lors des dernières éditions qui rassemblent désormais trois milliers de personnes.

Depuis sa septième édition, le festival Spirale à histoires se tient à l'écolieu de Riscle (voir *supra*, chapitre 3). Mais l'esprit ne change guère. Le ticket d'entrée est toujours très accessible et la programmation surprenante, grâce à une belle participation internationale : « Avec notre énergie, on peut faire des choses remarquables, il ne faut pas attendre je ne sais quoi ! » Anciennement militant de la CGT et proche du PCF dans le Nord, Fred reconnaît ne plus avoir envie de s'engager politiquement. « Profondément homme de gauche » et « écologiste », il préfère que « la population prenne les choses en main ». Son activité de conteur participe pleinement de cette démarche : « On y parle de notre société, de ses mythes comme de cette folie de la consommation. » La culture peut être une redoutable arme politique.

L'action culturelle originale a parfois besoin d'appuis plus institutionnels. Auch (Gers) abrite un impressionnant complexe cinématographique, d'une résolue modernité, qui a la particularité d'être géré par une association vivace, Ciné 32 [15]. Fondée par Alain Bouffartigue, celle-ci coordonne l'action de pas moins de vingt-trois salles exigeantes dans ce département rural mais dynamique. Sylvie Buscail, née en 1977, en est la déléguée générale depuis cinq ans.

L'apport des collectivités locales est décisif dans ces réalisations. Le magnifique cinéma d'Auch, inauguré en 2012, a coûté 4,5 millions d'euros. Ce projet associatif a été financé pour un tiers par les collectivités locales, le reste étant assuré par des aides diverses et de l'emprunt. Les films d'art et d'essai représentent 56 % des séances du complexe, mais seulement 35 % de ses recettes. C'est voulu et assumé. Cet investissement a, en tout cas, permis aux Auscitains d'accroître leur fréquentation du septième art. « Les gosses de neuf ans d'ici savent maintenant ce

---

15 Visite en octobre 2013 ; voir son site <www.cine32.com>.

qu'est le burlesque », se félicite Sylvie. Ciné 32 réalise un « gros travail d'éducation à l'image auprès des scolaires », à Auch comme dans l'ensemble du Gers. L'association soutient, à bout de bras, ses modestes cinémas qui sont souvent le « seul lieu culturel » d'une petite ville. Des salles qui servent aussi de « lieux de rencontres », lors de débats ou de séances de théâtre.

Enjeu global, risque de l'élitisme

Donner une éducation saine à ses enfants est au moins aussi lourd de conséquences que manger bio. Une société apaisée, fondée sur la coopération et la bienveillance, suppose des individus qui ne soient pas élevés dans la violence symbolique et la compétition brutale. L'enjeu éducatif est central dans la problématique du changement social espéré. Or, force est de constater que les diverses « écoles alternatives » n'occupent qu'une place extrêmement modeste. Elles font bien pâle figure par rapport à un secteur éducatif privé florissant et qui repose souvent sur une philosophie aussi datée que celle qui sévit dans l'Éducation nationale.

Le blocage de cette dernière à l'égard des pédagogies nouvelles est consternant. Pourquoi diable est-il si difficile, pour ces écoles différentes, de passer contrat avec l'État ? L'Éducation nationale, qui ne sait plus trop à quel saint se vouer, n'aurait-elle pas intérêt à tirer profit de ces expérimentations ? Il y a très peu d'incivilités dans les écoles alternatives. Rappelons que la psychopédagogie imaginée par Maria Montessori visait initialement à sauver des enfants en échec par des processus innovants. Il ne serait pas absurde de penser que ce serait un bon moyen d'agir dans des quartiers populaires où l'apprentissage scolaire est devenu si difficile.

Or ce ne sont évidemment pas ces familles qui vont pousser la porte d'établissements privés de soutien public. Par l'effort financier qu'elles exigent et l'ouverture culturelle qu'elles présupposent, les écoles alternatives sont vouées à ne concerner qu'une forme d'élite, pas forcément au sens économique du terme. De fait, ce sont surtout des parents appartenant aux classes moyennes qui placent leurs enfants dans ces établissements. D'où le risque d'un certain enfermement élitiste.

Le dossier éducatif est ainsi révélateur des difficultés à changer la société par des initiatives dispersées, aussi remarquables puissent-elles être. Les îlots scolaires libérés ne submergeront pas l'immense réseau de l'Éducation nationale. Un travail de pénétration et de changement des institutions demeure indispensable en dépit de la puissance des conformismes et des corporatismes qui y sévissent. En attendant, les défricheurs de l'école du futur font heureusement rayonner l'idée d'un autre rapport éducatif.

9

Les espoirs de la social-économie

Toute une économie ne tourne pas autour de l'argent. Certaines entreprises, qui renouent avec leur objet premier, produisent des biens ou rendent des services sans être motivées par l'appât du gain. Elles constituent une « social-économie » au service des hommes. La forme coopérative est particulièrement adaptée à ce dessein. La propriété du capital par les salariés place ces entreprises à l'abri des exigences et des appétits des financiers. Elle autorise, dans le meilleur des cas, une participation active des travailleurs à la marche de l'entreprise.

Le mouvement coopératif est l'héritier d'une longue tradition en France. Il occupe aujourd'hui une place importante dans l'économie nationale : quelque 23 000 entreprises coopératives emploient 4,5 % des salariés [1]. Bien entendu, ces statistiques incluent de grandes entreprises, comme le Crédit agricole ou Yoplait, qui peuvent, à bien des égards, ressembler à des entreprises classiques. L'univers des coopératives est extrêmement divers. S'il s'est incontestablement institutionnalisé et banalisé au fil des années, il connaît aussi, dans la dernière période, un renouveau qui le rapproche de ses idéaux initiaux.

La crise a en effet poussé nombre de salariés à reprendre le contrôle de leur entreprise autrement vouée à la disparition. La lutte des Fralib de l'usine de Géménos (Bouches-du-Rhône) est emblématique de ce mouvement : en juin 2014, après trois

1 Coop Fr, « Chiffres clés », <url.ca/hk36i>.

années de rude combat, les salariés ont enfin pu obtenir de leur ancien propriétaire, le puissant groupe alimentaire Unilever, 20 millions d'euros pour créer une Scop à laquelle participeront soixante-seize anciens salariés. En décembre 2012, les salariés de l'entreprise Smart Equipment Technology (SET), de Saint-Jeoire-en-Faucigny (Haute-Savoie), ont également pu reprendre leur entreprise sous forme de Scop.

On distingue, au sein des coopératives de production, les Scop (Sociétés coopératives et participatives) et les Scic (Sociétés coopératives d'intérêt collectif) qui associent d'autres partenaires que les salariés. Ces deux statuts connaissent actuellement un développement régulier. De 2008 à 2012, le nombre de Scop et de Scic est passé de 1 883 à 2 165, ce qui représente 43 860 salariés contre 40 922 [2]. Là encore, la diversité est de mise. On le verra, de grandes entreprises bien obligées de composer avec les contraintes du marché cohabitent, sous le même statut juridique, avec des petites « boîtes » vivant à l'heure autogestionnaire. Le refus de la course au profit à court terme peut accoucher de pratiques économiques fort différentes.

Succès autogérés : des tondeurs de moutons d'Ardelaine (Ardèche)...

Né en Provence en 1945, Gérard Barras a de superbes réalisations à son actif. Avec sa compagne Béatrice, il fut l'un des fondateurs du Viel Audon (voir *supra*, chapitre 2). Le même couple est à l'origine d'Ardelaine, une entreprise autogérée logée en contrebas de Saint-Pierreville (Ardèche) [3]. « On a été guidés par des énervements plutôt que par des visions », se souvient-il. En se promenant un beau dimanche d'octobre 1972, Béatrice et Gérard découvrent les ruines de la dernière filature du département, agrémentées de deux moulins datant des XVe et XVIIe siècles. Ils s'émeuvent du devenir d'une grand-mère restée

2 *Ibid.*
3 Visite en avril 2014 ; voir son site <www.ardelaine.fr>.

dans cet habitat en triste état et devenu dangereux. Et s'indignent de l'abandon d'une vallée isolée à la misère trop apparente.

Béatrice et Gérard achètent le lieu en 1975, et s'y installent. « Qu'est-ce qu'on peut faire d'un truc pareil », se demandent-ils alors, en quête d'un « projet » mené par une « équipe ». Ils observent que les éleveurs de moutons, très nombreux dans cette région, ont « des difficultés à trouver des tondeurs » et trouvent « idiot que la laine soit jetée » comme c'est généralement le cas en France. Un petit groupe crée une coopérative en 1982. Ses membres deviennent rapidement les « tondeurs légitimes de la région », des « collaborateurs positifs » appréciés des paysans.

Ces « collecteurs de laine » décident ensuite de la transformer, passant outre les démoralisantes mises en garde des institutionnels de tous poils. Formés auprès des meilleurs spécialistes, nos tondeurs apprennent à trier, en amont, la laine selon sa qualité et l'espèce des moutons. Une précaution qui facilite énormément son travail ultérieur. Par principe, Ardelaine décide de « fixer un prix plancher » correct pour acheter cette laine dont personne ne voulait. La coopérative la transforme en fils ou en matelas de qualité. La production s'adapte vite à la demande dès lors que l'entreprise fonctionne uniquement en circuit court : « Ce sont les gens qui nous disaient ce qu'il fallait faire ! » Gérard, militant pragmatique s'il en est, confie son secret : « On a toujours traité les problèmes en situation, on n'a jamais spéculé... »

L'entreprise rencontre un réel succès. Elle compte une douzaine de salariés en 1989. La marchandise est écoulée sur les marchés locaux, dans les foires départementales ou régionales. « On devient même des forains européens ! » Désireuse de protéger sa qualité de vie, l'équipe change toutefois son fusil d'épaule et opte pour la vente sur place et par correspondance. Ardelaine se diversifie également. Un musée de la laine est créé en 1991. Des visites et des stages sont organisés. Un restaurant favorise la découverte touristique d'un lieu qui attire désormais une vingtaine de milliers de visiteurs par an.

« Nous n'avons jamais arrêté de croître, même si c'est lentement », dit Gérard. Ardelaine emploie quelque quarante-cinq salariés, dont une trentaine de sociétaires de la coopérative. « Ici, tout est transparent, que l'on soit sociétaire ou non, et le conseil d'administration est un lieu pédagogique. On ne s'est jamais revendiqués de l'autogestion, cela vole trop haut, c'est trop politique pour nous ; mais on répond à beaucoup de demandes en matière d'alter-management ! » La coopérative pratique une polyvalence rendue obligatoire par la saisonnalité de ses activités. « On peut être principalement tondeur, mais aussi gardien de musée l'été et fabricant de matelas l'hiver... » Elle traite 70 tonnes de laine par an, collectées auprès de 260 éleveurs et de 50 000 moutons. L'entreprise réalise environ 2 millions d'euros de chiffre d'affaires annuel. L'égalité des salaires nets est de règle, alors que, « dans une boîte normale, le commercial gagne trois fois plus que le salarié de l'atelier ».

Ardelaine ne pratique pas de marge commerciale : ses tarifs sont indexés sur le prix de revient, étant entendu que ceux-ci comprennent les indispensables capacités d'investissement. Les clients sont généralement fidèles. La notoriété de la marque dans les milieux alternatifs est un réel avantage. L'infatigable Gérard songe déjà à d'autres projets, comme la vente de produits alimentaires locaux. Avec, toujours, l'ambition de « redonner de la valeur » à ce séduisant coin d'Ardèche malheureusement enclavé. Ardelaine est un exemple de « coopérative de territoire ».

... aux scieurs de bois d'Ambiance Bois (Creuse)

La vitalité locale et la démocratie économique sont également des valeurs pratiquées à Ambiance Bois, une entreprise autogérée basée à Faux-la-Montagne (Creuse) [4]. « On a réfléchi sept ans avant de venir », se souvient Claire Lestavel. C'est en 1999 qu'elle a décidé, avec son mari, de rejoindre cette aventure conduite sur un plateau de Millevaches où fleurissent les alternatives. Et d'abandonner sa vie de Parisienne

4 Visite en novembre 2013 ; voir son site <www.ambiance-bois.com>.

bourgeoise. « On va dire que j'étais dans la pub. Je subissais les hiérarchies, les apparences... Il me manquait un sens que j'ai trouvé ici avec des gens franchement désireux de prendre leur vie en main. » Cette entreprise atypique est née du désir d'une bande d'amis, qui vivaient déjà collectivement en région parisienne, de travailler ensemble[5]. Le groupe a jeté son dévolu sur la Creuse et le travail du bois. La scierie a débuté sa production en 1988 sous forme de société anonyme à participation ouvrière (Sapo).

Claire n'idéalise pas l'autogestion telle qu'elle se vit concrètement. Tout le monde gagne ici la même somme à l'heure (un Smic plus 10,2 % mutuelle incluse) et le P-DG (une fonction essentiellement symbolique) est tiré au sort. Pour autant, reconnaît-elle, « la hiérarchie, elle existe » : « Il faut des gens assez moteurs » pour faire vivre ce genre de projet et les qualités des uns ne sont pas celles des autres. En dépit des rêves des premiers temps, « la polyvalence n'est pas totale ». Claire, qui souffre d'un problème de dos, travaille essentiellement dans les bureaux. Et ceux qui œuvrent dans les chantiers n'ont, de leur côté, pas forcément envie de s'y enfermer...

Les décisions font toutefois l'objet de discussions nombreuses : une pause d'une demi-heure tous les jours plus une réunion mensuelle pour les « grosses décisions », sans compter les cogitations par groupes thématiques. « On attend que tout le monde soit d'accord, ça peut tortiller longtemps ! » L'entreprise fait aujourd'hui travailler vingt-trois personnes (dix-huit équivalents temps plein), alors qu'elle avait démarré avec une demi-douzaine de salariés. Pour Claire, c'est un maximum : « Pour être en autogestion, il ne faut pas être trop nombreux. Notre but n'est pas de grossir, mais de faire vivre des gens ici. » Il n'empêche qu'Ambiance Bois est bien obligé de faire face à la concurrence, en utilisant un matériel qui n'est pas précisément dernier cri : « On veut développer de nouveaux produits tout en restant à taille humaine. » Les chantiers de construction ou de rénovation représentent désormais autour de la moitié du

5 Voir Éric Dupin, *Voyages en France*, *op. cit.*

chiffre d'affaires. L'entreprise a également monté une activité de broyage de ses déchets à destination des chaudières à bois.

Pour l'avenir, Claire semble un peu inquiète quant à la relève. Beaucoup de jeunes sont attirés par cette entreprise originale, dotée d'une certaine notoriété, mais peu d'entre eux y restent très longtemps : « C'est un choix de venir vivre ici... » La nature est belle, mais le climat est rude sur ce plateau limousin. Ambiance Bois n'intéresse qu'assez peu la jeunesse locale, car « ils n'ont pas forcément envie de se casser le dos ». Il ne faut pas se le cacher, « l'autogestion, ça demande plus d'énergie, de responsabilité, de courage et de gens qui en veulent ». Cette réussite n'est sans doute pas, de ce fait, reproductible à grande échelle. Mais elle prouve que l'on peut faire vivre l'idéal autogestionnaire dans la durée. Ambiance Bois a déjà un quart de siècle d'existence.

Toutes les aventures coopératives ne sont cependant pas couronnées de succès, loin s'en faut. L'entreprise de forestage et de charpente Bois 2 mains, sur les hauteurs de Saint-Andéol-de-Clerguemort (Lozère), n'aura duré qu'une dizaine d'années [6]. Désireuses de « travailler au pays », une dizaine de personnes avaient fondé, en 2002, l'une des toutes premières Scic de France. Dans cette région des Cévennes, leur projet était d'exploiter les ressources locales, c'est-à-dire le châtaignier et le douglas.

Les motivations sociales jouèrent un rôle majeur dans la naissance de la coopérative. Ses premiers participants avaient l'habitude de s'échanger des services pour construire leurs lieux de vie. Ils appelaient cela, on ne sait trop pourquoi, des « journées chinoises ». Bois 2 mains a prolongé, en quelque sorte, cette habitude de travail en commun. Et cette coopérative a permis l'insertion de nombreux salariés jusque-là demandeurs d'emploi. Mais nombre d'entre eux ont ensuite quitté l'entreprise, souvent pour se mettre à leur compte grâce à la qualification acquise. « Le bilan social a été très positif », souligne Véronique Nunge, arrivée en 2012 après plusieurs expériences

---

6 Visite en avril 2014 ; voir son site <www.bois2mains.fr>.

dans le domaine social, en charge du nouveau projet. Le bilan économique l'est sensiblement moins.

La coopérative a connu une vie mouvementée et n'a jamais réussi à être rentable. L'envie de solidarité n'a pas suffi à créer un collectif fort. L'égalité de salaires est entrée en contradiction avec de graves inégalités dans le nombre d'heures effectuées par les uns et les autres. « Le monde économique classique ne me convenait pas ; j'ai découvert ici une entreprise alternative avec des babas qui fumaient des joints », se souvient Camille Lecat, qui l'a rejointe en 2005. C'était sympathique, mais pas très efficace. Camille fut le gérant de la coopérative de 2006 à 2009. Mais aucun membre du groupe n'a réussi à fédérer ce collectif instable. Le travail du bois a cessé en 2012 et il a fallu songer à une reconversion. La coopérative, qui ne tournait plus qu'avec trois ou quatre personnes, après un pic d'une dizaine de salariés, a redémarré en 2014 sur une base très modeste : avec seulement deux salariés, elle va reprendre un restaurant, Le Bistrot d'Espinas, perché sur la route des Crêtes, complété par une salle associative. Camille, qui est aussi devenu maire de la commune, œuvrera en cuisine. Véronique, qui voulait vivre dans les Cévennes, s'occupera de l'accueil.

Acome et Scopelec, des coopératives d'envergure

Jacques de Heere, le P-DG d'Acome, la plus grosse coopérative de France, n'est pas précisément un alternatif hurluberlu [7]. Ce diplômé d'école de commerce et d'université américaines est entré dans l'entreprise en 1992, à l'âge de trente-cinq ans, en provenance de la CGE. Il ne supportait plus les « stratégies changeantes et court-termistes » d'un groupe international qui nommait « tous les six mois un nouveau patron pour l'Europe ». Avec Acome, spécialisé dans les câbles, fils et tubes de synthèse, Jacques a trouvé ce qu'il recherchait, une « boutique

7 Visite en juin 2013 ; voir son site <www.acome.fr>.

qui a un horizon à dix ans », raisonne à long terme et se soucie de la « qualité des hommes ». Dans son esprit, c'est même précisément le statut coopératif qui permet de « développer la dimension entrepreneuriale » au sens vrai du terme : « Les gens se sentent propriétaires de l'entreprise. » Tous les salariés d'Acome en sont automatiquement sociétaires au bout de trois ans de présence, et peuvent l'être à partir d'un an – un tiers d'entre eux n'attendent pas le terme obligé pour le devenir. Et les assemblées générales attirent du monde : pas moins de cinq cent cinquante personnes se sont retrouvées récemment dans la salle des fêtes de Mortain (Manche), où se situe la principale implantation du groupe. Environ les deux tiers des sociétaires participent aux votes.

Jacques ne minimise pas pour autant les inconvénients de ce système participatif : « C'est assez lourd à gérer », car la démocratie économique ralentit parfois le processus de prise de décision. Il lui a fallu par exemple longuement expliquer que l'investissement en Chine décidé par le groupe, qui dispose là-bas de deux usines, était indispensable pour « accompagner [se]s clients », mais qu'il « n'enlevait rien à la France ». La contrepartie positive de ces processus est qu'ils « permettent d'obtenir l'adhésion des gens ». Un atout précieux lorsque l'entreprise traverse une passe difficile – ce qui fut le cas en 2002 lorsqu'il a fallu mettre en retraite anticipée environ cent quarante salariés.

L'engagement reconnu de ses salariés-sociétaires donne à Acome la réputation d'être une « boîte sérieuse et fiable ». Lors de la tempête de Noël 1999, l'usine a pu être remise en route en 48 heures : « Ils ont abandonné leur repas de fête pour redémarrer les bécanes », se souvient Jacques avec gratitude. Le turnover est faible à Acome, ce qui ne peut nuire à la qualité de la production. L'entreprise est encore en pointe sur les critères environnementaux, devançant souvent les normes en vigueur : « On ne développe pas un produit sans avoir analysé tout son cycle de vie. » Jacques est convaincu que « le développement durable deviendra une vraie valeur ajoutée ».

Avec un statut coopératif, preuve en est faite, « on peut avoir une belle entreprise compétitive » alors même qu'il y a un fossé entre « la philosophie de l'entreprise et la cruelle réalité économique ». Acome se contente d'une marge de 2 % là où ses concurrents visent autrement plus haut. Autre décalage par rapport aux normes du marché, l'entreprise pratique une échelle des salaires resserrée : en moyenne, un cadre ne gagne que deux fois plus qu'un ouvrier. « La fourchette s'élargira », prédit cependant Jacques, qui reconnaît avoir du mal à recruter des cadres supérieurs. Dans un environnement économique contraignant, il est toujours difficile de préserver son originalité... Il n'empêche que ce puissant groupe coopératif, au chiffre d'affaires de près de 400 millions d'euros pour 1 400 collaborateurs, garde le même statut depuis plus de quatre-vingts ans : c'est en 1932 que les dirigeants d'une société spécialisée dans la fabrication de câbles électriques ont créé la toute première Scop de France, l'Association coopérative d'ouvriers en matériel électrique (Acome). Le groupe comprend aujourd'hui cinq usines en France, quatre en Europe et trois dans le reste du monde. Acome n'a certes rien d'une coopérative de terroir autogérée. Mais son succès montre qu'un autre type de gestion est possible, même dans le cadre obligé de la bataille économique généralisée imposée par l'absurde idéologie de la mondialisation néolibérale.

Scopelec, l'une des plus grandes entreprises françaises de matériels de télécoms avec plus de 2 300 salariés, 223 millions d'euros de chiffre d'affaires et quarante-cinq sites en France en 2012, est née en 1973, mais elle a également gardé le statut coopératif [8]. Âgé de cinquante-huit ans, son président Jean-Luc Candelon n'en est pas moins soucieux et se garde bien de raconter des contes de fées : « J'étais autrefois un gentil baba », soupire-t-il en faisant référence à un passé lointain. L'entreprise est devenue un groupe. Seuls les salariés de la maison mère – environ sept cents personnes – sont propriétaires de son capital. S'ils conservent un rapport particulier avec elle, ils n'ont pas réellement l'impression de la posséder : « Ils viennent de moins en moins aux AG », constate Jean-Luc. Le président ne fait pas semblant de croire que les salariés-actionnaires

8 Visite en octobre 2013 ; voir son site <www.groupe-scopelec.com>.

pourraient choisir librement leurs dirigeants et gérer eux-mêmes l'entreprise. Les dures lois de la sociologie d'organisation et le jeu cruel des compétences se chargent de distribuer inégalitairement les pouvoirs.

Subsiste tout de même un système de valeurs coopératif qui place au premier rang le « souci de la pérennité de l'entreprise et de l'emploi ». Ici aussi, « l'objectif n'est pas le profit maximum » et les marges sont sensiblement inférieures à celles des entreprises concurrentes. Le management en tire une certaine liberté et la capacité de se projeter à long terme. Pour Jean-Luc, le statut coopératif n'est cependant pas adapté aux grandes entreprises qui doivent être structurées en groupes : « On est contraint à une taille critique, le marché des télécoms est de plus en plus concentré : Orange faisait appel à cent fournisseurs, maintenant il travaille avec une dizaine d'intégrateurs ! » Scopelec est, de ce fait, contraint à « faire appel à des capitaux extérieurs ».

« Le statut de la Scop est porté par l'environnement politique du moment, mais cet intérêt serait plus fort s'il pouvait s'adresser à des entreprises de grande taille. » Le patron plaide en faveur d'une évolution du cadre juridique, qui assouplirait le statut des filiales en permettant une meilleure intégration aux groupes coopératifs. « On attire la sympathie et on ne passe pas pour des rigolos », se réjouit-il. Mais cela ne suffit pas : « Je passe mon temps à chercher des financements. » Les préjugés ont la vie dure et « le microcosme financier répugne à investir dans les coopératives pour des raisons de rendement et d'inquiétude par rapport à la gouvernance ». Scopelec s'est pourtant honorablement sorti d'une mauvaise passe à la fin des années 1980. « Les gens m'ont fait confiance », se souvient Jean-Luc. En dépit de ces succès – Scopelec est le premier fournisseur d'Orange en matière de réseaux fixes –, il est circonspect quant à l'avenir : « Il faut tout faire pour que cette entreprise reste indépendante », commence-t-il par proclamer. Peut-il mettre sa main au feu qu'elle le sera dans dix ans ? « Franchement, non. »

Mateloc et Ceralep : l'entreprise reprise par ses salariés

L'identité coopérative est moins compliquée à vivre pour une entreprise de taille moyenne. Mateloc est une coopérative de location de matériel du bâtiment, dont le siège est à Cholet (Maine-et-Loire) et qui a fêté ses trente ans en 2013 [9]. Issue de deux Scop liées à la tradition du syndicalisme chrétien et agricole, cette entreprise est d'autant plus appréciée par ses clients qu'elle leur offre un service complété par des conseils dont se dispensent les gros loueurs concurrents. À cet égard, la motivation du personnel joue un rôle décisif. Alain Durand, son P-DG depuis 1999, vante le « savoir-faire ouvrier et technique » de ses troupes, qui assure l'excellente réputation de Mateloc. Au sein de cette coopérative, « les gens se sentent bien propriétaires de l'entreprise ».

Le sociétariat est obligatoire au bout de deux ans pour les cent vingt salariés. Chacun doit alors apporter au moins deux mois de salaire. Certains contractent un emprunt personnel pour s'acquitter de cette obligation. Alain parle d'« entreprise personnaliste ». À partir de 5 % de RBE (Revenu brut d'exploitation), un système d'intéressement se déclenche. L'échelle des salaires est réduite de un à quatre et le P-DG est partisan de « maintenir cette règle ». « La principale différence entre un patron classique et un patron de coopérative n'est pas tant dans le mode de décision que dans la nature des choix effectués : nous privilégions la pérennité de l'entreprise par rapport à sa rentabilité. » De ce point de vue, ajoute Alain, le responsable d'une coopérative est « plus proche du patron patrimonial », à cette différence près qu'il n'est pas motivé par l'enrichissement personnel. Lors de la crise de 2008, grâce à ces priorités, les licenciements ont pu être évités.

Le statut coopératif est « de plus en plus perçu comme un phénomène positif » par les clients « sous réserve qu'il y ait un vrai chef d'entreprise ». Mateloc connaît un faible turn-over et

---

9 Visite en juin 2013 ; voir son site <www.mateloc.com>.

pas tellement d'arrêts maladie : « Le médecin du travail voit la différence, nos salariés se plaignent beaucoup moins que les autres », se félicite Alain. Il est vrai que l'environnement est favorable à ce type d'entreprises, car la tradition coopérative est vivace dans la région : « Il y a quatre cents Scop dans l'Ouest. » Et ce tissu se renouvelle, se réjouit celui qui est aussi président de l'Union régionale des Scop de l'Ouest. Beaucoup de nouvelles coopératives se créent dans les services, les domaines culturel et artistique. Et leurs fondateurs se montrent « plus militants » que les anciens, qui avaient tendance à laisser le message coopératif se banaliser.

Certaines coopératives ont d'ailleurs une genèse furieusement militante. Celles-là sont le fruit d'une mobilisation des salariés pour sauver leur entreprise menacée de disparition. C'est le cas de Ceralep, une entreprise d'isolateurs électriques implantée à Saint-Vallier (Drôme) depuis 1921 [10]. Robert Nicaise y est entré à l'âge de seize ans, en 1966. Son père y travaillait déjà. Délégué du personnel CGT dès 1968, puis secrétaire du comité d'entreprise pendant un quart de siècle, il en est devenu le P-DG en 2004. Un parcours peu banal qui s'explique par la transformation en coopérative de cette société ayant survécu à bien des vicissitudes économiques. À partir de 1985, le capital de Ceralep passe de main en main, alors même que les affaires sont plutôt bonnes. Tout se gâte vraiment en 2000, lorsque le groupe austro-suédois propriétaire cède l'entreprise à un fonds de pensions américain. Trois ans plus tard, ces purs financiers annoncent subitement leur intention de déposer son bilan. Estomaqués mais pas abattus, les salariés réagissent. En l'absence de repreneurs viables, l'idée de transformer l'entreprise menacée en coopérative fait son chemin. Fort de la confiance de trois organisations syndicales, Robert rencontre le directeur des Scop Rhône-Alpes, qui accroche et apporte une aide précieuse aux salariés.

Encore faut-il trouver suffisamment d'argent pour reprendre légalement l'entreprise après s'être librement

---

10 Visite en avril 2014 ; voir son site <www.ceralep.fr>.

« approprié les locaux ». Le pactole mobilisable par les salariés étant évidemment insuffisant, ils décident de « faire la manche sur la Nationale 7 » qui longe l'usine et recueillent pas moins de 50 000 euros en dix jours. Conscient de son intérêt bien compris à préserver l'économie locale, l'Intermarché du coin donne même 5 000 euros. Le plan des salariés permet de sauver cinquante-deux des cent cinquante emplois. Difficulté supplémentaire : à une exception près, aucun cadre n'est partant pour la nouvelle aventure ; la cassure entre les ouvriers et l'encadrement était trop prononcée. Tout cela n'effraie pas Robert : « Cela ne m'a jamais fait peur de devenir le patron, à condition que tous les salariés soient associés. » Ils sont effectivement tous sociétaires de la coopérative, avec un apport qui varie entre 300 et 3 000 euros. Il lui a encore fallu convaincre les clients – de grands groupes souvent situés à l'étranger – du sérieux de la nouvelle gouvernance : « J'ai pris mon bâton de pèlerin. » La motivation nouvelle des salariés-propriétaires a fait le reste : « On s'est améliorés en termes de respect des délais et de qualité ! » Le taux de déchets a chuté et la productivité s'est accrue.

La cohésion des membres de la coopérative est favorisée par l'écrasement de la hiérarchie des salaires : un écart maximal de un à deux seulement. Les salaires augmentent régulièrement et ils sont complétés de manière substantielle par les dividendes et les fruits de la participation. Sans que cela empêche l'entreprise de provisionner les investissements nécessaires dans ce secteur à la technologie mouvante. « On n'est pas tous patrons, mais on est tous actionnaires », résume Robert. « C'est la preuve qu'un syndicaliste peut diriger une société, dit le président du conseil d'administration qui a cédé son poste de P-DG en 2010. L'autogestion partout, je ne sais pas si c'est possible. Mais dans de petites structures, c'est quelque chose d'assez facile à réaliser. » Robert est heureux de constater que les salariés ont de plus en plus le réflexe de reprendre le contrôle de leur entreprise en cas de problème. Membre du PCF depuis une quarantaine d'années, lui-même se définit comme un « communiste réaliste ».

L'essor discret des coopératives d'entrepreneurs

Coopaname, créée en région parisienne en 2004, est l'une des principales « Coopératives d'activités et d'emplois » (CAE) de France. Ces Scop un peu particulières sont nées en 1995, à Lyon, d'après une idée d'Élisabeth Bost [11]. Leur objet est de mutualiser certains services entre des entrepreneurs individuels et de leur offrir une protection sociale de qualité. À la fois salariés et entrepreneurs, ils se voient verser un salaire par la coopérative qui regroupe leurs activités. En 2014, il en existait environ quatre-vingts en France. Stéphane Veyer est le directeur général de Coopaname, qui rassemble plus de six cents personnes [12]. Sur ces effectifs, on compte quelque quatre cents salariés actifs, deux cents personnes qui viennent juste d'être intégrées et ne créent pas encore de chiffre d'affaires, et une centaine qui sont pour le moment en position de retrait.

Stéphane ne cherche pas à présenter Coopaname sous un jour idyllique : « Ce n'est pas un endroit où la vie des entrepreneurs individuels est forcément plus belle ! Beaucoup de nos "coopanamiens" sont des travailleurs pauvres. » Environ cent cinquante des quatre cents salariés gagnent entre les deux tiers du Smic et 3 000 euros par mois, les autres sont généralement en dessous de cette rémunération. Mais le système a l'immense avantage de « sortir de la posture de l'autoentrepreneur », qui rime trop souvent avec autoexploitation. La coopérative d'activités permet à ses membres de bénéficier d'une « solidarité collective » et d'un accompagnement. En échange de 10 % de leurs revenus, ils profitent de la gestion mutualisée de leur petite entreprise, notamment sur l'aride plan comptable. Le salaire qui leur est versé, avec le statut salarial qui va avec, est réévalué périodiquement en fonction de l'évolution de leur chiffre d'affaires.

---

11 Voir son livre : Élisabeth Bost, *Aux entreprenants associés. La coopérative d'activités et d'emploi*, Repas, Valence, 2011 (présentation : <ur1.ca/hkn4l>).

12 Rencontre en mars 2014 ; voir son site <www.coopaname.coop>.

Coopaname accompagne utilement ses membres dans la réalisation de leur projet. Six personnes, rémunérées sur fonds publics, se consacrent à cette tâche difficile, tant le passage d'un savoir-faire à une activité rémunératrice est semé d'embûches. Le succès du système tient au désir d'un nombre croissant de gens d'« échapper au lien de subordination du salariat tout en inventant autre chose que l'entreprenariat individuel ». Beaucoup de demandeurs d'emploi s'adressent à Coopaname, d'autres y viennent à l'occasion d'une rupture professionnelle, comme l'explique Stéphane : « Nous essayons de recréer du collectif dans ces situations pas toujours simples, de réinventer des formes de travail qui questionnent notre rapport à la propriété. » À sa manière, Coopaname s'inscrit dans une logique d'éducation populaire : « Les gens arrivent avec une démarche individuelle et on les amène à s'inscrire dans une démarche collective. »

Une quinzaine de CAE existent en région Rhône-Alpes, berceau de ce type de structures. Natura Scop, basée à Aubenas (Ardèche) et créée en 2008, fédère par exemple une dizaine d'entrepreneurs des métiers de la forêt : bûcherons, élagueurs, paysagistes... Ces coopératives ne sont pas réservées à des travaux dits intellectuels. Ici, ce sont souvent des personnes en reconversion professionnelle qui sont encadrées par la structure. Cette « entreprise partagée » est financée par une cotisation de 12 % sur la marge brute des entrepreneurs.

Jean-Luc Chautagnat, né en 1963, a ainsi participé en 1997 à la fondation d'Oxalis, une importante coopérative d'entrepreneurs [13]. Il se remémore un « parcours alternatif depuis le plus jeune âge ». Après quelques années d'enseignement, Jean-Luc a participé à l'expérience du Vieil Audon, un hameau reconstruit en Ardèche (voir *supra*, chapitre 2). Il a encore vécu en communauté dans le massif savoyard des Bauges, où Oxalis est né ; puis six années, tout seul, en yourte dans cette belle région. Oxalis est devenu un important groupe de l'économie sociale et solidaire, fédérant environ deux cents coopérateurs. Là encore, grâce à leur appartenance à la coopérative, ceux-ci mutualisent certains

13 Rencontre en octobre 2012 ; voir son site <www.oxalis-scop.fr>.

volets de leur activité et peuvent être accompagnés dans le développement de leurs projets. Basé en Rhône-Alpes, Oxalis essaime des « établissements secondaires » dans plusieurs régions. Jean-Luc, qui a abandonné ses responsabilités dirigeantes en son sein en 2012, s'attache à nouer des contacts au niveau international. Car le mouvement coopératif est beaucoup plus développé dans d'autres pays européens, comme l'Italie. Il est aussi actif dans La Jardinière, un projet de mise en commun au sein d'une Coopérative d'activités de petites entreprises [14]. C'est ainsi qu'a été créé un Groupe alimentaire de proximité (GRAP) à partir d'une épicerie lyonnaise : « À Lyon, il y a trente lieux où les consommateurs s'organisent pour gérer leurs stocks. »

Jean-Luc est persuadé que les coopératives vont « devenir la colonne vertébrale de l'économie de demain, celle de la transition, en alliance avec les très petites, petites et moyennes entreprises locales ». Mais cela suppose, insiste-t-il, une mutation de ce milieu : « Ce dont on souffre, c'est que tous ces mouvements coopératifs sont du XXe siècle ; ils sont très verticaux et hiérarchiques. » À ses yeux, les Scop traditionnelles constituent une structure bureaucratique qui exige une dîme excessive de ses membres. D'où le développement d'autres types de coopératives au statut plus souple. L'écueil est alors différent : « Le plus grand danger, admet Jean-Luc, c'est l'autoexploitation des salariés. » Les coopératives d'activités permettent à chacun d'être simultanément entrepreneur et salarié, mais cela n'empêche pas de lourds sacrifices. « J'ai un sens de l'utopie bien ancré, mais j'essaie surtout de la traduire sur le terrain », affirme cet entrepreneur militant qui n'est pas loin de reprocher aux Verts d'être parfois « gauchisants ». Il ne s'en méfie pas moins symétriquement du pragmatisme sans principes : « On est très vite retournés par le système. Ce qui me soutient, c'est la pratique spirituelle, avec le bouddhisme et le chamanisme. » Le chamanisme est cette « religion primordiale » ancrée à la fois dans la communauté et la tradition. Le futur peut aussi se dessiner en puisant dans la sagesse du passé…

---

14 <www.la-jardiniere.org>.

C'est aussi dans le giron d'Oxalis que sont nées, en 2002, les Éditions du Croquant. Alain Oriot, né en 1952, les pilote depuis la commune rurale de Bellecombe-en-Bauges (Savoie) : « J'avais observé qu'il y avait un trou entre la production de la recherche et le monde militant et je voulais le combler [15]. » Cette petite maison d'édition a pris la forme d'une coopérative autonome en 2005. Elle regroupe aujourd'hui quelque cent trente associés. Cet éditeur militant, qui publie notamment l'anthropologue et économiste Paul Jorion ou le sociologue Gérard Mauger, se soumet à un fonctionnement exigeant : des collectifs éditoriaux d'une quinzaine de personnes se réunissent régulièrement à Paris, ce qui « donne une critique collective en cours d'écriture qui aide beaucoup les auteurs ». Quand je l'ai rencontré fin 2012, Alain projetait de se transformer en Scic (Société coopérative d'intérêt collectif) afin d'associer également à son entreprise les usagers et les producteurs. De son point de vue, « les deux secteurs ultrasensibles que sont la presse et l'édition devraient être socialisés ».

Alain a créé d'autres coopératives comme In Folio en 1988, une fabrique de livres à Grenoble, ou une coopérative d'activités regroupant des travailleurs indépendants en Rhône-Alpes. Tapissier-décorateur à l'origine, « seul prolo de la bande » quand il travaillait à la Ligue communiste, son intérêt pour le mouvement coopératif est ancien : « Jeune, j'ai lu Marx et j'ai été frappé de ce qu'il disait : qu'est-ce que les coopératives anglaises, sinon le socialisme ? » Il regrette que la gauche française ait marginalisé le mouvement coopératif. Et reproche vertement au mouvement des Scop un « mode d'organisation proche des syndicats staliniens ».

Les convictions de l'éditeur alternatif demeurent radicales. Il revendique toujours l'étiquette « communiste », mais sans référence au PCF ni aux formations trotskistes, car Alain refuse de se situer dans l'univers politique classique : « Je ne me reconnais en rien. » Il n'est persuadé que d'une chose : il ne suffira pas de multiplier les expériences alternatives pour changer

---

15 Rencontre en octobre 2012 ; voir son site <http://croquant.atheles.org>.

de monde. Les défenseurs du système, avertit-il, ne resteront pas inertes si jamais ils se sentent réellement menacés : « Ils ne laisseront pas les choses évoluer naturellement, cela passera par des clashs. » Mais Alain reste optimiste et se réjouit que les nouvelles « coopératives d'activités », plus souples, « se développent très vite ».

Argent solidaire : financements alternatifs et monnaies locales

Si elle ne recherche pas obligatoirement la performance, la Nef rencontre néanmoins un beau succès. Cette banque alternative, créée dans la région lyonnaise en 1988, peut se flatter d'une croissance à deux chiffres depuis 2005. Une deuxième accélération a été enregistrée en 2008 : « Nous avons profité du discrédit jeté par la crise sur les banques », explique son directeur Jean-Marc de Boni [16]. La défiance à l'égard des établissements financiers traditionnels est la « motivation numéro un » de l'ouverture d'un compte à la Nef. La seconde, qui lui est étroitement liée, est celle de la recherche de la transparence : « On aime voir où va son argent ! » Cette « coopérative de finance solidaire » rassemblait, en 2013, plus de 33 000 sociétaires et accordait 108 millions d'euros de crédit.

La Nef finance des projets cohérents avec sa philosophie. Cela concerne d'abord le secteur bio et, en second lieu, celui de l'efficacité énergétique. Les projets à connotation sociale représentent également « 25 % du fléchage » des crédits accordés. Depuis peu, cette banque atypique finance aussi certaines collectivités locales « sur des objectifs qui sont les [siens] ». Elle a ainsi contribué à l'équipement en feux LED, générateur d'économies d'énergie, du Grand Lyon.

Au cours de l'examen des projets qui lui sont soumis, la Nef ne recherche pas la « pureté absolue ». Elle accepte de financer des entreprises qui ne sont peut-être pas des modèles en tous

---

16 Rencontre en mai 2013 ; voir le site <www.lanef.com>.

points mais qui « s'engagent dans la voie de l'amélioration ». Jean-Marc déplore, à ce sujet, la versatilité des politiques publiques en matière d'énergies renouvelables où la Nef intervient souvent : « On a tout fait pour bousiller une industrie naissante ! » Les énergies solaire et éolienne sont soumises à une fâcheuse incertitude.

Les dépôts à cette « banque éthique » augmentent de 15 % à 20 % chaque année. Le public, souvent venu « par idéalisme », est très varié : « Cela va des décroissants forcenés à ceux qui paient l'ISF. » Beaucoup ne placent que 90 euros, le ticket d'entrée pour la Nef. Mais 15 % des déposants représentent 80 % du capital recueilli. Détail important : les épargnants peuvent choisir le domaine d'affectation prioritaire de leur dépôts, qu'il s'agisse du secteur social ou d'un champ écologique. Une majorité des sociétaires font don, en tout ou partie, de leurs intérêts à des associations sélectionnées par la banque. Celle-ci est toujours un peu « sous tension ». N'étant devenue une banque de plein exercice qu'en 2014, elle ne pouvait se refinancer sur les marchés financiers.

La Nef prête enfin à des personnes démunies qui ont volontairement choisi une « vie sobre ». Elles peuvent avoir besoin de crédits pour des études ou un logement mais ne présentent pas les garanties propres à convaincre un banquier classique. L'expérience montre pourtant que ces personnes, malgré leurs maigres revenus, disposent de sérieuses capacités de remboursement en raison même de leur mode de vie frugal. Pour les aider, confie Jean-Marc, la Nef doit simplement parfois jongler un peu avec la réglementation.

Les Cigales (Clubs d'investisseurs pour une gestion alternative et locale de l'épargne solidaire), créées dans les années 1980 par des militants parisiens engagés dans la vie de leur quartier, constituent une autre belle réalisation de finance solidaire [17]. Le principe est simple. Un petit groupe de personnes (de cinq à vingt) épargnent en commun pour financer la création ou le développement de petites entreprises qui ont une utilité sociale,

---

17 <www.cigales.asso.fr>.

environnementale ou culturelle. Il ne s'agit pas de simples prêts, mais de prises de participation temporaires au capital. Ces clubs liés à des projets précis ont une durée de vie de cinq ans, renouvelables une fois.

Les Cigales se sont beaucoup développées après la crise financière qui a débuté en 2007. L'apport peut être modeste : 8 euros par mois au minimum. Le profil des participants est relativement varié : des enseignants, des journalistes, mais aussi des retraités ou des chômeurs, assez peu d'ouvriers et employés. Au sein du club, lorsqu'il s'agit de choisir les projets à soutenir, chacun dispose d'une voix, quel que soit le montant de son apport. On compte environ cent quarante Cigales à travers la France qui rassemblent près de 2 000 personnes. Les financements offerts ne sont pas énormes (généralement moins de 1 500 euros), mais la réputation de ces clubs assure un « effet de levier » auprès d'autres sources de financement. Les deux tiers des éoliennes de l'Hexagone ont ainsi reçu un décisif apport des Cigales.

À vingt-sept ans, Mathieu Castaings s'apprête à passer son diplôme d'expert-comptable [18]. Il travaille depuis trois ans dans un gros cabinet où il est spécialisé dans l'économie sociale et solidaire et le financement des partis politiques. Mais Mathieu est aussi administrateur de la Fédération nationale des Cigales et animateur d'un club Cigales parisien. Celui-ci a financé quatre projets en deux années d'existence. Il a aidé à la création d'une librairie indépendante à Bobigny (Seine-Saint-Denis), là où ce type de commerce est invisible à des kilomètres à la ronde. Son club a également été partie prenante du vaste projet de transformation d'une ancienne gare en lieu culturel coopératif et solidaire dans le XVIIe arrondissement de Paris.

L'inventeur d'un instrument de musique numérique se félicite encore d'avoir fait appel à cette Cigale. Sans oublier l'appui précieux accordé à un commissionnaire de transports original puisqu'il garantit à ses clients l'utilisation des modes de transport les plus écologiques. « Je l'ai mis en relation avec mes

18 Rencontre en mars 2014.

contacts dans l'économie sociale et solidaire », confie Mathieu. Au-delà de l'avance financière qu'elles proposent, les Cigales jouent un rôle majeur dans l'accompagnement des projets qu'elles soutiennent. Leurs membres prodiguent d'utiles conseils aux entrepreneurs, c'est ce qui les distingue du *crowdfunding* (appel au public pour financer un projet), qui se développe par ailleurs.

Au chapitre d'une utilisation différente de l'argent, on pourrait aussi parler des « monnaies locales complémentaires ». Une trentaine d'entre elles seraient en circulation en France [19]. Les hasards de mon enquête ne m'ont cependant pas conduit à en toucher du doigt. À dire vrai, l'idée est aussi séduisante que ses réalisations modestes. Le but est d'utiliser une monnaie locale pour échanger biens et services auprès de partenaires affiliés qui respectent certains critères sociaux et environnementaux. Ces unités sont « fondantes » (leur valeur diminue avec le temps).

Les collectivités locales encouragent souvent ces initiatives qui valorisent leurs territoires. À Toulouse, le Sol Violette, créé en 2011, a été fortement subventionné par la mairie socialiste : 130 000 euros par an et pas moins de quatre emplois pris en charge [20]. Le succès rencontré n'en demeure pas moins limité : cent quarante entreprises ont recours à cette « monnaie solidaire » utilisée par quelque 1 800 Toulousains. Au Pays basque, territoire attaché à sa spécificité s'il en est, l'eusko revendique le titre de « première monnaie locale de France ». L'association qui la gère, Euskal Moneta, annonce 250 000 euskos en circulation, plus de cinq cents entreprises adhérentes et quelque 2 700 utilisateurs. Ailleurs, les monnaies locales restent souvent confidentielles. Michel Lepesant, fondateur du site Monnaie-locale-complementaire.net, reconnaît que l'« échec » est souvent au rendez-vous [21]. « Si les prestataires ne manquent pas, explique-t-il, ces monnaies

---

19 Voir : <http://monnaie-locale-complementaire.net>.

20 « L'inquiétude des utilisateurs du Sol Violette, l'autre monnaie », *La Dépêche du Midi*, 25 avril 2014.

21 Léa Lejeune, « Payer en monnaie de sage », *Libération*, 2 janvier 2014.

n'ont pas trouvé leurs utilisateurs faute d'un travail de pédagogie. » L'usage local et solidaire de la monnaie est loin d'avoir atteint sa masse critique, du moins en France.

Dynamisme coopératif : les promesses de l'économie sociale et solidaire

Issu d'une famille ouvrière, Patrick Lenancker a la particularité d'être un chef d'entreprise titulaire d'un diplôme d'éducateur spécialisé [22]. « Quelques belles années » de travail dans le secteur social se sont prolongées par la création, en 1987, de sa première entreprise, Arpège, versée dans l'aide à la formation et à la mobilité professionnelles. « Pas attiré par l'argent » et désireux de piloter un « projet collectif », Patrick avait choisi le statut coopératif : « Je cherchais le trait d'union entre la gouvernance associative et l'efficacité de l'entreprise. » Cette Scop, qui est parvenue à surmonter une grave crise interne vers la fin de la décennie précédente, emploie aujourd'hui vingt-cinq salariés. Cherchant à se lancer un défi supplémentaire, Patrick a ensuite lancé, en 2001, A Cappella, le premier centre d'appels sous statut Scop, basé à Amiens. La société, qui n'emploie qu'en France, s'est spécialisée dans les « appels hauts de gamme » pour résister à la concurrence internationale. Et le patron met un point d'honneur à n'offrir que des CDI à temps plein.

Une centaine de salariés y travaillent, mais seulement 20 % d'entre eux en sont sociétaires. La vie coopérative se révèle plus délicate avec un personnel peu diplômé. « Pour beaucoup, la vie est ailleurs et ils n'ont pas d'appétence particulière pour participer à la gouvernance de l'entreprise... » Plusieurs sociétaires ont abandonné ce statut, ce qui a un temps troublé Patrick. Il se console en remarquant que les salariés sont généralement satisfaits de leur « qualité de vie au travail dans une entreprise où ils se sentent respectés ». Sans compter l'intéressement et la

22 Rencontre en mars 2014.

participation aux bénéfices qui représentent tout de même un mois et demi de salaire. L'alerte a eu le mérite de revivifier un peu la démocratie interne. « Aujourd'hui, se réjouit Patrick, je suis un P-DG heureux avec une vraie vie de coopérative. »

Président de la Confédération générale des Scop [23], il est bien placé pour mesurer le renouveau du mouvement coopératif. On compte aujourd'hui quelque 2 600 Scop et Scic en France. Mais attention, « il n'y a pas le monde merveilleux, à part, des coopératives ! ». Ces entreprises à statut particulier agissent dans l'environnement économique ordinaire. Leur spécificité n'est pas forcément ce que l'on croit. « C'est un statut plus favorable pour le dirigeant », admet volontiers Patrick. Le patron d'une coopérative n'est pas soumis au « diktat des actionnaires » et, « honnêtement, les salariés lui mettent moins la pression ». Fort heureusement, ces derniers y trouvent largement leur compte : « Ce qui les intéresse, c'est la pérennité de l'entreprise » et la garantie que leur emploi ne disparaîtra pas. Or cette stabilité économique est favorisée par le fait que les coopératives ne sont pas soumises à la « tyrannie du court terme ». Au plus fort de la dernière crise économique, de 2008 à 2010, les cent plus grosses coopératives françaises ont continué à créer des emplois, passant de 674 000 à 750 000 salariés [24].

« Il faut qu'on soit dans la vraie vie », répète Patrick, convaincu du potentiel de développement des Scop. « On a été entendus par le pouvoir politique dans la loi ESS, se félicite-t-il. Il faut revenir à une économie réelle où le fric n'est pas une valeur en soi. » Le président des Scop croit beaucoup à la reprise d'entreprises par les salariés, facilitée par la nouvelle législation : « La transmission d'entreprises aux salariés se fera par nécessité et non par idéologie. » Les patrons préféreront, il en est persuadé, cette solution à la disparition de leur réalisation. Les élus chercheront à conserver l'entreprise menacée, et les banques finiront bien par aider à la survie d'un de leurs clients...

---

23 <www.les-scop.coop>.

24 Yann Le Galès, « Les coopératives ont résisté à la crise », *Le Figaro*, 12 janvier 2012.

Le président juge réaliste l'objectif officiel de doubler le nombre des Scop dans les cinq années à venir. « Mais il faut plutôt qu'on double, triple, quadruple le nombre d'emplois dans les Scop ! » Celles-ci, qui sont loin d'être le statut de la majorité des coopératives de France, ne rassemblent actuellement qu'environ 44 000 salariés. Patrick mise sur la création de nouvelles Scop de taille modeste dans les services, mais aussi sur la transmission d'entreprises aux salariés dans les PME. Et de prophétiser l'avènement progressif d'un « nouveau rapport à l'argent et au pouvoir » dans le monde économique. Une transition économique, en quelque sorte.

Un espoir que partage pleinement Benoît Hamon [25]. Ministre délégué chargé de l'Économie sociale et solidaire de mai 2012 à avril 2014, ce dirigeant socialiste a « découvert la variété et la créativité de ce secteur » en arrivant au gouvernement. « C'est du gaz », sourit-il. Un vaste ensemble où cohabitent de grosses entreprises comme la coopérative du Chèque déjeuner et de petites associations locales comme celle du soutien scolaire à Trappes. Le ministre a préparé une importante loi sur l'économie sociale et solidaire dont l'objectif est de permettre à ce secteur de « changer d'échelle » [26]. Celui-ci représenterait 10 % du PIB de la France et 2,4 millions de salariés, même si ce genre de statistiques, additionnant des réalités trop disparates, n'a pas grand sens. Benoît se veut porteur d'une vision résolument « conquérante ». Pas question de « mettre des barbelés autour des Indiens » que seraient les acteurs de l'ESS. Bien au contraire, il s'agit de « revendiquer que ce modèle est plus résilient face à la crise » et de travailler à sa « pollinisation ».

Benoît place de grands espoirs dans le statut de Scop d'amorçage prévu par la nouvelle loi. Au grand dam du Medef, qui a tout fait pour s'y opposer, il facilitera la reprise d'entreprises par leurs salariés. Le ministre compte aussi sur les effets du « formidable engouement pour l'entreprenariat social » : « L'ESS

25 Rencontre en février 2014.

26 Adopté en première lecture par l'Assemblée nationale en mai 2014, ce projet de loi devait être définitivement voté en juillet.

s'est glissée dans les interstices de l'économie marchande, mais elle est aussi bien plus que cela. Sait-on que l'hospitalisation privée non lucrative est plus importante que son pendant lucratif ? » « L'ESS a surtout besoin d'instruments financiers dédiés », estime-t-il en espérant que la nouvelle Banque publique d'investissement jouera son rôle dans ce secteur. Le ministre en est persuadé : « On a créé les instruments qui vont faire croître le nombre des coopératives. » En s'assurant qu'elles respectent leur mission puisqu'un rendez-vous de « révision » est désormais obligatoire tous les cinq ans. Benoît n'ignore pas que ce secteur abrite souvent un « électorat plus alternatif et plus à gauche que le PS ». Mais il espère quand même que les entrepreneurs sociaux et autre innovateurs se souviendront, un jour, que « c'est ce gouvernement qui a accordé une reconnaissance à ce secteur ».

L'économie sociale et solidaire constitue incontestablement un atout de poids en ces temps de crise. De 2000 à 2012, l'emploi a progressé de 23,8 % dans ce secteur contre 7,3 % dans l'ensemble de l'économie [27]. Il est à noter que l'ESS est particulièrement développée dans l'ouest de la France, avec des pointes de 17 % de l'emploi salarié privé en Limousin et 16,3 % en Basse-Normandie comme en Poitou-Charentes. Au fur et à mesure que le « retour de la croissance » se révélera comme un mythe nostalgique, la « social-économie » apparaîtra comme le chemin le plus raisonnable. Preuve est d'ores et déjà amplement administrée qu'il est possible, même sous les lois du marché actuelles, d'entreprendre sans être obnubilé par le profit. Des grandes coopératives impliquées dans la compétition internationale aux petites entreprises autogérées, il existe d'innombrables moyens de défricher les voies d'une économie respectueuse des exigences sociales et environnementales.

---

27 Recherches et Solidarités, « Bilan de l'emploi 2012 », 27 juin 2013.

10

Changer sa vie

La critique en acte du mode de vie dominant peut se traduire par des choix de consommation et de manière d'être. D'une intensité très variable, ceux-ci n'engagent pas, la plupart du temps, leurs auteurs dans une rupture globale avec le système. Ils se limitent, mais ce n'est pas négligeable, à faire l'effort de ne pas se soumettre à tous les diktats du consumérisme. « Responsable » ou « alternative », la consommation différente est une porte d'entrée privilégiée pour la prise de conscience écologique et les conséquences pratiques qui en découlent. Même si elle est prise dans les rets de bien des contradictions.

Le phénomène « bio » en offre l'illustration la plus spectaculaire. Son développement doit beaucoup aux inquiétudes provoquées par les scandales alimentaires et aux doutes qui entourent désormais la nourriture industrielle. On mange biologique pour protéger sa propre santé plutôt que dans l'espoir de sauver la planète. Mais cette attitude finit souvent par susciter une attention aux conditions environnementales de la production agricole. C'est encore plus vrai lorsque le consommateur a recours aux « circuits courts » qui essaiment en France, bien au-delà du succès des AMAP. Les « locavores », désireux d'avoir un contact direct avec le producteur de ce qu'ils mangent et soucieux de minimiser le coût écologique de leur nourriture, ont bien saisi les rapports qui se nouent entre nos actes de la vie quotidienne et le devenir de la planète.

La conscience du ventre

Breton de cœur, Yann Fiévet n'en est pas moins resté en région parisienne [1]. Né en 1955, il se souvient encore d'avoir été frappé, dans sa jeunesse, par le bouleversement du paysage introduit par le remembrement dans cette région. « La modernité comme une souffrance », telle est l'impression qui a présidé à sa première prise de conscience écologique. L'observation des dégâts du productivisme dans l'agriculture bretonne ne pourra que l'aviver par la suite. Et Yann s'engagera dans le militantisme, d'abord à l'UDB [2] dans les années 1970, puis à Attac à la fin des années 1990 [3]. C'est au sein du groupe du Val-d'Oise de cette organisation qu'il a rencontré des militants sensibles aux questions de consommation. Et ce fut le départ d'une belle expérience.

« Je me suis dit qu'on mettait l'accent sur la critique du mode de production, mais pas assez sur son pendant de la consommation. » Yann fonde, en 2001, Action consommation, une association de réflexion sur la « consommation responsable » destinée à « faire connaître les différentes alternatives ». Elle rencontre un réel succès mais finit par exploser, en 2011, par la faute de conflits de personnes. Une destinée trop fréquente chez les « assos » qui n'ont pas réussi à gérer les ego.

« Et puis, on n'était pas satisfaits de n'être que dans la réflexion, on avait envie de construire nous-mêmes quelque chose », explique Yann. Ce sera l'association Toutlemondilaibio d'Arnouville (Val-d'Oise) [4]. À l'origine, il s'agissait surtout de répondre aux difficultés d'un agriculteur. Yann avait fait la connaissance, à Attac, de François Dufour, l'une des figures de la Confédération paysanne. Agriculteur « bio » en Basse-Normandie, celui-ci avait alors du mal à écouler sa production localement. « Il était prêt à venir chaque mois nous apporter ses

1 Rencontre en février 2014.

2 L'Union démocratique bretonne (UDB) est un parti politique breton, de gauche et écologiste, militant pour l'autonomie de la Bretagne.

3 L'Association pour la taxation des transactions financières et pour l'action (Attac) est une organisation altermondialiste créée en France en 1998.

4 Site : <http://circuits-courts.fr>.

produits et ceux de ses voisins. » Yann constitue un groupe de consommateurs intéressés par ce circuit dans le coin de la région parisienne où il habite. Un autre groupe du même type se monte à Taverny (Val-d'Oise).

Toutlemondilaibio démarre en 2004. Poulets, œufs et autres jus de pommes sont acheminés de la Normandie vers la région parisienne. Au fil des ans, François Dufour est parvenu à fédérer dans un GIE[5] une vingtaine de producteurs normands. En face, ce sont désormais une quinzaine de groupes de consommateurs, représentant quelque huit cents familles, qui sont livrés en Île-de-France. Le réseau est à géométrie variable, chaque groupe ayant noué des relations avec de nouvelles filières agricoles. On peut aussi se procurer des huîtres du Morbihan, des volailles du Poitou, ou même des agrumes d'Andalousie... Tout repose sur l'organisation militante et la bonne volonté de chacun. Un petit camion de location en provenance de Normandie livre 10 tonnes de marchandises chaque mois dans tous les groupes. « Les livraisons se font ici, tout le monde vient le vendredi », dit Yann en montrant le garage de son petit pavillon. Le groupe d'Arnouville est fort d'une cinquantaine de membres. « Une organisation bien rodée avec beaucoup de souplesse. » Le système, moins rigide que celui des AMAP, autorise des commandes personnalisées.

Toutlemondilaibio attire « des classes moyennes mais aussi des gens assez modestes ». Yann se réjouit de constater une évolution dans la mentalité des familles participantes : « Au début, elles viennent pour manger mieux ; et puis il y a une prise de conscience des enjeux de fond, notamment par rapport à la grande distribution... » Il se félicite aussi du changement dans le regard posé par l'opinion sur ces consommateurs bio exigeants : « Maintenant, on est beaucoup moins perçus comme des gens à part, alors qu'on était source de moquerie ! » Pour Yann, c'est la preuve que, « quand ils s'organisent, les consommateurs sont capables de bâtir des alternatives durables et crédibles ». Un chemin concret qu'il préfère aux voies politiques. Ce militant a

---

5 Groupement d'intérêts économiques qui permet la mise en commun de certaines activités.

beau avoir été candidat sur une liste écologique en 1986, il n'a « jamais réussi à prendre au sérieux les Verts et EELV ». Victime d'une rétinopathie, le courageux Yann est devenu aveugle et il a besoin d'être épaulé par une assistante dans son travail de professeur au lycée de Sarcelles.

D'après la définition officielle, un « circuit court » suppose la vente directe par le producteur au consommateur ou bien la vente indirecte avec un seul intermédiaire. En 2005, quelque 16 % des exploitations agricoles pratiquaient la vente directe ; plusieurs associations assurent la mise en relation des producteurs et des consommateurs [6]. Citons seulement le réseau La Ruche qui dit oui [7], né en Haute-Garonne en 2011 et fédérant déjà cinq cents « ruches » reliant les consommateurs aux producteurs qui se situent dans un rayon de 250 kilomètres. Les agriculteurs règlent des « frais de services » correspondant à 16,7 % du chiffre d'affaires, une somme également répartie entre le responsable de chaque ruche et le réseau.

La saga des AMAP

« Je ne suis pas arrivé aux AMAP pour militer, mais simplement pour avoir des légumes bio », confesse honnêtement Michel Fréchou [8]. C'était il y a huit ans. Un ami de sa femme lui avait fait connaître la première AMAP d'Île-de-France, les Jardins enchantés, créée en 2004 au Vésinet. Deux maraîchers en GAEC livraient la totalité de leur production à quelque cent cinquante familles. Depuis lors, Michel a développé une « réflexion » politique sur le futur « modèle agricole ». Il est devenu administrateur et trésorier du réseau Île-de-France des AMAP, qui rassemble plus de 60 000 consommateurs. Cette

---

6 Ministère de l'Agriculture, *Rapport du groupe de travail « Circuits courts et commercialisation »*, mars 2009 ; voir la page du ministère de l'Agriculture consacrée aux circuits courts : <http://alimentation.gouv.fr/circuit-court-internet>.

7 Site : <www.laruchequiditoui.fr>.

8 Rencontre en mars 2014.

région compte pas moins de deux cent cinquante AMAP, dont cent soixante ont adhéré au réseau. Ce dernier dispose d'un budget substantiel de 300 000 euros et finance quatre salariés grâce à des subventions d'origines diverses, de la région à la Fondation Macif. D'importants moyens qui permettent au réseau de se développer. En 2013, il a ainsi piloté l'installation de cinq nouvelles fermes du circuit AMAP en région parisienne.

Ce système attire de plus en plus de candidats parmi les agriculteurs, même s'ils ont souvent besoin d'être accompagnés dans leur projet. « Il y a une évolution du monde paysan ; ceux qui étaient méfiants à l'égard des AMAP constatent que leurs voisins en vivent plutôt bien ! » Le revenu garanti est assez séduisant pour les producteurs. Ceux-ci bénéficient encore des coups de main des consommateurs, qui participent fréquemment à des « travaux à la ferme ». En échange, ils doivent à leurs « clients » une transparence des comptes qui n'est pas précisément de tradition dans le milieu agricole...

Les consommateurs, de leur côté, sont d'abord motivés par la qualité des produits offerts. « Ce qui bluffe, c'est le goût des légumes ! » La grande contrainte du système, c'est de devoir se satisfaire du contenu, prédéfini, du panier hebdomadaire ; une dizaine de fruits et légumes coûtent environ 20 euros, mais il existe aussi des demi-paniers. « Cela évite d'avoir à faire une liste de courses, plaide Michel. Et la flexibilité irait à l'encontre du lien fort entre le paysan et le consommateur, qui est notre principe de base. » Chacun doit aussi, à tour de rôle, participer à la distribution des paniers.

Cette rigidité n'a pas empêché l'explosion du nombre des AMAP [9] en une décennie : la première a été créée en avril 2001 à Aubagne (Bouches-du-Rhône) par des militants de la Confédération paysanne et d'Attac ; et, en 2012, le réseau national revendiquait plus de 1 600 AMAP qui représenteraient plus de 50 000 familles et près de 200 000 consommateurs.

9 Voir le site du Mouvement interrégional des AMAP : <http://miramap.org>.

Épicerie bio et auto-alimentation

À se promener dans les attirants rayons du vaste magasin bio de La Carline, logé dans un bâtiment voûté à Die (Drôme), on ne croirait pas être devant le résultat d'une aventure militante de près d'un quart de siècle [10]. À l'origine, c'est un simple regroupement de consommateurs locaux qui souffraient de l'indisponibilité de produits bio dans le pauvre Diois. Ils avaient mis au point des achats groupés et stockaient les produits dans leurs cuisines avant de se les distribuer. Jusqu'en 2003, tout était géré par des bénévoles. « Cela marchait très bien, ce modèle autogestionnaire », glisse Gilles Chabanet, l'actuel directeur général de La Carline. Mais comme le nombre de familles concernées grossissait de jour en jour, pour atteindre les sept cents en 2009, il a fallu trouver un local et embaucher des salariés. La structure s'est progressivement professionnalisée en s'efforçant de ne pas perdre son originalité.

La Carline a pris la forme d'une Scic (Société coopérative d'intérêt collectif). Elle compte deux cent cinquante sociétaires (cent quatre-vingt-dix consommateurs, cinquante producteurs, six salariés). Au sein du collège décisionnaire, consommateurs, producteurs et salariés sont représentés à parts égales. Mais tous tentent de dégager un intérêt général cohérent avec l'éthique de l'entreprise. Priorité est donnée aux producteurs locaux, auprès desquels le magasin prend une marge plus faible. Pour le reste, les approvisionnements les plus proches sont recherchés : le riz vient de Camargue ou d'Italie. Quant aux achats lointains, ils sont soumis à d'exigeantes conditions sociales et environnementales de production. « Il y a des produits symboliques qu'on a bannis, comme le quinoa qui occasionne une certaine colonisation économique », explique Gilles. Et La Carline est sur le point de « déréférencer l'huile de palme pour des raisons de santé et de déforestation ».

La Scic ne dégage pas de profits et l'échelle des salaires n'y est que de un à un et demi. Agronome de formation, fort de

10 Visite en novembre 2012.

plusieurs expériences professionnelles, Gilles se contente de 2 000 euros nets par mois pour piloter une entreprise qui réalise un million d'euros de chiffre d'affaires par an. Il est fier d'avoir redressé des comptes qui étaient déficitaires à son arrivée.

Tout le monde peut venir faire ses courses à La Carline. La clientèle est mélangée. Dans ce territoire plutôt pauvre, le magasin est fréquenté par des gens qui vivent du RSA ou des itinérants qui logent dans des camions. Moins chers, les produits vendus en vrac ont du succès. Mais le magasin est également visité par des « bobos » qui possèdent une résidence secondaire dans les parages. « Et puis, pas mal de clients viennent ici pour le goût de nos produits, pas seulement par acte militant. »

Gilles n'en nourrit pas moins une inquiétude quant à l'avenir de la coopérative : « La bio s'est ouverte. On était sur un marché de niche. Aujourd'hui, c'est un marché concurrentiel où les grandes surfaces sont de plus en plus présentes. Il y a des linéaires complets de bio chez Auchan et de la bio industrielle chez Lidl. » Il anticipe des lendemains difficiles pour les grands acteurs historiques de la bio comme La Vie claire ou Satoriz. Quant aux magasins indépendants comme le sien, ils doivent non seulement se professionnaliser, mais aussi chercher à mutualiser leurs efforts : « Ne pas être en réseau, ça nous coûte. » Le succès même de l'alimentation biologique fragilise ses petits acteurs.

On peut aussi changer son mode d'alimentation, du moins partiellement, en cultivant soi-même ses légumes. Et cela même dans un environnement urbain, comme en témoigne l'étonnante expérience des Incroyables comestibles [11]. Son slogan : « Transformer les villes en potagers gratuits. » Plus modestement, il s'agit de faire pousser des légumes ou des fruits partout où c'est possible et d'offrir ces productions à ceux qui le désirent. « Nourriture à partager, servez-vous, c'est gratuit », disent de curieux écriteaux.

« La sœur de ma grand-mère m'avait donné mille plants de poireaux, c'était dommage de jeter ça ! » Né en 1978 à

---

11 Site : <www.incredible-edible.info>.

Saint-Nazaire, Cédric Dérouin a découvert à cette occasion ce mouvement, d'abord implanté en Alsace d'après une idée expérimentée en Angleterre [12]. Après avoir visité le site Web des Incroyables comestibles, il s'est décidé, en juillet 2012, à planter ces poireaux dans un petit bac devant sa maison. Cédric a pris soin de faire la publicité de son geste sur Facebook et d'alerter la presse locale. L'écho surprenant rencontré par son initiative personnelle a abouti au rassemblement d'une quinzaine de personnes sur le parvis de l'hôtel de ville. Les Incroyables comestibles de Saint-Nazaire étaient lancés. Deux réunions dans cette ville ont bientôt réuni une cinquantaine de membres. Une dizaine de bacs sont désormais en place.

« On essaie de faire des plantations en équipe plutôt que chacun devant chez soi. » Dans l'Ouest, des groupes les ont imités à Nantes, Rennes, Angers ou Quimper. « Il y a un engouement, c'est dans l'air du temps. On nous rabâche qu'il faut manger des fruits et des légumes. Mais quand on voit leur prix... On prouve qu'on peut produire une partie de son alimentation et cela permet aux gens de mieux être conscients du cycle des saisons. » « Il n'y a pas que des bobos, insiste Cédric. Dans les HLM, ça pousse tranquillement, les gens respectent. Une maman sans grands moyens avait très envie de participer. Elle a planté de la ciboulette. » En partenariat avec Kokopelli, qui lui envoie gracieusement des stocks de graines, l'association les distribue aux candidats. Et leur apprend même à cultiver, voire à cuisiner des légumes anciens.

« J'ai longtemps eu une vie classique, marié, trois enfants, une maison, un crédit », raconte Cédric. Il était devenu caviste après une formation d'œnologie. Un conflit professionnel l'a contraint à se reconvertir professionnellement. Son militantisme aux Incroyables comestibles lui a ensuite donné envie d'une activité en phase avec ses convictions. Cédric a déposé à la mairie de Saint-Nazaire un dossier pour un emploi d'autoentrepreneur autour des cultures urbaines : aide à la création de

---

12 Rencontre en juin 2013.

potagers collectifs, conseil aux particuliers pour la permaculture, potagers dans les écoles, etc.

Consommation responsable et collaborative

À sa mesure, chacun peut adapter ses choix de consommation aux exigences écologiques. Mais si la « consommation responsable » est à la mode, l'épreuve que l'on s'impose ainsi n'est pas légère si l'on se montre rigoureux. La journaliste Sophie Caillat en a fait l'expérience concrète [13]. Ayant pris conscience de l'urgence écologique par son travail même, elle s'est astreinte à modifier ses gestes du quotidien dans toute une série de domaines : de la pratique du vélo à la diminution de la consommation de viande en passant par le tri des déchets ou encore la suppression du plastique.

Son expérience est racontée dans un livre plein d'humour mais qui laisse une impression quelque peu mitigée. La journaliste parisienne, qui reconnaît appartenir à la tribu « bobo », a touché du doigt les limites de sa démarche exemplaire. « J'ai beau *faire ma part* comme le colibri de la légende [voir chapitre suivant], conclut-elle, mes petites gouttes d'eau ne changeront pas grand-chose au grand incendie. » Et comme les habitudes sont dures à changer ! Aux prises avec de sérieuses résistances dans sa propre famille, Sophie n'a pas réellement bouleversé son mode de vie. Elle a certes « arrêté » les légumes importés, les gobelets en plastique ou encore la voiture en ville. Grâce à cette expérience, elle a « découvert de nouveaux plaisirs » avec des produits simples ou bien le recyclage. Mais Sophie n'a pas été capable de renoncer à un week-end à New York (il est vrai que c'était un cadeau de son compagnon), même si elle s'est empressée de « compenser » son bilan carbone en faisant un don

---

13 Sophie Caillat, *Comment j'ai sauvé la planète*, Éditions du Moment, Paris, 2014.

à un organisme *ad hoc*. Les voies du changement par les choix de consommation ne sont pas aisés.

Une autre journaliste, Anne-Sophie Novel, est apparemment plus optimiste [14]. « *Vivre autrement* n'est pas aussi douloureux qu'on le croit, affirme-t-elle. Pire, ça se révèle même *pas mal du tout* ! » Née en 1981, cette « journaliste et blogueuse spécialisée dans l'écologie et les alternatives durables, l'innovation sociale et l'économie collaborative » ne croit pas aux « grands discours » dans ce domaine. « Chacun a sa porte d'entrée dans l'écologie ; j'y suis arrivée par les inégalités sociales, d'autres y viennent par la santé… » L'échec du sommet de Copenhague, en 2009, qu'elle avait suivi pour l'Alliance pour la planète [15], l'a convaincue que c'est sur le terrain qu'il convenait d'agir.

« J'en ai marre du discours moralisateur, cela ne marche pas ! » C'est en présentant des solutions concrètes, répondant aux préoccupations de l'époque, que la cause écologique lui semble devoir progresser. Anne-Sophie observe de près les diverses manifestations de l'« économie collaborative » qui amènent de plus en plus de monde à covoiturer, cotravailler ou « louer citoyen » [16]. Ces pratiques alternatives se révèlent particulièrement parlantes, souligne-t-elle, pour la fameuse « génération Y », celle qui vit dans la précarité et des structures familiales parfois chahutées. « Ils en arrivent à des comportements écolos en raison de la crise économique… »

« Les modes d'échanges collaboratifs retricotent le lien social en insufflant à nos sociétés une convivialité perdue », écrit Anne-Sophie. En dépit de son enthousiasme, elle met toutefois en garde contre les effets de mode : « On est en pleine bulle pour le collaboratif, tout le monde en parle comme c'était le cas pour Internet en 2000. » Du Bon Coin à Airbnb, en passant par le covoiturage ou la finance participative, les initiatives à succès se multiplient.

---

14 Rencontre en mars 2014 ; voir son blog : <http://alternatives.blog.lemonde.fr>.

15 Regroupement français d'ONG, associations et collectifs liés à l'écologie qui s'est dissous en juin 2012.

16 Anne-Sophie NOVEL et Stéphane RIOT, *Vive la co-révolution. Pour une société collaborative*, Alternatives, Paris, 2012.

Elles correspondent sans doute à de vraies mutations dans les modes de consommation, avec un moindre attachement à la possession des objets. Rien ne garantit pour autant que ces pratiques, de plus en plus récupérées par les logiques marchandes, soient porteuses d'un autre type de développement.

« Journaliste engagée », Anne-Sophie a créé en 2007 Écolo Info [17], un site collaboratif de « matière grise pour évolution verte » alimenté de manière bénévole. Outre ses activités de presse et d'édition, elle sacrifie parfois à de l'événementiel pour assurer ses revenus. Entrepreneur salariée, Anne-Sophie est « très contente » d'avoir rejoint la coopérative d'activités Coopaname (voir *supra*, chapitre 9). « Je pensais initialement en faire partie seulement pendant la phase de démarrage de mon activité, mais j'y suis restée. » Elle apprécie les avantages du statut salarié, « avec des congés maternité ou de possibles droits au chômage », mais aussi et surtout l'aide qui lui est apportée. « Stéphane, le directeur, me conseille bien, je le vois tous les six mois, il peut me mettre en garde ou m'encourager. » Anne-Sophie a aussi besoin de « collaboration » pour elle-même.

Prendre soin de soi

Clotilde Brutin, née en 1954, est thérapeute en biodynamique à l'espace Osada, dans le XIVe arrondissement de Paris [18]. Ses études de psychologie ne l'ont conduite à son « Atelier du corps heureux » qu'après de longs détours professionnels. C'est qu'elle n'avait pas envie de « remettre dans le droit chemin » des patients, tant il est vrai que les thérapies ont souvent pour objet de les insérer dans la société telle qu'elle est. Clotilde est partie « faire du porte-à-porte aux États-Unis ». Elle prendra goût aux échanges humains : « Toute ma vie, je n'ai fait que cela, écouter les gens ! » Elle a ensuite travaillé dans une boutique de gestion versée dans le financement de projets

17 <www.ecoloinfo.com>.
18 Rencontre en janvier 2013 ; site : <www.espaceosada.fr>.

sociaux alternatifs. Puis Clotilde est carrément devenue « chasseur de têtes ». « J'étais consultante, je gagnais très bien ma vie. »

Un beau jour, il y a une quinzaine d'années, elle en a eu assez. « Assez frustrée de ne pas pouvoir regarder l'individu dans sa globalité », elle était rémunérée pour le « mettre dans une case » au sein de la gigantesque ruche sociale : « Je me faisais violence à moi-même. » Clotilde est autrement plus heureuse avec son travail actuel : « Maintenant, je peux prendre une petite dame dans mes bras ! » Des années de « recherche personnelle » lui ont permis de forger une « libre thérapie » fondée sur la nécessité de « se reconnecter à la sagesse du corps ». Le but est d'amener chacun à un « contact personnel » avec le « noyau sain » de son être, son « énergie de vie ». « Dans les intestins, m'apprend-elle, il y a une fonction qui gère le stress et les émotions. » Cette prise de conscience permettrait aux gens d'être enfin « respectueux d'eux-mêmes et des autres ».

L'Atelier du corps heureux propose des thérapies individuelles, mais aussi et surtout de groupe. « Ceux qui viennent ici sont moins malades que ceux qui ne viennent pas. C'est du courage de vouloir être soi-même. On veut nous faire croire qu'on ne peut rien pour nous, qu'il y a trop de dangers et qu'il faut se faire protéger. Même la météo est catastrophiste ! » Ses patients sont surtout des femmes, mais ils n'appartiennent pas seulement aux classes moyennes favorisées. Clotilde est persuadée que le changement personnel est la clef de tout : « Je m'accepte moi-même, je reprends le pouvoir sur moi et sur le monde. Sinon, j'obéis aux lois décidées par d'autres, et je contribue à maintenir un vieux monde qui craquelle de partout. »

Se confronter à soi-même serait ainsi un préalable à l'ouverture authentique aux autres. La contradiction entre l'adaptation des individus aux règles sociales en vigueur et leur épanouissement profond n'en demeure pas moins : « Il y a de plus en plus une tension entre répondre aux appels de la société et répondre à ses appels intérieurs », constate Clotilde. La thérapeute sait les limites de son approche : « J'aimerais que se rapprochent ceux qui travaillent sur l'individu et ceux qui travaillent sur la société. » Résorber cette grande césure, tant sociologique que politique, est à coup sûr un défi majeur.

Laetitia Latté, elle aussi, se préoccupe de soigner les esprits par le corps sans réduire ses patients à de simples individus déconnectés de la société [19]. Thérapeute spécialisée dans les techniques d'écoute du corps, cette femme, née en 1974, officie à Saint-Lyphard (Loire-Atlantique), une commune rurale nichée au cœur du Parc naturel régional de Brière. Son métier lui fait toucher du doigt la souffrance sociale dans sa dimension psychique : « Il y a tellement de gens qui vont mal. Nous vivons dans une société malade où les gens sont coupés de leurs émotions, ne ressentent pas leurs vrais besoins. Tout cela crée des angoisses et des dépressions. » Laetitia déplore le « blocage des services sociaux » par rapport à ces difficultés, particulièrement répandues chez ceux qui décrochent d'une existence considérée comme normale. « Le développement personnel, cela leur fait peur. » Les soutiens institutionnels préfèrent souvent tenter d'apporter des aides matérielles qui ne résolvent pas les problèmes de fond.

Laetitia rencontre aussi beaucoup de personnes, parfois socialement bien placées, qui s'enfoncent dans leur mal-être : « Ces gens sont pleins de peur, comme celle de perdre ou de quitter leur emploi, si bien qu'ils s'enlisent dans des situations qui ne leur conviennent pas. » Elle est impressionnée par le nombre de ceux qui se réfugient dans des comportements de fuite, les uns dans l'alcool, d'autres sur les écrans. Et, au final, quand ils vont très mal, « ils finissent par tomber malades ». Laetitia reproche vertement aux médias de « véhiculer » et d'exploiter cette peur à des fins commerciales. Elle-même ne regarde plus la télévision ni ne lit de journaux : « Cela endort les gens. Résultat, ils se comportent en victimes : "C'est la crise, je n'ai pas le choix"... » Fort heureusement, elle a la satisfaction d'améliorer la vie de quelques-uns. Laetitia donne l'exemple d'une « femme qui a guéri son cancer en faisant du développement personnel ». En plus de ses consultations thérapeutiques,

---

19 Rencontre en juin 2013.

elle propose un « atelier des parents », où ceux-ci apprennent à mieux communiquer avec leurs enfants. Laetitia se forme encore à la biodanza, qui se propose de « déverrouiller l'esprit par le corps ». « Quand on change, on a un pouvoir sur les choses, et cela devient contagieux. » La thérapeute se voit comme un « petit colibri qui fait sa part » sur le chemin du changement désiré.

Thérapies alternatives

La quête d'un épanouissement personnel peut emprunter des chemins plus étranges. Aussi longtemps qu'elle remonte dans son existence, Mireille Monier, née en 1964, se souvient d'avoir fait des « choix de vie différents » [20]. C'est toutefois l'épreuve de la maladie de sa première fille, Marine, qui a orienté le cours de son existence. La petite souffrait d'épilepsie. Et la médecine traditionnelle suggérait un traitement au Valium, ce qui révulsait sa mère. Après avoir assisté à une conférence de Michel Odoul, spécialiste en shiatsu [21] et psycho-énergéticien, Mireille s'est frottée aux médecines alternatives d'origine chinoise. Celles-ci ont réussi à soigner sa fille.

Impressionnée par ce succès, elle s'est résolue à faire de cette thérapie sa profession. « J'ai fait le choix de me mettre au RMI pour élever mes filles et de faire quelques travaux au noir pour me payer une formation. » Mireille a commencé à exercer chez elle de manière intermittente dans son appartement de Voiron (Isère). Depuis quelques années, elle tente d'en vivre réellement grâce à un début de « parientèle ». Les traitements qu'elle propose, selon des méthodes qui lui sont propres, vont du shiatsu à l'accompagnement du développement personnel. Le premier soigne les souffrances physiques, tandis que le second s'adresse plutôt aux peines psychiques.

---

20 Rencontre en octobre 2012.

21 Technique de thérapie de stimulation du corps humain sans aiguilles, d'origine japonaise.

Mireille projette toutefois de s'installer à la campagne pour y développer un « projet complet ». Elle rêve d'habitat écologique avec yourtes, toilettes sèches et jardin collectif. On y prodiguerait des soins énergétiques ou par les plantes, tandis que seraient proposés des ateliers de développement personnel : « C'est un projet de vie politique qui aurait, par la suite, un pôle artistique. » Malgré ses prises de contact avec la Safer, Mireille éprouve quelque difficulté à trouver un terrain dans sa région. Peut-être devra-t-elle aller dans la Drôme ou en Ardèche… « Sensible à l'idée de "sobriété heureuse" de Pierre Rabhi [22] », Mireille fait partie d'un groupe voironnais de réflexion sur la décroissance. Elle ne se fait pas d'illusion sur les résistances qu'opposera l'ancien monde à son hypothétique disparition : « Il y en aura des révoltes, des confrontations, de la violence ! » Mais ce sera plutôt sans elle. « Je n'ai pas envie d'être en colère et d'arpenter les rues, ce n'est pas bon émotionnellement… »

Fin 2013, j'ai fait une rencontre plus troublante en Gironde. Né en 1963, Patrick Renald Josset se définit à la fois comme « harmoniseur », magnétiseur, formateur en biodynamique et accompagnateur de stages de jeûne en forêt [23]. Il a dit adieu à sa carrière de commercial en 2005 : « Tous les ans, je perdais 10 % de parts de marché dans la mercerie traditionnelle. Alors, je me suis lancé à 100 % dans ce que je souhaitais vraiment faire. » Patrick s'est formé lui-même, à travers ses lectures, pour devenir « harmoniseur », c'est-à-dire quelqu'un qui stimule les énergies traversant les corps. Sa philosophie de référence emprunte à des sources multiples : le bouddhisme comme l'enseignement du fondateur (en 1928) de la Société biogénique internationale, le Hongrois Edmond Bordeaux Székely (1905-1979), qui s'inspira des Esséniens, un mouvement judaïque de l'Antiquité.

Après avoir perdu trois personnes de sa famille pour des raisons de santé, Patrick est devenu très sensible aux fragiles équilibres humains. Et il a développé une technique fort

---

22 Pierre Rabhi, *Vers la sobriété heureuse*, Actes Sud, Arles, 2010.
23 Rencontre en novembre 2013 ; voir son site <http://patrickrenald-josset.blogspot.fr>.

personnelle de canalisation des *chakras* (centres énergétiques selon la médecine traditionnelle indienne), censée apporter le bien-être à chacun : « Cela marche à 100 %, m'a-t-il affirmé, grâce à une connexion aux éléments et à une pratique quotidienne plus simple que le yoga ! » L'objectif est de « bien se connecter aux énergies, aux vibrations qui sont en nous ». Comme je ne pouvais dissimuler mon scepticisme, Patrick m'a gratifié d'une démonstration physique, à l'aide de concentration, d'une pierre et d'un verre d'eau. Celle-ci a semblé me procurer, aussi étrangement que temporairement, un peu plus de force et d'équilibre. Mais il en fallait davantage pour me convaincre totalement...

Patrick organise encore des « stages en immersion » dans la forêt aux environs de sa maison de Monprimblanc (Gironde), « six jours de jeûne avec bouillon ». Cet esprit original a également mis au point un système excessivement complexe d'échanges et d'économies intitulé « La Terre Éco ». Le concept est basé sur le principe suivant : « Ce que tu économises, tu vas le partager ! » L'utilisation des compétences diverses, des techniques de partage ou d'achats groupés sont mises à contribution. Mais Patrick n'arrive pas à « convaincre les gens que ce n'est pas une arnaque ». Son idée rappelle trop les systèmes pyramidaux de mauvaise réputation. « C'est difficile à expliquer », reconnaît-il. Alors, il laisse son projet mûrir sur une plate-forme d'échanges. « Je l'ai lâché, cela me faisait devenir fou... »

Je suis sorti de cette rencontre avec des sentiments violemment partagés. Certaines thérapies alternatives peuvent en effet être des escroqueries, plus ou moins conscientes d'ailleurs, même si j'ai plutôt perçu de la sincérité chez Patrick. Inversement, nombre de méthodes inspirées de savoirs lointains ou traditionnels peuvent sans doute être d'une aide précieuse, même si elles restent incompréhensibles à un esprit cartésien occidental. Toujours est-il que le développement personnel au sens fort, c'est-à-dire entendu comme accession à une forme de sérénité ou de bonheur intérieurs, est certainement l'une des conditions d'un réel changement social. Nombre des défricheurs que j'ai rencontrés s'astreignent à un tel travail sur eux-mêmes. C'est en étant en paix avec soi-même que l'on a les meilleures chances de bien agir avec les autres. Le futur changement social aura plus besoin d'acteurs psychiquement équilibrés que de ces militants agressifs déclinés des modèles militaires et religieux. On ne change pas efficacement la société si l'on ne se change pas simultanément soi-même.

III

L'utopie concrète

11

La vraie postmodernité

Notre « modernité » est épuisée. C'est tout un système de valeurs, de comportements et d'intérêts qui est devenu profondément malade. La conscience de ce mal-être de civilisation est autrement plus répandue dans la société, et dans des milieux variés, qu'on ne le croit d'ordinaire. Cela m'avait frappé lors de mes « voyages en France » et je l'avais appelée la « fatigue de la modernité ». Le règne absolu d'une étroite raison économique et le diktat du progrès technique qui l'accompagne sont de plus en plus mal supportés.

La modernité dont il est ici question s'apparente à ce que certains nomment « postmodernité ». Celle-ci renvoie à un hyperindividualisme qui isole, un présentéisme qui rétrécit le temps et un relativisme qui détruit les valeurs. Tout cela a pour conséquence d'émietter dangereusement la société. Il serait sans doute plus précis de parler d'une « hypermodernité », selon le concept proposé par le philosophe Gilles Lipovetsky : « Notre époque n'est pas celle de la fin de la modernité, mais celle qui enregistre l'avènement d'une nouvelle modernité : l'hypermodernité. Un peu partout nos sociétés sont emportées par l'escalade du toujours plus, toujours plus vite, toujours plus extrême dans toutes les sphères de la vie sociale et individuelle : finance, consommation, communication, information, urbanisme, sport, spectacles [1]... » L'individu

1 Conférence de Gilles Lipovetsky, 4 octobre 2010 (Institut Paul Bocuse, cycle de conférences « Grands Témoins » sur le thème de l'« hypermodernité »).

« hypermoderne » est entraîné à toute vitesse dans une société tyrannisée par la réactivité, la flexibilité, l'injonction de jouissance.

Le rejet, plus ou moins radical, de ces dérèglements de la société est un point commun à la plupart des défricheurs. Ils s'efforcent, chacun à sa manière, de vivre selon une tout autre échelle de valeurs. Mais dans quelle perspective s'inscrit cette aspiration ? Par quoi remplacer cette « (hyper)modernité » à bout de souffle ? La question des contours d'une véritable et, cette fois-ci, désirable « postmodernité » est posée.

L'humilité intellectuelle de Pierre Rabhi

Pierre Rabhi est, de loin, la référence la plus répandue chez ceux que j'ai rencontrés au cours de cette enquête. C'est pourquoi j'ai eu envie de discuter avec lui au terme de celle-ci [2]. Le paysan-philosophe de l'Ardèche vit toujours dans sa ferme de Montchamp, qui domine un agréable paysage. Âgé de soixante-seize ans, l'inventeur de l'agroécologie continue à se dépenser pour convaincre, par l'exemple et les réalisations concrètes, de la nécessité de changer de route. Le propos de cet homme attachant est révélateur de la force, mais peut-être aussi des limites, de cette mouvance.

Pierre commence par me parler de son « singulier destin », celui d'un homme né en 1938 dans le sud de l'Algérie, converti au christianisme à l'âge de seize ans, par la suite ouvrier en région parisienne puis paysan en Ardèche. Un itinéraire « entre tradition et modernité, islam et christianisme ». Il ne serait pas abusif de le considérer comme l'un des tout premiers défricheurs. « En 1961, nous avons rompu avec la norme sociale, qui vous donne un boulot et puis vous attendez la retraite, ce que je considérais comme une forme d'aliénation organisée. Quand un être humain est amené à troquer toute son existence contre un salaire, pour moi, c'est de l'aliénation qui se travestit en liberté. » Pierre dénonce la « très grande imposture » d'une société fondée

2 Rencontre en avril 2014.

sur l'« idée libératrice du progrès, alors que c'est la société la plus aliénante qui ait pu exister dans l'histoire ».

Le vieil homme se souvient de l'« austérité » de ses débuts en Ardèche : « On a vécu ici treize ans sans électricité, huit ans avec très peu d'eau. On trouvait le lieu tellement beau qu'on s'en foutait. Le Crédit agricole ne voulait pas nous prêter. Mon argument, pour nous installer, c'était la beauté, mais eux pensaient à la rentabilité. Alors, avec une dizaine d'hectares de garrigue... » Aujourd'hui, la ferme est devenue plus confortable. Un bon chemin y mène. Et Pierre s'y plaît comme aux premiers jours : « Je suis un milliardaire, j'ai le luxe d'avoir ce paysage absolument splendide sous mes yeux », dit-il en contemplant les lointains bleutés. Avec l'âge, il lui a fallu se séparer des chèvres. Excessivement sollicité, Pierre a encore dû renoncer à la musique, qu'il affectionnait tant. Mais il tient bon sur un point : « Mon jardin, le travail de la terre, ce n'est pas négociable. Je suis moi-même pris dans une vie suractivée et frénétique, que je le veuille ou non. Et si je n'ai pas mon jardin, je deviens fou ! Cela me ramène le calme. Le printemps, je me reconnecte aux énergies de la vie. Il ne s'agit pas seulement de faire des légumes. »

Pierre « bouge trop » pour respecter tous les préceptes de la biodynamie. Il se débat avec d'innombrables invitations. « Il y a quatre cent cinquante demandes de conférence », soupire-t-il. Ne risque-t-il pas de se transformer, à son corps défendant, en gourou ? « Je n'ai pas la moindre goutte de narcissisme, je l'ai été il y a quelques années, maintenant plus du tout. » Pierre s'efforce de résoudre la difficulté grâce à une sorte de dédoublement de la personnalité : « Il y a le Pierre Rabhi dans son engagement social, qui fait bouger les choses, et il y a le pauvre Pierre Rabhi, 52 kg tout mouillé, quand il est avec lui-même, et ce n'est pas toujours très facile à assumer. Une fois qu'on a compris l'essentiel, cela vous amène à l'humilité. »

L'humilité, c'est la clef de la pensée de Rabhi. « J'ai beaucoup évolué avec Krishnamurti [3]. C'est le Socrate d'aujourd'hui.

---

3 Jiddu Krishnamurti (1895-1986) est un philosophe d'origine indienne, promoteur d'une liberté détachée de toutes les autorités.

Tous ses dialogues vous invitent à voir par vous-même, pas à travers le prisme de ce qu'il vous dit. » L'humilité intellectuelle serait la principale vertu : « Socrate a dit la vérité absolue : tout ce que je sais, c'est que je ne sais pas ! L'ignorance est beaucoup plus importante que la connaissance. Ne jouons pas les savants, la lumière... Si l'humanité était intelligente, elle ne serait pas dans l'état où elle est. » Cet homme doux peut se montrer virulent quand il parle de notre pauvre espèce. À plusieurs reprises, il parle de l'« infinie imbécillité », de la « sottise immense » d'une humanité « capable de s'éradiquer ».

Ce pessimisme intellectuel se prolonge assez naturellement, chez Rabhi, par une vision spiritualiste nourrie de sentiments religieux, même s'il s'est détaché de toutes les chapelles : « Ce n'est pas au-dessus de nous, c'est en moi. Je suis dans ce bain de l'esprit. Croire égale violence. » Dieu et la nature semblent ne faire qu'un dans son esprit : « Ou bien je vois la planète comme un gisement de ressources qu'il faut épuiser jusqu'au dernier poisson et au dernier arbre. Ou bien je vois la planète comme une magnifique oasis au milieu d'un grand désert sidéral, et comme je suis heureux d'y être. Elle est ma mère, ma fille, et je dois en prendre soin. C'est inspiré par le sacré. Si Dieu a créé la Terre, il faut que cette œuvre ne soit pas profanée. Je ne dois pas la profaner. Jésus était un sacré bonhomme, il avait tout compris, la puissance de l'amour. »

Pour le philosophe, l'humanité a dramatiquement péché par orgueil en s'affranchissant des rythmes naturels : « Nous vivons dans une société qui a modifié la perception du temps et de l'espace, une société suractivée, de la frénésie. Nous ne sommes plus dans le temps et l'espace auxquels était adaptée notre nature depuis les origines. Seuls la nature et le travail de la terre donnent la cadence avec leurs cycles. On s'est mis dans un traquenard épouvantable. Tout ce que nous savons faire maintenant, c'est de nous équiper pour supporter cette frénésie. Alors qu'il n'est absolument pas normal que les gens se lèvent le matin pour courir dans le métro, etc. Qu'est-ce que c'est que cette vie ? C'est cela que nous avons refusé ! »

Il instruit le procès du progrès matériel : « Nous vivons une déconvenue. On a cru que le progrès allait amener le bonheur et on n'a jamais eu autant de consommateurs d'anxiolytiques. On recherche un bonheur factice parce que le bonheur réel nous échappe. C'est une société complètement droguée. La quête du bonheur ne se fait pas par la voie matérielle. Nous sommes devenus les serviteurs de nos outils. Vous supprimez l'électricité, le pétrole, et c'est l'effondrement général du système pendant que le paysan burkinabé continue à vivre parce qu'il est intimement lié à la terre qui le nourrit. Le bonheur, c'est d'être en concordance avec la symphonie du monde. Tout ce monde vibratoire, subtil, on se sent bien dedans. Il n'y a pas de cloisons, de choses qui s'opposent. C'est de la fluidité, de la simplicité... » Mais qui a envie, en ce bas monde, de vivre comme un paysan burkinabé ? Pierre n'entend pas ma question.

Pour lui, les sociétés développées sont prises au piège de leur profusion matérielle : « Les outils qui sont censés nous servir sont en train de nous asservir. Il y a un problème d'usage. Ces innovations s'adaptent-elles à la nature humaine ? Ou bien on les fabrique et ensuite l'homme s'adapte comme il le peut ? » L'usage fait des smartphones lui semble particulièrement nocif : « Ces outils sont encore plus pernicieux, parce qu'ils prennent la fonction du cerveau. Beaucoup de gens les utilisent comme mémoire. Ils rentrent dans l'ordre des fonctions subtiles de l'être humain. Quand des enfants utilisent très jeunes ces outils, cela va être extrêmement dangereux pour eux. Leur mémoire ne va plus s'exercer, déjà qu'ils n'utilisent plus leurs mains. Et qu'on ne nous raconte pas que cela socialise, cela n'est pas vrai. L'autre jour, je prends le TGV. Le wagon était plein à craquer, mais il y avait un silence de chapelle. Tout le monde était avec sa machine. J'étais assis à côté d'un jeune. Il était dans son propre monde. » Une critique ô combien pertinente.

Montrer l'exemple avant l'écroulement du système

Le petit homme, qui a failli être candidat à l'élection présidentielle de 2002, ne croit guère à l'action politique. Ce féroce univers est très loin du sien et il place, à rebours, toute son espérance dans la vitalité de la société elle-même : « Il est évident que les politiques font de l'acharnement thérapeutique sur un modèle qui est mort. Ils essaient aujourd'hui de maintenir un cadavre. En revanche, la société civile est devenue un vaste laboratoire où s'expérimentent énormément de possibles. J'ai plus espoir dans cette créativité libérée. »

Les écologistes patentés ne le séduisent guère : « L'écologie politique est calquée sur le fonctionnement de toutes les autres sphères de la société, alors qu'elle devrait transcender tout cela. Mais je ne peux quand même que leur être reconnaissant. J'y ai quelques amis, seulement, dans leurs discours, ils ne parlent jamais de beauté, du mystère de la vie. Ce mystère est quelque chose qui nous habite. Il y a un espace en nous qui est celui des questions sans réponse. Il y a deux issues : le silence ou la poétique. Je ne sais pas, mais je mets de la beauté dans l'ignorance. Je peux délirer tranquille parce que je ne prétends pas être raisonnable. »

Nous sommes très loin de l'univers combatif de militants cherchant à abattre un système de domination et d'exploitation. Pierre pense que la crise obligera à une bifurcation des comportements : « C'est l'ensemble du système qui est en train de dégringoler. On a eu la sottise d'indexer la vie sur l'argent. L'argent va manquer, donc il faudra bien retrouver les vraies valeurs. Les "Oasis [4]" peuvent devenir exemplaires de ce qu'il faudra faire dans ce désert social. Mais les "Oasis", ce n'est pas seulement une organisation matérielle des choses, comme ce qu'a fait Sophie [5]. Cela peut être aussi l'oasis des consciences

---

4 Ce réseau d'écolieux fondé par Pierre Rabhi offre des « exemples concrets et convaincants qu'une autre façon d'être et de vivre ensemble dans le respect de l'humain et de la nature est possible » ; voir son site <www.oasisentous-lieux.org>.

5 Sophie Rabhi, fondatrice du Hameau des Buis (voir *supra*, chapitre 8).

entre elles. Il y a une valeur que nous avons tous, c'est la bienveillance. Retrouver l'entraide, la solidarité, la coopération. On sera obligés d'aller vers la solidarité, parce qu'il n'y aura pas d'autre solution quand la solidarité institutionnelle ne pourra plus répondre. »

Résumant le sentiment de tant de ceux que j'ai rencontrés, Pierre prône l'action individuelle : « Il y a le monde tel qu'il est et il y a votre monde à vous. Vous avez quand même un espace de gouvernance strictement personnel où vous êtes souverain. » Le projet de regagner la « souveraineté sur sa propre vie » est au principe de la démarche de bien des défricheurs. « J'essaie de montrer l'exemple et de démontrer qu'autre chose est possible. Le reste m'échappe, mais je fais ma part, d'où la légende du colibri... » Pierre fait allusion à l'histoire qui a donné le nom au réseau qu'il a fondé. « Un jour, dit la légende, il y eut un immense incendie de forêt. Tous les animaux terrifiés, atterrés, observaient impuissants le désastre. Seul le petit colibri s'activait, allant chercher quelques gouttes avec son bec pour les jeter sur le feu. Après un moment, le tatou, agacé par cette agitation dérisoire, lui dit : "Colibri ! Tu n'es pas fou ? Ce n'est pas avec ces gouttes d'eau que tu vas éteindre le feu !" Et le colibri lui répondit : "Je le sais, mais je fais ma part" [6]. »

Certes, mais quelle est la fin de l'histoire ? « Non, il n'y a pas de suite », me répond tranquillement Pierre. Alors, la forêt brûle ? « C'est sûr. Après, ce n'est pas mon problème. J'ai fait ce que je devais faire, là où je suis. C'est peut-être absurde, n'avoir aucun sens, mais c'est comme ça ! » J'avoue que cette morale de l'intention me gêne un peu. Elle a certes la vertu et la force de l'exemplarité, mais son indifférence assumée à l'égard de l'efficacité finale demeure un peu inquiétante.

Encore faut-il reconnaître que les actions entreprises par Pierre et ses amis ont une réelle portée. En Palestine, au Maroc, au Niger ou au Mali, des programmes d'agroécologie sont mis en œuvre. « On a créé un fonds de dotation. Nous avons la chance d'être bien soutenus par le public. Nous donnons 600 000 euros

---

6 La légende du colibri : sur le site <http://www.colibris-lemouvement.org>.

annuels à Terre & Humanisme [7]. C'est aussi financé par le Crédit coopératif. Et Colibris a acquis une telle crédibilité qu'il obtient de l'argent quand il en demande. Je voudrais aussi créer un fonds de dotation destiné à collecter des moyens auprès de ceux qui ont de l'argent, les gens du spectacle ou du cinéma. » C'est pour cela que Pierre reste aussi actif sur la scène publique : « Je ne serais absolument plus en rapport avec les médias si je n'avais pas des actions très concrètes à promouvoir : la lutte contre la faim dans le monde, l'écologie pratique. Il faut apprendre à collaborer avec les forces de la vie. Les engrais et les pesticides sont la désolation du siècle. On parle trop. Le GIEC, c'est du pipeau, tout ça. Soit on prend une décision radicale et ferme, soit on n'en prend pas. Nous on crée des structures, des lieux. »

Il n'en est pas moins conscient des difficultés de ces entreprises : « Je suis en train d'assister à l'explosion d'une Oasis parce qu'ils ne s'entendent pas. C'est l'humain qui ne va pas. » Créer et faire vivre des « Oasis » expose encore au risque de rester entre soi, de vouloir mener une vie saine sans trop se préoccuper du vaste monde. « Ce serait une grande erreur. Cette prétention à l'autarcie, c'est très mauvais, irréaliste et inintelligent. Prétendre qu'on peut se suffire à soi-même au milieu du monde, être une espèce d'enclave universelle et n'avoir besoin de personne, c'est une attitude assez vaniteuse. »

Dans l'esprit de Pierre, ce sont les choix de chacun qui peuvent permettre la mutation du monde : « Il y a 1 500 êtres humains milliardaires en dollars sur cette planète. C'est à l'humanité de ne pas accepter ça. Ce groupe dominant, on le nourrit tous les jours. Si je me maîtrise, je supprime le superflu, alors je n'enrichis plus ces gens-là ! » D'où le mot d'ordre de « retour à la sobriété ». Peut-il être attractif en dépit de son parfum de privation ? Pierre persiste et signe : « Si c'était à refaire, dans mon programme de 2002, j'aurais plutôt mis la

---

7 Initiée par Pierre Rabhi, l'association Terre & Humanisme œuvre depuis 1994 à la transmission de l'agroécologie pour l'autonomie alimentaire des populations et la sauvegarde des patrimoines nourriciers. Elle gère le Mas de Beaulieu (Ardèche), un lieu d'expérimentation et de formation en agroécologie ; voir son site <www.terre-humanisme.org>.

puissance de la modération. Cela me libère des multinationales, de toutes ces saloperies qui me contraignent ! » Mais que fait-on de tous ceux qui ne sont pas prêts à de tels choix de vie ? « Tant pis s'ils sont conditionnés à vivre comme des poulets. » Il le déplore, « l'être humain est très manipulable ». Tout de même, n'y aurait-il pas un moyen pour les déconditionner ? « C'est extrêmement difficile, puisque tout le monde est pétrifié avec ses croyances. Tout ce que je peux faire, c'est partager mon expérience pour tous ceux que ça intéresse. »

Finalement, à l'écouter, c'est la catastrophe écologique qui ramènera peut-être l'humanité à la raison. « Le système est en train de s'écrouler, prophétise-t-il. La nature mettra des limites à tout. Je propose un retour à la terre, pas seulement pour se nourrir, mais pour renouer avec les cadences réelles, les vrais rythmes, les nécessités de la patience, le rapport au mystère de la vie. C'est un retour à l'évidence qui est à réaliser. Ou alors le phénomène humain va aller au bout de son auto-élimination, de son auto-éradication. Avec l'illusion qu'il est en train de conquérir, il va perdre. Et ce sera la fin de l'humanité. »

Pierre rêve d'en finir avec les grandes concentrations démographiques : « L'être humain, au-delà d'un certain seuil de densité, ne fonctionne plus. J'avais trouvé cette idée chez le philosophe chinois Tchouang-tseu et chez Platon, quand il définissait la cité idéale. Au-delà d'un certain nombre, quand arrivent l'anonymat et donc la suspicion, cela devient dangereux. » Cet idéal de sociétés villageoises est pourtant à mille lieues des dynamiques à l'œuvre sur la planète – de 2011 à 2013, comme le relevait... Bill Gates, la Chine a utilisé plus de ciment en trois ans que les États-Unis en un siècle [8] ! Le philosophe, qui se prend parfois à envier l'insouciance de son chien, avoue d'ailleurs ne pas être toujours aussi serein qu'il le voudrait : « Le matin, je me réveille avec angoisse, parce que je quitte le sommeil comme un refuge. Quand j'en sors, toute la réalité du monde m'arrive et je suis saisi d'angoisse. Heureusement, cela ne dure pas toute la

8 Bill Gates, « Have you hugged a concrete pillar today ? », <ur1.ca/hnc4c>, 12 juin 2014.

journée ! Il ne faut pas croire qu'on atteint la quiétude... Certes, on a des moments absolument extraordinaires de légèreté magnifique, mais ce n'est pas un état permanent. »

Je suis sorti de cette longue conversation avec Pierre Rabhi à la fois réjoui et soucieux. Il est peu fréquent de rencontrer un véritable sage, d'une sincérité incontestable et d'une modestie non feinte, capable d'articuler avec cohérence sa parole et ses actes et, par là même, de contribuer efficacement au changement du monde. C'est à raison que le philosophe-paysan de l'Ardèche est devenu un exemple et une référence pour tant de ceux qui veulent construire une société respectueuse de la nature et de l'homme. Mais cette force s'accompagne, me semble-t-il, d'une réelle faiblesse : Pierre refuse obstinément de se poser la question des moyens politiques. J'ai eu beau insister à plusieurs reprises, il n'entend pas l'interrogation sur le chemin collectif qui conduirait au changement de civilisation qu'il appelle de ses vœux. C'est que Rabhi ne raisonne pas à un niveau proprement politique. Sa conception du changement est fondée sur des conversions individuelles, stimulées par l'exemplarité des démarches alternatives. Pour le reste, il parie sur la crise écologique pour que le système s'écroule de lui-même et laisse place à une tout autre logique sociale. J'y reviendrai en conclusion, mais j'avoue être peu convaincu par cet alliage entre volontarisme local et catastrophisme global...

Séduction de la décroissance

Les thèses de la « décroissance », également défendues par Pierre Rabhi, sont dans la tête d'innombrables défricheurs. La paternité de ce concept est souvent attribuée à Nicholas Georgescu-Roegen (1906-1994), un économiste américain d'origine roumaine qui faisait remarquer que la richesse matérielle ne pouvait croître indéfiniment sur une Terre aux ressources finies [9].

9 Nicholas GEORGESCU-ROEGEN, *Demain la décroissance. Entropie, écologie, économie*, Pierre-Marcel Favre, Lausanne, 1979.

La décroissance se propose alors d'inventer une nouvelle organisation découplant la recherche du bonheur humain de l'accumulation des biens économiques. Cette vision a été nourrie par plusieurs auteurs critiques de la société industrielle, comme Ivan Illich (1926-2002) [10]. En France, l'économiste Serge Latouche en est l'un des principaux défenseurs. Son rejet du système actuel se situe sur plusieurs plans : « La société de croissance n'est pas souhaitable pour au moins trois raisons : elle engendre une montée des inégalités et des injustices ; elle crée un bien-être largement illusoire ; elle ne suscite pas pour les *nantis* eux-mêmes une société conviviale, mais une anti-société malade de sa richesse [11]. »

Depuis les années 2000, en France comme ailleurs, la thématique de la décroissance rencontre un large écho, nourri par deux évolutions majeures. L'approfondissement de la crise écologique et son caractère de plus en plus évident, même aux yeux des plus sceptiques, favorisent d'abord une réflexion sur un système économique qui ne serait plus fondé sur l'accumulation des richesses et l'exploitation des matières premières. Et, par ailleurs, la crise économique persistante entame le crédit de la « mystique de la croissance [12] » : celle-ci apparaît de plus en plus, notamment dans les pays européens, comme un horizon inaccessible, un dangereux mirage hérité du passé. Comme le remarque Latouche, « il n'y a rien de pire qu'une société de croissance sans croissance ». La question devient dès lors de savoir par quoi remplacer l'objectif d'un accroissement perpétuel de la production.

C'est là que les choses se compliquent. La décroissance ne peut assurément être entendue comme une « croissance à l'envers », car personne n'a envie de grimper dans une machine à remonter le temps – qui n'a, au demeurant, toujours pas été inventée. La grande faiblesse du terme de « décroissance », même s'il a le mérite de provoquer la réflexion, est d'être négatif.

---

10 Ivan ILLICH, *La Convivialité*, Seuil, Paris, 1971.

11 Serge LATOUCHE, « Pour une société de décroissance », *Le Monde diplomatique*, novembre 2003.

12 Pour reprendre le titre du livre éclairant de la philosophe Dominique MÉDA, *La Mystique de la croissance. Comment s'en libérer*, Flammarion, Paris, 2013.

C'est pourquoi ses partisans insistent surtout sur le changement de paradigme radical que supposerait cette option. Pour Latouche, il conviendrait ainsi de sortir de l'économisme ambiant et de viser une « société autonome » organisée autour de « 8 R » : « Réévaluer, reconceptualiser, restructurer, redistribuer, relocaliser, réduire, réutiliser, recycler. » Voilà qui ouvrirait un vaste champ à la délibération politique, tant l'application concrète de ces mots d'ordre peut recouvrer des solutions diverses. En dépit de sa radicalité, Latouche admet que des arbitrages devront être effectués : « Le compromis à trouver entre l'autonomie, quasi totale mais très frugale, du chasseur-cueilleur et la techno-aliénation non moins quasi totale de nos contemporains est un problème politique [13]. »

La perspective de la décroissance suppose ainsi que la société se fixe collectivement d'autres objectifs que la maximisation de sa richesse. Quel pourrait être le but ? Ses partisans parlent de « simplicité volontaire [14] » ou de « sobriété heureuse [15] ». On remarquera que ces termes suggèrent une forme de retenue qui ne les rend pas forcément très attractifs. Même volontaire, la « simplicité » évoque une frugalité qui en effraiera plus d'un. Et, aussi heureuse soit-elle, la « sobriété » fera peur à ceux qui recherchent le plaisir sans obligatoirement succomber à l'ivresse. Réel est le risque que cette philosophie ne parle qu'à l'élite de ceux qui ont atteint, par la réflexion personnelle, un niveau de sagesse tel qu'ils sont capables de se détacher du confort matériel et des séductions qu'il offre. Les « décroissants » sont conscients de cette difficulté, puisqu'ils s'efforcent de donner un tour plus positif à leur dessein : « Le journal de la joie de vivre », tel est le sous-titre du journal *La Décroissance*. Demeure une question délicate : le bonheur peut-il être autre chose qu'une quête personnelle ? Le capitalisme pose comme objectif général l'accroissement des richesses et présuppose que

---

13 Éric Dupin, « La décroissance, une idée qui fait son chemin », *Le Monde diplomatique*, août 2009.

14 Voir par exemple : Paul Ariès, *La Simplicité volontaire contre le mythe de l'abondance*, Les Empêcheurs de penser en rond/La Découverte, Paris, 2010.

15 Pierre Rabhi, *Vers la sobriété heureuse*, *op. cit.*

chacun, à partir de là, construit son bonheur comme il l'entend. Le communisme a tenté, avec l'insuccès que l'on sait, d'imposer une définition collective et étatique du bien-être.

Cet échec cuisant ne doit toutefois pas interdire, ainsi que le suggère le philosophe Patrick Viveret, de traiter à nouveau le bonheur comme une question politique. Le sens du progrès collectif cesserait d'être de l'ordre de l'évidence économique pour être produit par le débat public. Dès le XIXe siècle, le philosophe John Stuart Mill (1806-1873) imaginait qu'un « état stationnaire » de la richesse n'obligerait pas l'humanité à renoncer à progresser dans son bien-être : « L'état stationnaire de la population et de la richesse n'implique pas l'immobilité du progrès humain, il resterait autant d'espaces que jamais pour toute sorte de culture morale, de progrès moraux et sociaux, autant de places pour améliorer l'art de vivre et plus de probabilité de le voir améliorer lorsque les âmes cesseraient d'être remplies du soin d'acquérir des richesses [16]. » Et cela est dit par un penseur libéral doublé d'un économiste classique !

Il reste néanmoins beaucoup de chemin à parcourir pour que la « société du bien vivre », évoquée par Viveret, devienne en France un avenir désirable pour le plus grand nombre. Les partis se réclamant de la décroissance y sont ultraminoritaires. Europe-Écologie-les-Verts (EELV) n'ose pas reprendre à son compte un vocable peu populaire. Et l'imaginaire collectif reste dominé par l'aspiration consumériste, elle-même excitée par les séductions publicitaires. La lutte contre son emprise est désertée par une gauche partagée entre une composante convertie au libéralisme économique et une fraction radicale encore marquée par son héritage marxiste.

16 Cité par Patrick Viveret, *Vivre à la bonne heure. Entretien avec Camille Le Doze*, Les Presses de l'Île-de-France, Paris, 2014.

Entre le fondamentalisme et la récupération

La postmodernité écologique est un chemin étroit semé d'embûches. La « vie saine » qu'elle promet expose à des risques contradictoires. Le danger du fondamentalisme guette, en premier lieu, les défricheurs. Leur compréhensible rejet des logiques mortifères de la société actuelle peut les conduire à une réaction excessive. Leur rapport problématique au progrès technique est ici révélateur.

Les écologistes véritables ont mille et une raisons de se méfier d'une modernité technicienne déjà judicieusement dénoncée, notamment, par le sociologue Jacques Ellul (1912-1994) [17]. Des ravages causés par les pesticides aux dangers de l'énergie nucléaire en passant par les pollutions engendrées par les transports, ses dégâts sont avérés. Doit-on, pour autant, renoncer à l'innovation technique et recourir, en tous domaines, aux pratiques traditionnelles ? Rares sont ceux qui l'affirment clairement, tant il est peu contestable que le progrès technique a aussi allégé la peine des hommes. L'intelligence commanderait peut-être de rompre avec la frénésie progressiste sans s'interdire de profiter de ce que la science et la technique peuvent apporter, tout bien pesé, comme réelles améliorations. L'exemple de la mécanisation agricole est parlant : ses évidents excès, avec un suréquipement des exploitants encouragé par le système bancaire, ont accouché d'une agriculture intensive destructrice de la qualité des sols. Le retour à la traction animale, que l'on observe ici ou là, est fort bénéfique sur ce plan. Comme il est très chronophage et difficilement généralisable, une utilisation plus mesurée des machines serait sans doute opportune.

Les défricheurs sont parfois menacés d'être pris au piège d'une certaine nostalgie. Ce sentiment n'est certes pas condamnable si l'on admet que le présent n'est pas, par principe et en tous points, préférable au passé. Un tel préjugé « progressiste »

---

17 Voir Jean-Luc Porquet, *Jacques Ellul, l'homme qui avait presque tout prévu*, Cherche-Midi, Paris, 2010.

est l'un des impensés majeurs de la gauche. L'invocation du retour à des modes de vie et de pensée disparus n'en est pas moins problématique, car le cheminement historique lui-même rend cette option non disponible. Si le futur peut s'inspirer de leçons du passé, il est condamné à s'inventer lui-même.

Le mythe de l'autarcie est à cet égard éloquent. J'ai rencontré beaucoup de défricheurs qui rêvaient d'atteindre l'autosuffisance, tant énergétique qu'alimentaire. Un idéal pourtant très difficile à réaliser. Est-il même réellement souhaitable ? Là encore, il est à craindre qu'une réaction légitime aux délires du système consumériste conduise à pousser le bouchon un peu trop loin. La mondialisation des échanges a certes produit des aberrations de toutes sortes – même Alain Juppé a pris conscience que ce n'était pas une bonne idée de « manger des cerises en hiver [18] ». Mais le phénomène des « locavores » montre qu'il est possible de privilégier les rythmes naturels et son environnement agricole sans s'astreindre à l'autosuffisance absolue. Ces pratiques n'interdisent d'ailleurs pas des consommations raisonnées de produits plus éloignés.

Un autre rêve répandu, à connotation passéiste, voudrait ressusciter le village d'autrefois. Ou, plus exactement, la vision quelque peu idéalisée qu'on s'en fait fréquemment aujourd'hui. En oubliant, par exemple, que la médisance, la jalousie et les rivalités se mêlaient souvent à la convivialité et à la solidarité dont on déplore la disparition. Il y a certes de quoi fantasmer sur le beau « village » d'antan lorsqu'on subit le stress, l'indifférence et l'anonymat qui règnent dans nos mégapoles. Mais, là encore, la solution ne peut être copiée sur des temps révolus. Les « hameaux » écologiques de demain entretiendront d'autres rapports avec leur environnement et expérimenteront d'autres relations sociales entre leurs membres que les villageois de siècles antérieurs. Et c'est tant mieux. Des petites villes conjuguant la pluralité des fonctions, faisant à nouveau rimer urbain et urbanité, sont également à inventer.

---

18 Alain Juppé, *Je ne mangerai plus de cerises en hiver…*, Plon, Paris, 2009.

De même devrait-on sans doute repenser radicalement l'usage de nos modernes outils plutôt que de rêver de les casser ou de s'en passer purement et simplement. Même s'ils s'insèrent de plus en plus dans le système marchand honni, l'ordinateur et Internet sont aussi de formidables vecteurs de communication et de libération intellectuelle. Les smartphones eux-mêmes sont de drôles d'engins. Le jour où leur coût écologique (matériaux rares utilisés) et social (surexploitation ouvrière en Asie) serait intégré dans leur prix, ils cesseraient d'être des objets de modes renouvelés à un rythme déraisonnable. Leur utilisation deviendrait réservée aux précieuses fonctions remplies par ces mini-ordinateurs communicants. Et l'on peut supposer que l'addiction déraisonnable à ces objets reculerait…

Dans la voie d'une transition écologique, il existe un danger symétrique, celui d'une récupération de ces exigences par un système capitaliste qui a toujours su faire preuve d'une formidable capacité d'adaptation [19]. Le *greenwashing*, ou « écoblanchiment », est déjà à l'œuvre dans bien des domaines et il est désormais du dernier chic pour une grande entreprise de se forger une « image écologique » à coups de campagnes de publicité et d'actions plus ou moins symboliques. Le « capitalisme vert », inlassablement dénoncé par le journal *La Décroissance*, est devenu une puissante réalité. La vague de la nourriture « bio » est de plus en plus récupérée par la grande distribution : on en trouve désormais de vastes rayons dans la plupart des hypermarchés. Au fur et à mesure que la crise écologique s'approfondira, le capitalisme s'efforcera de transformer les graves problèmes ainsi créés en nouveaux marchés. Pour autant, de nombreux auteurs estiment que le capitalisme vert ne peut être qu'une solution illusoire à cette crise : la contrainte écologique, notamment au plan énergétique, entamerait trop fortement le taux de profit espéré pour qu'il puisse se sauver de la sorte [20]. Un

19 Voir sur ce point : Philippe Pignarre et Isabelle Stengers, *La Sorcellerie capitaliste. Pratiques de désenvoûtement*, La Découverte, Paris, 2007.

20 Voir par exemple Michel Husson, « Un capitalisme vert est-il possible ? », *Contretemps*, n° 1, janvier 2009.

écologisme naïf et apolitique s'expose de ce fait à voir son message se dissoudre progressivement.

Reste alors à inventer une postmodernité qui emprunterait aux bénéfices apportés par la modernité en termes de libertés individuelles, tout en renouant avec de vieilles aspirations humaines, la dignité et la convivialité. Le passé peut nous instruire utilement pour l'avenir, à condition d'être rigoureusement revisité à l'aune des changements survenus. La religion consumériste, entretenue par la drogue publicitaire, devrait être combattue sans que l'on soit pour autant condamné à se convertir à une sorte de jansénisme austère. Les partisans de la décroissance ont comme meilleur slogan « Moins de biens, plus de liens ». Notre société souffre, à l'évidence, d'un déséquilibre criant entre une profusion matérielle génératrice de frustrations infinies et des relations sociales terriblement superficielles et détériorées. Une vraie postmodernité ferait du « vivre ensemble » autre chose qu'un hypocrite slogan. Pour le reste, tout est à inventer.

12

Le changement par les îlots

Les défricheurs n'ont pas de parti. Dans leur immense majorité, ils sont même très éloignés de la sphère politique. La comédie du pouvoir, ses jeux d'appareils et ses chocs d'ambitions les insupportent au plus haut point. Ce rejet, poussé plus loin encore que chez l'ensemble des Français, va parfois jusqu'à une réaction de retrait par rapport à l'information. J'ai été frappé par le nombre de ceux que j'ai rencontrés qui s'abstiennent volontairement de lire les journaux, d'écouter ou de regarder les informations à la radio et à la télévision. Comme si tout cela ne les concernait pas. En rupture mais positives, ces personnes sont aussi allergiques au caractère si souvent désespérant du discours médiatique. Elles n'en peuvent plus de ces « nouvelles » qui distillent la peur, la colère et le découragement.

En théorie, le parti écologiste devrait être celui dans lequel se reconnaissent nos défricheurs. C'est loin d'être le cas. Formation de taille très réduite, avec seulement 15 000 adhérents, Europe-Écologie-Les Verts (EELV) n'attire que très peu d'entre eux. Ses querelles internes incessantes, son nombrilisme congénital rebutent les adeptes d'un changement écologique concret. Ceux-ci voient encore EELV, qui participait au gouvernement jusqu'en mars 2014, comme un parti électoraliste excessivement impliqué dans les institutions.

Limites de l'écologisme politique

Proche de Nicolas Hulot, Jean-Paul Besset est de ceux qui déplorent cette situation [1]. Pour l'ancien député européen, EELV n'a pas su devenir le vecteur du vaste mouvement de changement écologique qui traverse la société. La vague d'adhésions de 2009, dans la foulée du scrutin européen de cette année-là, n'a guère eu de lendemains. « On était arrivés à 30 000 adhérents, plus de la moitié sont partis ! » D'après Jean-Paul, « la grosse erreur a été de faire croire qu'on pouvait faire de la politique différemment ; le problème était plutôt de proposer une autre politique ». Il estime aussi que, pour EELV, c'était « une erreur d'entrer au gouvernement ». Quelque peu désabusé par rapport au champ politique, Jean-Paul parie surtout sur l'« accélération des crises » pour que s'élève le niveau des consciences politiques.

Cet ancien journaliste, né en 1946, est persuadé que l'on vit une profonde mutation dans les modes de vie et de pensée. « Ce qui est massif et se développe, souligne-t-il, ce sont les influences diversifiées de l'impact écologique sur les vies de tout un chacun. » Plutôt que d'une « conversion » en bonne et due forme de la société, ce processus prend la forme d'« expériences existentielles » multiples et partielles, d'un « essaimage » des nouvelles pratiques par tous ceux qui sont à la recherche de « solutions au grand concassage de la modernité ». Jean-Paul ne s'inquiète pas trop des limites idéologiques d'un mouvement avant tout marqué au sceau du pragmatisme : « Au tout début de l'histoire socialiste, les ouvriers cherchaient avant tout les solutions les plus concrètes… » La surreprésentation d'une certaine petite bourgeoisie dans ces initiatives ne lui pose pas plus de problèmes : « Les classes moyennes tendent à englober les classes populaires, voire les classes moyennes supérieures, elles deviennent le centre de gravité de la société, le lieu décisif de son évolution. » L'écologisme travaillerait ainsi le cœur de la société.

---

1 Rencontre en mars 2014.

Dominique Voynet, à l'inverse, se refuse catégoriquement à critiquer son parti [2]. L'ancienne ministre Vert de l'Environnement juge que « la décision de passer à l'expérimentation fait partie de l'éloignement de la politique ». Il serait injuste de reprocher aux écologistes de ne pas avoir su attirer ces agents du changement concret. « Ce sont des gens qui ne croient plus à la politique, aux institutions, mais qui veulent faire quelque chose ; ils se mobilisent sur un objectif limité, mais ils voient le bout de ce qu'ils font. » Maire écologiste de Montreuil (Seine-Saint-Denis) de 2008 à 2014, elle a été bien placée pour mesurer le dynamisme de ces expérimentateurs. Cette commune de la proche banlieue parisienne fut le lieu d'anciennes innovations comme celles, dans les années 1950, des Castors (immeubles HLM construits par leurs futurs habitants). Montreuil est aujourd'hui un « terreau d'économie sociale et solidaire », avec le siège d'ATD-Quart Monde, l'imprimerie du Nouveau Parti anticapitaliste (NPA) ou encore le Foyer du centenaire, ancienne friche industrielle transformée en lieu hébergeant une résidence sociale pour migrants, une trentaine d'ONG et entrepreneurs sociaux, un restaurant associatif. Des artistes, des artisans et de jeunes entrepreneurs ont lancé « Made in Montreuil », un système de mutualisation des moyens pour ces petites structures, sous forme d'une Scic aidée par la ville. « Ils font bien la jonction entre le monde entrepreneurial classique et la vitalité un peu désordonnée du monde artistique et culturel », se réjouit Dominique.

Montreuil abrite encore plus d'une vingtaine de jardins partagés qui « produisent de la convivialité » autant que des légumes dans cette commune sociologiquement très diverse où coexistent une population pauvre d'origine immigrée et des personnes plus favorisées qui ont fui la cherté parisienne. Ces jardins ne sont pas des îlots à bobos. On y rencontre aussi des personnes en situation précaire, des femmes algériennes ou maliennes. Ces dernières y réinjectent, à leur manière, des éléments de leur culture. « Ce sont des lieux réellement propices à

---

2 Rencontre en mars 2014.

la mixité sociale », se réjouit Dominique. L'opération « La Voie est libre » d'occupation festive de l'autoroute qui coupe la commune en deux permet, elle aussi, de précieuses retrouvailles [3]. Dominique cite encore le cas de Fatou Camara et de son association Femmes dynamiques de la diaspora malienne, qui vient de lancer un restaurant : « Cette femme, c'est la confluence du Montreuil des prolos et du Montreuil des bobos. » À l'écouter, le rôle des élus serait surtout d'aider et d'encourager toutes ces initiatives.

C'est bien le point de vue d'Alexis Boudaud, trente-cinq ans, président de l'association d'Auch Éco Citoyenne [4]. Celui-ci appartient à l'espèce rare des écologistes de terrain impliqués dans l'action politique. Le vice-président au Conseil de développement du pays d'Auch (Gers) est fier d'avoir aidé trois jeunes, Césaire Coste, Damien Domenech et Jean-Guy Gapoen, à monter un atelier pour apprendre à réparer son vélo dans un quartier populaire de la ville. Il s'est également impliqué dans la création d'une monnaie locale pour renforcer le « sentiment de solidarité » dans cette ville de 20 000 habitants. Mais ce conseiller Pôle Emploi a aussi, et peut-être surtout, des ambitions politiques : tête de liste EELV aux élections municipales de 2008, il a recueilli 8,3 % des voix au premier tour. Pour celles de 2014, Alexis a quitté le parti écologiste pour tenter de ratisser plus large. Cela n'a pas vraiment réussi, puisque sa liste Auch Éco Citoyenne n'a rassemblé que 8,5 % des suffrages. Mais il a quand même été élu au conseil municipal.

Écologisme radical

Le Parti de gauche de Jean-Luc Mélenchon est, après EELV, la formation qui suscite le plus d'intérêt parmi ceux des défricheurs qui ne manifestent pas d'allergie à l'endroit de la politique. Son mariage entre écologie et socialisme séduit une

3 Site : <www.lavoieestlibre.org>.

4 Rencontre en octobre 2013 ; voir son site <www.auchecocitoyenne.com>.

fraction de cette mouvance. Corinne Morel-Darleux, secrétaire nationale à l'écosocialisme du Parti de gauche, vit dans le Diois, une terre, on l'a vu, particulièrement riche en alternatives [5]. Ces dernières occupent une place majeure dans la stratégie de son parti : « Ce sont des points d'appui pour notre démarche politique, elles prouvent qu'il est possible d'agir autrement, l'autogestion a besoin d'exemples concrets. »

Née en 1973, la conseillère régionale de Rhône-Alpes n'en pointe pas moins les limites de ces mouvements : « Il ne faut pas laisser penser que le fourmillement des alternatives concrètes est en train de révolutionner la France de l'intérieur. » Corinne rappelle que ce genre d'initiatives avait déjà fleuri dans les années 1970 sans pour autant que la société change dans sa globalité. « Cela impacte surtout la vie des gens qui y sont engagés ! » Aussi milite-t-elle pour un double mouvement : « Que les politiques s'en emparent, mais aussi que ces personnes acceptent l'engagement politique. »

Ce qui n'est pas gagné, tant est répandue la méfiance envers la politique dans ces milieux. Corinne déplore l'indifférence au changement social de nombreuses personnes engagées dans des modes de vie alternatifs : « Dans le Diois, on a beaucoup de gens qui font attention à ce qu'ils mangent, qui se soignent à l'homéopathie, mais qui deviennent un peu hors sol, ils planent complètement ! » L'idée que la société changera grâce à la « somme des comportements individuels » et au volontarisme rejoint, fait-elle observer, l'idéologie libérale. « On peut même arriver à une forme de délitement du lien social sous des couverts écologiques... » Beaucoup d'innovateurs, constate-t-elle, participent d'une « logique patrimoniale ». D'autres agissent par nécessité : « Il y a beaucoup de gens qui galèrent, qui se lancent dans des projets pour se créer un emploi bien plus que par conviction idéologique. » Mais s'il convient de ne pas idéaliser toutes ces entreprises, Corinne compte bien s'appuyer sur elles pour nourrir son projet de changement politique. La gauche

---

5 Rencontre en mars 2014.

radicale a besoin de réalisations concrètes pour convaincre qu'une autre logique sociale est de l'ordre du possible.

Plus loin dans la radicalité se trouvent les partisans de la décroissance. Christian Sunt est l'animateur d'une toute petite organisation (cent cinquante adhérents revendiqués), le Mouvement des objecteurs de croissance (MOC) [6]. Ce militant infatigable de soixante ans est familier de la France des alternatives. Il reconnaît honnêtement que ce mouvement est « très réduit à l'échelle nationale », mais relève aussitôt qu'il représente une force non négligeable dans certains territoires. Les Cévennes, où il habite, sont l'une des régions privilégiées de ces réseaux. Une « foire à l'autogestion » à Saint-Jean-du Gard (Gard) peut rassembler jusqu'à 3 000 personnes. « Sur le marché de cette ville, on peut estimer à 30 % la proportion des gens qui sont engagés, d'une manière ou d'une autre, dans ces pratiques. » Les milieux alternatifs sont encore très bien représentés dans des départements comme l'Ariège ou la Lozère. Ou dans certaines régions de l'Ouest : « Dans le centre de la Bretagne, des villages complets vivent au rythme des échanges locaux ! » Mon enquête m'a confirmé que les défricheurs étaient concentrés en certains points du territoire. « Le grand public a de la curiosité pour tout cela », se réjouit Christian. Le succès des idées de décroissance, ou d'une vie plus sobre, ne signifie cependant pas que l'on se convertisse aisément à un autre mode de vie. Changer d'existence reste une épreuve difficile. Le nombre d'écovillages est somme toute très limité, constate le militant. « Les règles de l'urbanisme et l'accès au foncier constituent de vrais freins... »

Christian vit lui-même dans une modeste bâtisse de pierres sur les hauteurs de la commune de Thoiras (Gard). Potager, vigne, panneaux solaires : le lieu, aussi montagneux qu'alternatif, où il habite avec plusieurs membres de sa famille, est partiellement autosuffisant [7]. Le terrain, acquis il y a déjà plusieurs décennies, abrite également un camp de yourtes qui loge une trentaine d'habitants. Et encore La Mine, où résident, plutôt

---

6 Rencontre en avril 2014 ; voir le site du MOC : <www.les-oc.info>.

7 Voir Éric Dupin, *Voyages en France*, *op. cit.*

temporairement, une vingtaine de personnes dans des « habitats légers » ou des camions. Cet espace est le foyer d'activités fort diverses. Un camion est voué à la fabrique de bière. Un autre est consacré à la mécanique auto. Une dizaine de jeunes ont créé un système de cuisine itinérante à destination des foires, là aussi à partir d'un camion. On compte également un « atelier menuiserie », un « bibliobus » et pas mal de « rassemblements musicaux »... Toute une économie alternative. « De plus en plus de jeunes créent des activités qui répondent à de vrais besoins ! »

Christian ne se fait toutefois pas d'illusion sur la capacité de ces initiatives à changer globalement la société. Il ne croit pas à l'argument selon lequel leur essaimage la ferait progressivement basculer dans la transition écologique : « Politiquement, cela ne tient pas la route, la thèse des Colibris ; comme si l'idéologie dominante n'existait pas ! » Mais ce n'est pas une raison, insiste-t-il, pour mépriser et sous-estimer ces initiatives : « Chacun de ces événements et de ces réalisations politise les gens. » Le militant note avec gourmandise une évolution favorable des esprits : « Les Amis de la Terre ont voté en faveur de la décroissance, tout comme la CGT espagnole ! » Christian se rend souvent en Espagne ou en Belgique pour y observer le progrès de ces idées. Il s'alarme du retard français dans ces domaines : « Cela s'explique par notre centralisme forcené, ainsi que par notre système de représentation politique sans proportionnelle. » Cette tradition pyramidale et autoritaire ne favorise assurément pas la reconnaissance et le développement des alternatives.

La transition amorcée ?
L'exemple des Colibris

Cofondateur du mouvement des Colibris avec Pierre Rabhi, Cyril Dion est impressionné par le nombre de ceux qui sont impliqués, d'une manière ou d'une autre, dans la transition écologique[8] : « Ceux qui agissent vraiment pour un autre

8 Rencontre en septembre 2013.

mode de vie écologique ne sont que quelques milliers, mais ceux qui sont rentrés dans un nouveau champ de valeurs représentent beaucoup plus de monde. » Cyril évoque le demi-million de clients de BioCoop et les centaines de milliers de personnes qui adhèrent à Enercop, La Nef ou Terre de liens. Même si le nombre d'adhérents ne signifie pas grand-chose, le réseau Colibris en compte 80 000, avec une augmentation de 25 000 en un an. Et il est soutenu, chaque année, par 10 000 donateurs.

Pour résumer, d'après Cyril, « 20 % des gens sont déjà entrés dans un nouveau système de valeurs, 20 % sont conservateurs et le reste est un ventre mou ». Le vrai problème, selon lui, est d'arriver à agir selon ses convictions en surmontant les contradictions inévitables dès lors que chacun est bien obligé d'avoir « un pied dans le monde d'aujourd'hui ». Cyril mise sur les nouvelles générations : « Nos enfants raisonnent très différemment, le tri des déchets est fréquent dans les écoles. » Il sait pourtant que la bataille des représentations mentales qui soutiennent encore la société consumériste est loin d'être gagnée : « C'est vrai, quand on voit le nombre de 4 × 4, nous n'avons pas changé de représentation… » D'autant plus qu'il n'y a pas, loin s'en faut, qu'une certaine bourgeoisie pour demeurer insensible au message écologiste. « Les populations d'origine immigrée, confesse-t-il, on n'arrive pas à les toucher, on a l'impression de leur parler chinois. » Cette bataille des idées et des mentalités lui semble d'une importance stratégique.

Cyril constate également que « la France est plutôt en retard » du point de vue de l'expérimentation de nouveaux modes de vie : « Nous sommes dans un pays extrêmement centralisé où l'on compte énormément sur l'État. Dans les pays anglo-saxons, il y a beaucoup plus d'initiatives de la société. » Le conformisme des médias n'arrange pas les choses : « L'espace médiatique est occupé par des structures qui datent du XXe siècle ! Alors que Greenpeace a plus d'adhérents que le PS. »

Même si le mouvement Colibris donne la priorité à la mise en mouvement de la société elle-même, Cyril n'évacue pas la question politique. Ce point le distingue de Pierre Rabhi, dont il est par ailleurs très proche : « Pierre est très pessimiste, il s'est réfugié dans la conscience… » Le bouillonnement alternatif actuel devra bien, pour Cyril, trouver un jour un prolongement politique : « Il faut réinventer le modèle démocratique avec plus de démocratie directe, faire émerger de nouveaux leaders, de nouveaux partis. » Cet ancien comédien reconverti un temps dans l'humanitaire met toutefois en garde contre l'illusion révolutionnaire : « On n'ira nulle part sous une forme de rupture. Les révolutions, les catastrophes, cela crée de la panique, on va chercher l'homme providentiel, c'est le contraire de ce que l'on voudrait faire ! » La bonne stratégie consisterait plutôt à multiplier les lieux alternatifs, les prises de conscience, l'éducation populaire dans de petites communautés pour que les gens ne se tournent pas vers les « logiques autoritaires » lorsque le temps virera à l'orage.

Cyril a abandonné, en 2013, la direction du réseau Colibris après une phase personnelle délicate. Le militant s'était brutalement rendu compte que son activisme l'obligeait à un mode de vie contradictoire avec les valeurs qu'il défendait par ailleurs ardemment dans ses discours. Directeur de la rédaction du magazine *Kaizen*[9], il prépare un film, avec Mélanie Laurent, pour « montrer des gens heureux » qui vivent en cohérence avec leur idéal de société. « Après, je ferai de la fiction… » Décoloniser l'imaginaire des représentations dominantes est une vaste entreprise, qui peut emprunter divers canaux.

C'est aussi l'objectif que se donne Yves Michel, éditeur spécialisé dans les ouvrages alternatifs et écologiques[10]. Quand je le rencontre au printemps 2014, en dépit de la vogue de ces thématiques, celui-ci sort d'une période périlleuse. Sa maison d'édition a été placée en sauvegarde en 2013 et il lui faudra dix ans pour éponger ses dettes. Stocks excessifs, choix éditoriaux malheureux, baisse du nombre des librairies : les Éditions Yves Michel, couplées au Souffle d'or, ont failli disparaître. Il n'a eu d'autre choix que de réduire drastiquement le nombre de ses publications : de quarante-cinq en 2012 à vingt-sept en 2013.

---

9 Site : <www.kaizen-magazine.com>.

10 Rencontre en mars 2014 ; voir son blog <www.yvesmichel.org>.

Leur chiffre d'affaires s'élève à 1,3 million d'euros pour quelque 100 000 exemplaires publiés chaque année. C'est Le Souffle d'or, spécialisé dans le développement personnel, qui tire la société avec 85 % des ventes. Yves constate l'existence de « deux publics assez distincts » : majoritairement masculin pour les ouvrages plutôt politiques des éditions YM et d'abord féminin pour Le Souffle d'or.

Maire d'Éourres (Hautes-Alpes) pendant quatre mandats (voir *supra*, chapitre 2), Yves ne place guère d'espoir dans l'action politique : « Il y a un tel découplage entre l'offre politique pitoyable et nos aspirations... » Il est écœuré par l'attitude du PS ou de EELV et déplore que l'extrême droite soit à l'occasion plus attentive que la gauche à certaines problématiques qui lui sont chères : « Louis Alliot défend des thèses qui se trouvent dans mes livres, alors que le gauche en est incapable ! » Yves parie dès lors « résolument sur la société civile comme un ferment ». Il est persuadé que les nombreuses initiatives des « créatifs culturels », selon l'expression qu'il a popularisée en France [11], vont « essaimer ». Et d'espérer qu'« une masse critique fera pencher vers un autre système ». Sans en être persuadé, car Yves reconnaît être « relativement inquiet pour l'avenir ». L'éditeur engagé est bien conscient du « danger de déchirement de la société ».

C'est tout le problème. Une grande partie de la population reste étrangère aux prises de conscience écologiques. Je l'ai constaté tout au long de cette enquête, le monde des défricheurs reste atypique par rapport à l'ensemble de la société française. Il se caractérise d'abord par un profil sociologique très particulier : des personnes, souvent issues des classes moyennes, pas forcément argentées mais dotées d'un haut niveau culturel. Ces initiatives sont encore inégalement réparties sur le territoire national, avec une prédominance dans le sud et l'ouest du pays. C'est pour ces raisons que la thèse de l'essaimage et de l'imitation est très contestable. Les caractéristiques propres à cette

---

11 Association pour la biodiversité culturelle, *Les Créatifs culturels en France*, *op. cit.*

mouvance rendent problématique la conversion de pans entiers de la société française, qui en sont trop éloignés pour être au contact de ces expériences. La théorie du changement par les îlots risque ainsi de n'aboutir qu'au grossissement d'une minorité éclairée qui adopterait une « vie saine ». Mais demeurerait incapable de toucher le plus grand nombre.

Expérimentation de la sociocratie et de l'holacratie

La question politique, entendue comme mise en mouvement de l'ensemble de la société, ne peut dès lors être esquivée. Encore doit-elle être posée de manière innovante pour être entendue par tous ceux qui n'ont plus la moindre confiance dans une démocratie représentative dévoyée en ploutocratie élective. S'ouvre de la sorte un vaste champ de recherches sur les nouvelles manières d'impliquer, à tous les échelons, les citoyens dans la vie publique. Car le militantisme traditionnel, porteur de vérités révélées et demandeur d'obéissances automatiques, est incapable de répondre aux aspirations de ceux qui veulent changer la société au XXIe siècle.

L'Université du Nous est une drôle d'organisation, créée en 2010, qui se propose d'« accompagner la transformation sociétale en favorisant l'émergence de nouvelles formes d'organisation [12] ». L'idée de départ vient du constat que bien des initiatives collectives butent sur le PFH (« Putain de facteur humain »). D'innombrables projets échouent en se fracassant sur le roc des individualités. L'ego fait autant de ravages dans les associations ou les partis politiques que dans les entreprises. Les bénévoles ne sont pas les derniers à succomber aux phénomènes de domination de personnalités excessivement affirmées. Le but de cette université particulière est d'apprendre la « coopération » et des méthodes de prises de décision qui respectent autant le collectif que l'individu. Cette autre forme de « gouvernance » est

12 Site : <http://universite-du-nous.org>.

inséparable d'un « développement personnel » qui échappe aux pièges du nombrilisme.

Avant de participer à l'aventure de l'Université du Nous, Olivier Pastor a travaillé une dizaine d'années comme cadre dans le secteur industriel [13]. De son propre aveu, il s'y est « épanoui », jouissant à l'époque de la « réussite sociale » et du « niveau de vie confortable » qui s'y attache. Devenu père, il a toutefois entrepris un travail sur lui-même et ses émotions. Olivier s'est frotté à la Gestalt-thérapie [14]. Et cette tâche lui a fait prendre conscience du « grand écart entre [ses] valeurs profondes et [son] quotidien ». Il est plus heureux aujourd'hui de contribuer à diffuser une « nouvelle forme d'organisation efficiente, mais respectueuse de l'individu ».

L'Université du Nous a développé des techniques fondées sur la sociocratie et l'holacratie [15]. « On utilise des méthodes plus efficientes que celles que j'ai connues dans l'entreprise », se plaît à relever Olivier. L'objectif est de développer, d'un même mouvement, la « souveraineté individuelle » et la performance collective. L'université elle-même est dirigée selon cette méthode. En octobre 2012, j'ai ainsi assisté à deux réunions étonnantes utilisant le logiciel Glassfrog comme *holocracy support* [16]. Dans une salle de la Maison des associations de Chambéry (Savoie), trois personnes sont reliées par ordinateur avec deux Parisiens. La première réunion du « cercle » commence par un « temps de

---

13 Rencontre en octobre 2012.

14 Psychothérapie par un travail sur les processus psychologiques et corporels de l'individu.

15 Issue des théories systémiques, la sociocratie est un mode de prise de décision et de gouvernance qui permet à un groupe, considéré comme un organisme vivant, de s'auto-organiser. Le mot a été inventé par le sociologue français Auguste Comte (1798-1857) et la sociocratie s'est beaucoup développée aux Pays-Bas au XXe siècle. La prise de décision par consentement est un de ses piliers.
L'holacratie est un système de gouvernance fondé sur des mécanismes de prise de décision au travers d'une organisation fractale d'équipes auto-organisées. C'est un système dynamique et innovant, visant à donner le pouvoir à l'organisation elle-même plutôt qu'aux ego de ses membres. Proche de la sociocratie, elle s'est développée à partir des années 2000 aux États-Unis.

16 Site : <http://holacracy.org/glassfrog>.

centrage ». Chacun confie son état d'esprit. « Je me réveille... » On « checke » ensuite ce qui a été fait ou pas. Puis le groupe traite les « tensions » de ses membres. Chacun dit ce qui le préoccupe et le groupe cherche des réponses jusqu'à ce que la « tension » soit « traitée », avant de passer à l'ordre du jour sur l'état d'avancement des différents projets de l'association. La réunion s'achève par une phase de « restitution » : « Je me sens confiant, rassuré, même si je ne parle pas encore la langue holacratique... » Tout cela apparaît assez formel, un peu lourd et procédurier. Et pourtant, la méthode permet d'éviter les flous et les malentendus si fréquents dans la vie des organisations ordinaires. Les non-dits ou les ambiguïtés font gagner du temps sur le moment. Mais ils nourrissent aussi des frustrations qui provoquent souvent au bout du compte des conflits.

Une deuxième réunion, dite de « gouvernance », me permet d'observer la subtile alchimie de l'« élection sans candidat ». Il s'agit de désigner un « officier de cercle », c'est-à-dire une sorte d'animateur. Chaque membre du groupe inscrit sur un papier le nom de celui dont le profil lui semble le mieux adapté à la fonction. Sans s'être manifesté le moins du monde, Jean est ainsi choisi par ses pairs. Mais il lève tranquillement une « objection » : « J'ai besoin d'un petit peu de temps... » Personne n'insiste. On recherche un autre candidat. Le deuxième « élu » est, par malchance, inéligible en raison de ses fonctions actuelles au sein du groupe. Sans se décourager, celui-ci vote à nouveau. Le troisième élu formule une objection relative à son éloignement géographique. Le groupe discute tranquillement du problème et l'intéressé lève ses réserves. Il est enfin élu. Là encore, la méthode est, en première approche, plutôt chronophage. Mais qui dit qu'elle ne fasse pas, au final, gagner du temps à l'organisation en lui épargnant une responsabilité mal choisie et/ou mal assumée ? Le grand avantage de l'holacratie est que l'intérêt du groupe prime sans qu'il écrase pour autant les individualités...

C'est à Habiterre (voir *supra*, chapitre 7) que l'Université du Nous organise, en ce week-end de novembre 2012, un de ses « ateliers » destinés à ceux qui veulent se familiariser et se former à ces nouvelles formes de gouvernance. « Nous aimons être dans des lieux représentatifs de la forêt qui pousse avec ces milliers d'initiatives annonçant un changement, une autre façon de voir le monde », explique Laurent van Ditzhuyzen, l'un de ses fondateurs. Selon lui, l'un des principaux obstacles à cette mutation tient précisément à ce que « notre société est bâtie sur un modèle pyramidal ». Cet héritage et les habitudes hiérarchiques qui y sont associées handicapent gravement l'innovation : « La plupart du temps, rappelle Laurent, huit initiatives collectives sur dix échouent sur des problèmes humains. » D'où ces stages de l'Université du Nous, qui permettent d'apprendre à mieux décider en groupe. En s'efforçant de démontrer concrètement que l'on peut imaginer des processus permettant au groupe d'avancer tout en respectant les individus : « Un Nous puissant est un Nous avec des Je affirmés qui cultivent la souveraineté individuelle. » L'Université du Nous, on l'a vu, pratique et enseigne l'holacratie, variante de la sociocratie. « On passe du temps à prendre des décisions, mais c'est sacré pour nous ! » Cet investissement temporel est largement compensé par la qualité des décisions prises et par les effets bénéfiques sur la cohésion du groupe qui en résultent.

Ce stage, de premier niveau, est suivi par quinze participants encadrés de quatre animateurs. Après une présentation de ses principes, il débute par un « jeu du Tao », en petits groupes, qui simule l'aide mutuelle que s'accordent les joueurs pour réaliser leurs objectifs. Où l'on voit que la majorité des participants – ou plutôt participantes, les femmes étant majoritaires – rêvent d'un changement de vie passant parfois par une reconversion professionnelle radicale…

L'atelier dure trois jours, au cours desquels le groupe se frotte à la « communication bienveillante » ou à la « gouvernance en cercle ». Sa cohésion est renforcée par divers exercices collectifs physiques ou mentaux, qui soumettent à rude épreuve mon individualisme congénital. La dernière étape consiste à choisir un projet sur lequel les stagiaires travailleront ensemble, forts de leurs nouvelles connaissances. Chacun exprime à haute voix ses désirs d'un monde meilleur. On évoque la création de communautés, ou d'un « écolieu ». Les plus prudent(e)s avancent simplement l'idée de « vivre ensemble » avec une famille amie ou d'expérimenter l'« autopartage » : « J'ai déjà commencé avec un voisin qui m'a dit : "Tu m'achèteras des bières en échange." Mais je voudrais un truc plus carré. » On imagine encore des projets de cirque ou de massage itinérants. Et pourquoi pas un « jardin dans le béton » ? « Ce serait bien de se nourrir en bas de chez nous au lieu de faire des ronds-points ! »

Après discussion, le projet qui emporte l'adhésion du groupe est à la fois très ambitieux et un peu flou. Son initiateur propose de « créer un mouvement » destiné à des jeunes de vingt à trente ans qui vivraient une « aventure pour découvrir les entreprises alternatives ». L'idée plaît aux participants, mais ils y projettent de manière débridée leurs propres attentes. Le groupe éprouve les plus grandes difficultés à aider Yann Sorbier [17] dans sa quête au demeurant ambiguë.

Chacun rivalise d'imagination dans la définition d'un projet aussi original qu'éloigné des intentions de son auteur. On parle de « fête », on rêve d'organiser un « événement sans argent », d'y inviter des « jeunes des cités », de « désir de déboîtage et de faire autrement ». L'ego de Yann finit par se rebiffer. Agacé, cet homme dynamique et attaché à l'efficacité lâche qu'il travaille déjà avec des « gens d'une extrême compétence ». Et que lui sait parfaitement où il veut aller. « Le groupe qui ergote, ça me hérisse le poil », laisse-t-il brutalement tomber alors que les stagiaires tentent laborieusement de se mettre d'accord sur une motion nègre-blanc. Des propos qui surprennent et révulsent plusieurs participantes. « Je ne me retrouve plus dans le cercle, j'aimerais être ailleurs », s'alarme l'une d'entre elles. Malgré la méthode des « petits pas » de l'holacratie, chacun se braque et le groupe se bloque. « C'est la toute première fois que nous n'aboutissons pas à une décision », constate tristement Laurent.

Pénible à vivre pour certains, cet échec n'en est pas moins riche d'enseignements. La méthode de décision par consentement, où le groupe traite sereinement les objections de chacun,

---

17 Que je retrouverai au Viel Audon (voir *supra*, chapitre 2).

n'est pas une simple technique efficace en toutes circonstances. Elle suppose un minimum d'homogénéité du groupe et de sagesse des participants. Il faut préalablement avoir effectué un véritable travail sur soi pour participer fructueusement à une délibération collective équilibrant l'intérêt du groupe et les visions individuelles. Ces conditions n'étaient visiblement pas réunies en l'espèce. Emporté par son enthousiasme, ce groupe récemment constitué a sans doute péché par idéalisme. Il a communié dans de bonnes intentions lourdes d'équivoques avant de se briser sur la réalité d'un projet figé défendu de manière trop traditionnelle par l'un de ses membres.

Construire un débat, écrire une Constitution

Engagé dans le mouvement altermondialiste, le philosophe Patrick Viveret se préoccupe de longue date des conditions d'émergence de nouveaux espaces démocratiques [18]. Selon lui, les « créatifs culturels » qui expérimentent et innovent forment un « halo », un « puzzle éclaté » mais convergeant autour de la « récusation de l'actuel modèle de société » et de l'« adhésion à la vision du *buen vivir* ». Ce mouvement commence tout juste à se structurer. Le Collectif pour une transition citoyenne regroupe quatorze associations très variées [19]. « C'est important que des acteurs aussi différents qu'Attac et Colibris convergent », se félicite Patrick. Il se réjouit également du dynamisme du « processus post-Alternatiba », du nom du festival alternatif très réussi qui s'est déroulé à Bayonne en 2013 [20]. Les convergences au sein de cette mouvance multiple s'accumulent. Les États généraux du pouvoir citoyen [21] regroupent ainsi quatre collectifs : le Pacte civique, Roosevelt 2012, le Laboratoire

18 Rencontre en mars 2014.
19 Site : <www.transitioncitoyenne.org>.
20 Site : <http://alternatiba.eu>.
21 Site : <http://eg-pouvoir-citoyen.org>.

d'économie sociale et solidaire et le Collectif pour une transition citoyenne.

Plus des acteurs différents travaillent ensemble dans la même direction, et plus il convient d'imaginer de nouvelles procédures de dialogue et de confrontation. « On travaille avec des milieux divers, qui peuvent avoir de vrais désaccords », souligne Patrick, lequel se passionne pour la « construction de désaccords ». Cela revient « à utiliser la richesse des différences et à rompre avec le modèle unité ou contradiction » qui domine généralement le débat politique. Cette technique, encore expérimentale, se décline en trois étapes. La première consiste à « réduire l'opacité » du débat, c'est-à-dire à lever les désaccords qui ne sont que des malentendus. Ils sont plus nombreux qu'on pourrait le croire, tant il est vrai que beaucoup d'oppositions sont avant tout sémantiques ou symboliques. Travailler sur l'« intelligence sensible » des problèmes avant leur appréhension par l'« intelligence mentale » permet de les réduire spectaculairement. « Quand les gens expriment leur ressenti, les lignes commencent à bouger. » C'est ainsi que, lors de la préparation d'un Forum social mondial, a pu être levée l'opposition sur la « sécurité » entre Européens de l'Ouest, d'une part, et Latino-Américains et Européens de l'Est, d'autre part. Prisonniers de la résonance des mots, les premiers réagissaient au climat « sécuritaire » souvent dénoncé par la gauche européenne, alors que les seconds accordaient à la sécurité une vertu sociale précieuse.

La deuxième étape est celle de la « construction des désaccords » qui ont résisté à la première. On cherche alors à « se mettre d'accord sur les désaccords », un travail qui conduit généralement à une nouvelle réduction de ceux-ci. La troisième étape vise enfin à « traiter les désaccords », c'est-à-dire à trouver une solution qui permette au groupe d'avancer sans nier les oppositions qui le traversent. « À chaque étape, le groupe progresse. » Le processus permet de relativiser progressivement des contradictions qui semblaient, à première vue, insurmontables.

L'efficacité de la méthode impressionne Patrick. En 2013, lors d'une journée du Pacte civique consacrée au « mariage pour tous », elle a prouvé sa fécondité. « Au départ, il y avait de vraies oppositions avec une sensibilité catholique très différente de celle des autres. » Et puis, « très vite, tout ce qui est binaire a sauté. Avec ce type de processus, le débat devient moins abstrait. Il s'est resserré autour de désaccords sur la filiation, moins caricaturaux qu'on aurait pu le croire ». Le traitement du désaccord a ici abouti à la proposition d'inscrire dans la loi une procédure d'évaluation de ses conséquences en matière de filiation. Le pragmatisme et la recherche du bon compromis l'emportent lorsque le débat quitte le terrain des joutes symboliques et identitaires. Nul doute que le débat public gagnerait énormément à s'inspirer de ce genre de méthodes. Le philosophe aimerait convaincre certains médias d'expérimenter des échanges basés sur ces principes. Cela nous changerait du théâtre des débats transformés en spectacles surjoués...

Patrick avait également expérimenté avec succès cette méthode lors du premier Forum de Porto Alegre, en 2000. Les Brésiliens et les participants d'autres pays s'opposaient, à son issue, sur l'opportunité de se réunir à nouveau dans la même ville, les premiers s'inquiétant de l'instrumentalisation de la manifestation par le Parti des travailleurs. Au terme du processus d'examen de la contradiction, il a été décidé de rédiger une charte très précise destinée à conjurer ce risque politique. Au-delà, Patrick estime qu'il est urgent d'inventer des processus qui dépassent une démocratie représentative de plus en plus détournée de son sens par les puissantes oligarchies : « On est arrivé à un point caricatural où on se demande à quoi bon voter ! » Mais « à condition d'enrichir le modèle démocratique et non de l'abandonner ». Le philosophe pointe les « limites » de la sociocratie ou de l'holacratie, qui ont selon lui l'inconvénient de supprimer le *demos* et, de ce fait, de « permettre à des dominants de retrouver de l'espace ». La participation au débat du plus grand nombre ne peut, à coup sûr, reposer sur les mêmes processus.

Cette question est au cœur des préoccupations d'Étienne Chouard [22]. Enseignant dans un lycée de Marseille, celui-ci s'est

22 Rencontre en mars 2014 ; site du « Plan C » : <http://etienne.chouard.free.fr/Europe>.

fait connaître par son combat citoyen contre le Traité constitutionnel européen (TCE) en 2005. Depuis, il milite avec la dernière ardeur pour faire avancer son idée d'une Constitution rédigée par les gens eux-mêmes : « Je suis tout le temps sur le pont. » Étienne anime infatigablement, d'un bout à l'autre de l'Hexagone, des « ateliers constituants » qui peuvent rassembler une petite centaine de personnes. Une quarantaine d'entre eux se sont déjà déroulés, « avec des jeunes et des vieux, des avocats et des chômeurs, absolument de tout ». La page Facebook d'Étienne a 19 000 abonnés.

Ce militant constitutionnel, né en 1956, s'émerveille de la manière dont de simples citoyens peuvent aborder sagement des questions aussi complexes que le droit et la guerre. « Je suis sûr que cela va marcher, même si cela ne doit pas être le cas de mon vivant. » Il conjure les participants à ses réunions de ne pas relâcher leur effort : « À chaque atelier, je leur dis : "Je vous aime bien, mais il faut faire des ateliers constituants tous les jours ! Éteignez la télé et ne soyez pas feignants !". » N'est-ce pas un peu trop demander ? « La plupart de mes congénères ne veulent pas s'occuper de politique », est-il bien obligé d'admettre.

Étienne n'est pas vraiment un ennemi de la démocratie représentative : « À mon avis, la démocratie représentative serait très bonne si ceux qui écrivent ses règles n'étaient pas eux-mêmes ses représentants. » Il n'en rêve pas moins d'un système qui accorderait la plus grande place au tirage au sort, une méthode ontologiquement plus démocratique que l'élection, un système effectivement élitiste par construction [23]. Il n'empêche qu'une telle audace égalitaire serait sans précédent. « Jamais, dans l'histoire, les gens n'ont tiré au sort ceux qui votent les lois, reconnaît-il. Je comprends très bien que les gens en aient peur… » Aussi Étienne suggère-t-il un bicaméralisme, avec une Chambre de représentants tirés au sort, pour « aller progressivement » dans la direction qui lui est chère. La

23 Ce qui rejoint (en partie) les analyses du politologue Yves Sintomer, *Petite histoire de l'expérimentation démocratique. Tirage au sort et politique d'Athènes à nos jours*, La Découverte, Paris, 2011.

méfiance d'Étienne à l'égard des représentants établis flirte avec une forme de complotisme, qui lui a valu de méchants procès d'intention. « La faillite de la Grèce, c'est un complot », se récrie-t-il. Étienne n'hésite pas à dire qu'il trouve « des tas de choses intéressantes » sur le sulfureux site du Réseau Voltaire [24]. Il est loin d'être seul dans ce cas, mais son rejet des élites le conduit sur des sentiers parfois glissants.

La démocratie directe est aussi la passion d'Adrien Delahousse [25]. Après des études de droit et de finances publiques, ce jeune homme né en 1982 s'est passionné pour ce thème. Il s'est d'abord intéressé à l'Afrique, un continent où, tout particulièrement, « c'est mieux si les gens décident pour eux-mêmes ». Puis il a découvert la « pensée révolutionnaire » de l'Américain Murray Bookchin (1921-2006), le fondateur de l'« écologie sociale », défenseur d'une sorte de « municipalisme libertaire ». Adrien confesse un faible pour l'« utopie » d'assemblées locales qui s'administreraient elles-mêmes, choisissant des délégués « avec mandats impératifs » pour les échelons supérieurs. Il s'étonne que l'idée de démocratie directe ne rencontre pas plus d'écho, alors même qu'elle a été portée par de grands penseurs comme Hannah Arendt ou Cornelius Castoriadis. En 2012, Adrien a lancé Populaction.com, un site Web rassemblant des informations sur les expériences de démocratie directe à travers le monde. « Idéaliste », il a même quitté son « petit boulot de veille dans les médias » pour se consacrer à ce projet. Ne parvenant pas à vivre des dons des internautes, comme il l'avait espéré, Adrien s'apprête à devenir « prof des écoles ».

En dépit de son enthousiasme, il a bien dû constater les limites d'une démocratie directe fort peu pratiquée en France : « J'étais allé à Grigny (Rhône) le jour du vote du budget participatif. Il n'y avait que six habitants, c'est peu, même si c'était, ce jour-là, le débat Sarkozy-Hollande... » Cette piste lui semble néanmoins à creuser en cette ère de mondialisation : « C'est

---

24 Site qui fait la part très belle aux thèses conspirationnistes, notamment sur les attentats du 11 septembre 2001.

25 Rencontre en février 2014.

l'opposition au niveau le plus local qui peut rendre un rapport de forces légitime face à la loi internationale. » Opposer une « légitimité terre à terre » aux grands systèmes qui nous dominent est une solution séduisante, comme le montre l'exemple des territoires qui refusent les OGM. Adrien sent pourtant que cette manière de voir reste peu répandue en France : « Notre niveau de conscience politique nous paralyse un peu. Quand j'étais militant à Attac, je me moquais bien du local ! Et notre État social très fort nous déresponsabilise aussi... » Les traditions idéologiques françaises sont assurément peu propices aux expérimentations politiques à la base.

La « démocratie participative » a beau avoir été mise à l'honneur par la campagne présidentielle de Ségolène Royal en 2007, ses réalisations sont rares en France. On cite souvent l'expérience de Morsang-sur-Orge (Essonne), une commune d'une vingtaine de milliers d'habitants qui a mis en place des « budgets de quartier » dès 1998. Une « Coordination des comités de quartier » décide aujourd'hui des travaux de voirie, mais il serait excessif de penser que les habitants ont eux-mêmes pris en main les affaires budgétaires, surtout dans le difficile contexte des années 2010.

La réconciliation des innovateurs de terrain avec l'action politique suppose que celle-ci renouvelle profondément ses manières de penser et d'agir. « Nous avons besoin d'un surcroît qualitatif de démocratie qui va dans le sens d'une intelligence politique collaborative », estime à raison Patrick Viveret [26]. Le « militantisme sacrificiel » est mort et il serait temps de penser les organisations politiques comme autre chose que des Églises ou des sectes, des armées ou des bandes. Les nouvelles technologies, par la souplesse et la facilité d'échange qu'elles offrent, pourraient permettre à la démocratie d'atteindre une profondeur inégalée. Mais tout reste à inventer. À la seule condition de ne pas oublier que la décision collective suppose des procédures rigoureuses si l'on veut conjurer la dangereuse naïveté des bonnes intentions.

---

26 Patrick Viveret, *Vivre à la bonne heure*, *op. cit.*

Conclusion

Un mouvement en gestation

C'est peu dire que j'ai appris énormément de choses au cours de cette enquête. Des subtilités de la biodynamie à celles de la sociocratie en passant par les coopératives d'habitants ou les écoles alternatives, j'ai découvert un univers d'une richesse insoupçonnée. Son exploration a été revigorante, tant ce monde « alternatif » ou innovant respire l'enthousiasme et l'optimisme. La grande majorité des défricheurs que j'ai rencontrés doivent surmonter, grâce à leur propre énergie, de sérieuses difficultés. Ils ne connaissent pas la quiétude de la sécurité et de l'aisance matérielles. Mais des choix de vie cohérents avec leurs idéaux leur donnent un sentiment de plénitude.

L'émergence des « révolutions tranquilles »

Au cours de ce voyage, j'ai croisé d'autres personnes qui allaient de lieu en lieu pour voir concrètement comment vivre différemment. De nombreux étudiants, peu réjouis à la perspective de se ménager une petite place sur un « marché du travail » qui leur fait la fine bouche, caressent l'espoir d'emprunter d'autres chemins. Ces « écotouristes », comme on les nomme parfois, passent d'un écovillage à l'autre, visitent plusieurs sites alternatifs en une sorte de périple initiatique destiné à faire mûrir la vision de leur avenir personnel.

À l'occasion de cette enquête, j'ai aussi fait la connaissance d'un jeune journaliste engagé dans un « tour de France des alternatives »[1]. De juin à décembre 2013, Emmanuel Daniel est parti « sur la route des utopies concrètes »[2]. Âgé de vingt-cinq ans, il a réalisé ce projet dans des conditions autrement plus spartiates que les miennes, comptant sur l'« économie du partage » pour se déplacer, se loger ou manger. En dépit de nos différences de génération et de références politiques, ses conclusions sur les forces et les limites de cette mouvance, j'y reviendrai, sont étonnamment convergentes avec les miennes. Emmanuel est rentré heureux d'avoir touché du doigt « 1 001 façons de faire la révolution concrètement, joyeusement et tout de suite ». Malgré une faible publicité, le site relatant ses rencontres a déjà attiré plus de 100 000 visiteurs. Diplômé de l'IPJ (Institut pratique du journalisme), il est sorti de cette expérience encore moins désireux de devenir un « petit soldat du journalisme ». Emmanuel préfère emprunter les chemins escarpés d'un alterjournalisme couplé avec des choix de vie écologiques : « Je n'ai envoyé aucun CV, mais je vois maintenant l'avenir de manière plus libérée… »

Les alternatives dont il est question dans ce livre ne sont évidemment pas spécifiques à la France, mon champ d'enquête. La journaliste Bénédicte Manier a repéré « un million de révolutions tranquilles » à travers le monde[3]. Elle a constaté l'« émergence simultanée, dans des contextes géographiques et socioculturels très différents, de réalisations de formes identiques – alterconsommation, monnaies locales, coopératives de travail et d'habitat, jardins urbains, agricultures durables, formes participatives de démocratie ». On assiste bel et bien à un mouvement mondial d'émergence de nouvelles pratiques sociales et économiques en rupture avec le productivisme et le consumérisme. Cet auteur souligne que ces initiatives ne sont plus portées par des groupes « marginaux », mais par « des individus et des groupes vivant au cœur même de nos sociétés, dans

---

1 Site : <www.tourdefrancedesalternatives.fr>.

2 Rencontre en avril 2014.

3 Bénédicte Manier, *Un million de révolutions tranquilles*, Les Liens qui libèrent, Paris, 2012.

les classes moyennes et populaires ». Par rapport à cette mutation globale, la France se situe très nettement en retard, on l'a constaté dans des domaines aussi différents que l'agriculture biologique, l'habitat groupé ou les écoles alternatives. Son centralisme historique, sa tradition étatique et sans doute aussi sa mentalité individualiste handicapent lourdement les innovations sociales ou écologiques.

Cette dynamique ne peut toutefois masquer qu'une partie importante de la planète monte à son tour dans le train de la « société de consommation ». Les pays émergents, aux premiers rangs desquels la Chine et l'Inde, sont engagés dans des processus économiques qui ne sont pas spécialement « décroissants ». Dans une réflexion planétaire sur la transition écologique, il importe de tenir compte de cette réalité, dont les conséquences environnementales seront majeures.

Un mouvement social inconscient

Les défricheurs n'ont pas conscience de leur force. Ils se vivent généralement comme des gens en marge de la société, sans se rendre compte de leur nombre ni de leur influence potentielle. Ces innovateurs sous-estiment fréquemment l'impact qu'ils pourraient avoir si leurs réalisations étaient mieux connues. Dans le contexte chaotique de crise interminable, avec son lot de frustrations et de stress, l'idée que l'on puisse vivre plus sainement, plus tranquillement, est dotée d'un fort potentiel de séduction. Une fraction notable de la jeunesse hésite à se plier aux règles d'un système aliénant et s'interroge sérieusement sur l'opportunité d'y échapper, même au prix de sacrifices financiers. De nombreux salariés, mal à l'aise dans un travail en dissonance avec leurs propres valeurs, sont prêts à une reconversion professionnelle qui leur ferait retrouver une cohérence de vie. Nombre de défricheurs que j'ai rencontrés ont rompu avec une vie sociale antérieure matériellement plus confortable mais moralement moins épanouissante.

L'invisibilité de cette mouvance qui travaille la société en profondeur tient pour partie à ses difficultés de mise en réseau – malgré l'impressionnante nébuleuse de sites Web qu'elle produit, et dont j'ai cité dans ce livre plusieurs dizaines, pour le seul monde francophone. « Ce foisonnement est encore aujourd'hui un vaste puzzle éclaté », relève Patrick Viveret [4]. Fort occupés par la réalisation de leurs propres projets, les défricheurs ont tendance à délaisser l'effort de mise en relation entre ces initiatives. Privilégiant exagérément l'inscription sur leur territoire par rapport aux exigences d'une solidarité plus large, ils cèdent parfois au localisme. « Penser global, agir local » : cette formule lancée par l'écologue français René Dubos dès 1972 est devenue l'un des meilleurs mots d'ordre du mouvement altermondialiste. Tenir les deux bouts de la chaîne n'en reste pas moins un exercice délicat. Chacun voit bien que la prise sur le réel devient plus problématique au fur et à mesure que l'on s'élève à une échelle supérieure.

Les tentatives de relier les diverses facettes de ce mouvement social de type nouveau demeurent balbutiantes. J'ai assisté, en mai 2013, au deuxième « Festival de la transition », à Cluny (Saône-et-Loire), où se sont manifestées les convergences entre des acteurs opérant sur des terrains différents. Près de 2 000 personnes y ont participé, malgré un temps pluvieux. Ce beau festival s'est conclu par le lancement d'un Collectif pour une transition citoyenne [5] fédérant douze organisations : Enercoop, Colibris, Biocoop, Énergie partagée, Miramap, plan ESSE, Terre de liens, la Nef, Villes en transition, Réseau Cocagne, la Coopérative de finance éthique, sans oublier Attac. « N'attendons pas le changement, dit cet appel, prenons notre avenir en main, maintenant. » Ces organisations promettent « d'unir [leurs] forces, de coopérer et de sortir des logiques de chapelle », ou encore de se « relier pour [se] soutenir mutuellement ». En février 2014, la Coordination européenne des

4 Patrick Viveret, *Vivre à la bonne heure*, *op. cit.*

5 Site : <www.transitioncitoyenne.org>.

Alternatiba créée à Nantes a décidé de devenir membre partenaire du Collectif pour une transition citoyenne.

Patrick Viveret espère voir son rêve devenir un peu plus réel : « Un tel mouvement serait une vaste mutuelle d'initiatives et de projets liés entre eux par des valeurs et des règles d'échange et de partage (une charte commune) et par l'utilisation d'outils communs permettant la mutualisation croissante des projets [6]. » L'objectif n'est assurément pas de poser les fondations d'une organisation commune à tous ces acteurs. La grande diversité de leurs démarches et le farouche esprit d'autonomie qui les anime l'interdiraient de toute manière. Le sociologue Jean-Pierre Worms rejette comme « dangereuse » l'idée de créer un « mouvement » des « créatifs culturels » et propose plutôt de « constituer des réseaux entrecroisés, ouverts et fluides », afin que ceux-ci ne se sentent « pas seuls » [7]. Même entendu de cette modeste manière, l'objectif reste à atteindre...

Une nouvelle élite

Comment caractériser sociologiquement cette mouvance ? La question n'est pas sans intérêt eu égard aux potentialités de changement social ouvertes par ces initiatives. Il ne fait pas de doute que ces défricheurs ne sont pas représentatifs de l'ensemble de la société française. Mes observations recouvrent celles d'Emmanuel Daniel, qui a été frappé par l'« homogénéité des profils » autour d'un type « bobo-gaucho-écolo-classe-moyenne éduquée » [8]. Le cœur de cette population tourne autour de ce que l'on appelait autrefois la petite bourgeoisie intellectuelle. On trouve peu de personnes issues de la grande bourgeoisie et encore moins des classes populaires d'origine immigrée.

6 Patrick Viveret, *Vivre à la bonne heure*, *op. cit.*

7 Association pour la biodiversité culturelle, *Les Créatifs culturels en France*, *op. cit.*

8 Etika Mondo, « Interview d'Emmanuel Daniel, le tour de France des alternatives », <url.ca/hnlud>, 27 novembre 2013.

Soyons toutefois très attentifs à ne pas verser dans la caricature si souvent peinte des « bobos ». Sous ce vocable, devenu une injure trop commode, on amalgame des positions sociales et des attitudes idéologiques extrêmement diverses. Les « bourgeois bohèmes », friqués et snobs, dénoncés par la chanson de Renaud de 2006, ne sont pas du tout ceux que j'ai croisés au cours de ce voyage. Il faudrait plutôt parler de « petits bobos », de personnes dotées d'un bon niveau culturel mais de faibles ressources économiques. Surtout, les défricheurs se caractérisent par la cohérence entre leurs paroles et leurs actes, alors que les « bobos » honnis manifestent une coupable hypocrisie, laissant s'installer une dangereuse distance entre leurs bons sentiments et leurs pratiques sociales.

Le concept de « créatifs culturels », lancé aux États-Unis en 2000 [9], a été proposé pour rendre compte de cette mouvance. L'accent est alors mis sur les « valeurs » qui rassembleraient un « groupe socioculturel » en expansion dans les sociétés développées. Celui-ci est mesuré par des enquêtes d'opinion visant à repérer les personnes sensibles aux enjeux environnementaux, au développement personnel, à la critique du consumérisme, à l'engagement social et aux valeurs égalitaires. Sur ces bases, pas moins de 35 % de la société américaine seraient composés, en 2008, de ces « créatifs culturels ». Un résultat qui laisse sceptique : si tel était vraiment le cas, les États-Unis n'éprouveraient pas autant de difficultés à emprunter un chemin écologique. En France, une étude analogue a conclu à l'existence de 17 % de « créatifs culturels » [10]. Ces estimations, calculées à partir de simples déclarations d'opinion, doivent être accueillies avec les plus grandes précautions. Jean-Pierre Worms a sans doute raison de considérer que les valeurs culturelles portées par ces groupes sont porteuses de changement social. Celles-ci sont, à coup sûr, en expansion dans le monde occidental. Mais cela ne suffit pas.

---

9 Paul H. Ray et Sherry Ruth Anderson, *L'Émergence des créatifs culturels*, Yves Michel, Gap, 2001.

10 Association pour la biodiversité culturelle, *Les Créatifs culturels en France*, *op. cit.*

Les « altercréatifs », réellement engagés dans une mutation des modes de vie, sont autrement moins nombreux.

À vrai dire, la cohorte des défricheurs appartient à une certaine élite au sens propre du terme. Elle ne brille pas par sa supériorité en termes d'argent ou de pouvoir, mais peut se revendiquer d'appartenir au groupe des « meilleurs » du point de vue de l'éthique sociale et écologique. Le « mouvement convivialiste » dont parle Patrick Viveret est composé de ceux qui ont compris que la « joie » est un « sentiment beaucoup plus profond que le plaisir ». La première, « à la jonction d'un chemin personnel et d'une transformation sociétale », apporte plénitude et apaisement, tandis que le second, exigeant toujours plus d'excitations, est générateur de frustrations sans cesse renouvelées. Encore faut-il reconnaître qu'atteindre une telle sagesse n'est pas si facile. Cela suppose d'avoir décidé d'opérer un travail exigeant sur soi et de l'avoir mené à bien. C'est en ce sens que cette mouvance peut être qualifiée d'élitiste.

Remarquons d'ailleurs, avec Emmanuel Daniel, que cette avant-garde écosociale a besoin de personnalités fortes pour engranger des succès. Le jeune journaliste a bien saisi l'une des faiblesses de ces initiatives : « Elles ne dépendent que de la volonté de certaines personnes à se mettre en marche. Il y a le leader et ceux qui lui emboîtent le pas [11]. » Il est vrai qu'un volontarisme puissant est nécessaire pour innover dans un environnement souvent hostile. Mais c'est dans la durée que l'alchimie entre l'entraîneur de projet et son équipe, entre l'énergie du leader et la cohésion du groupe, devient parfois problématique.

Au chapitre des potentialités révolutionnaires du mouvement des défricheurs, notons enfin la présence massive d'une « génération aussi éduquée que désenchantée », selon l'expression de Bénédicte Manier. L'invraisemblable rareté du travail offert par le système économique aux jeunes les pousse de plus en plus à créer leurs propres activités. La déqualification subie

11 Etika Mondo, « Interview d'Emmanuel Daniel, le tour de France des alternatives », *loc. cit.*

par tant de ceux qui ont suivi des études supérieures milite aussi en faveur d'alternatives au salariat dans les entreprises ordinaires. L'aspiration au *buen vivir* et le rejet d'une société angoissante sont de puissants leviers du glissement des nouvelles générations vers d'autres modes de vie et de travail.

Demain, deux mondes parallèles ?

Le profil particulier des défricheurs rend peu réaliste, à partir d'un certain niveau, la stratégie de l'essaimage. La multiplication des initiatives sociales ou écologiques a certes d'indéniables vertus d'exemplarité. Il est très probable que ce processus se développe dans les années à venir. La minorité agissante pour le bien de la planète et une meilleure sociabilité va vraisemblablement grossir dans des proportions non négligeables. Son pragmatisme lui offrira des succès qui feront boule de neige. Avec un peu d'optimisme, on peut même imaginer que, dans une ou deux décennies, un quart de la population française vivra selon ces modes de vie. Mais n'atteindrons-nous pas un seuil à partir duquel cette avant-garde écolo-sociale cessera de croître ? Ses caractéristiques sociales et culturelles peuvent, à un certain moment, freiner son élargissement. Les phénomènes d'imitation et d'exemplarité ne peuvent jouer qu'à certaines conditions de proximité, tant sociale que géographique. Or des pans entiers de la société française n'ont aucun point de contact avec les défricheurs.

La question de la masse critique à partir de laquelle c'est la société tout entière qui bascule dans un autre paradigme reste ainsi posée. Il ne faut pas sous-estimer les résistances multiples qui s'opposeront à un changement de ce type. Le capitalisme financiarisé et mondialisé ira certes de crise en crise, mais ceux qui parient sur son écroulement automatique font preuve d'une belle candeur. L'histoire l'a amplement prouvé, ce système d'exploitation et d'aliénation a mille tours dans son sac. Expert dans l'art de déplacer ses contradictions, il saura se défendre et rebondir de bien des manières. Trop de privilèges et d'intérêts sont en jeu.

Un vrai changement social et écologique passe obligatoirement par un combat politique dont la dimension culturelle est essentielle. Or, sur ce plan, la bataille est à peine engagée. Le modèle consumériste continue de séduire le plus grand nombre. Sa contestation n'est portée que par des forces très marginales. En appeler simplement au changement personnel risque de ne pas être très efficace. Celui-ci présuppose une prise de conscience problématique dans beaucoup de milieux sociaux, des classes favorisées aux classes populaires. Et il y a un monde entre la compréhension intellectuelle de l'opportunité de changer ses comportements et la mise en pratique de ces idées. André Malraux prétendait qu'un homme n'est rien d'autre qu'un « misérable petit tas de secrets ». On peut aussi le voir comme un misérable petit tas d'habitudes.

Cette enquête n'a pu qu'aiguiser ma prise de conscience écologique. Mais force est de constater que je n'ai modifié qu'à la marge mes comportements. La culture de l'exemplarité individuelle est certes éloignée de la conception collective du changement social qui demeure la mienne. Mais la vérité oblige aussi à dire que rompre avec ses habitudes suppose une motivation et une détermination rares. Ce n'est pas un hasard si les dirigeants politiques, craignant de bousculer leurs électeurs, sont si timorés dans leur approche des questions écologiques. La pauvreté du « Plan de transition énergétique » présenté par Ségolène Royal en juin 2014 en témoigne éloquemment.

Tout cela dessine le scénario de deux mondes parallèles qui coexisteraient dans le futur. Vivant sainement, une minorité très substantielle aurait rompu avec le système productiviste et consumériste. Mais la majorité de la population demeurerait soumise à ses contraintes. La perspective de voir s'installer deux mondes aux valeurs antagonistes est très inquiétante. D'aucuns rétorqueront peut-être qu'elle permettrait au moins à ceux qui optent pour une « vie saine » de choisir une « société » en phase avec leurs valeurs. Mais une telle dualité laisserait la question écologique entière. Il n'existe qu'une planète et la minorité vertueuse subirait forcément les conséquences de l'activité d'une majorité de pollueurs. Le problème est également de nature sociale : comment se satisfaire d'une situation qui laisserait la majorité de la population aux prises avec l'exploitation, l'aliénation et tous les empoisonnements qui les accompagnent ?

Radicalité et pragmatisme : les défis de la « transition citoyenne »

Le lecteur me pardonnera peut-être les sombres considérations que je viens d'énoncer. Elles n'ont nullement pour but de dénigrer la somme des initiatives que j'ai tant pu apprécier au cours de cette enquête. Je reste persuadé que ces innovations en tous genres sèment utilement pour un avenir meilleur. Elles redonnent espoir en prouvant, par la pratique, que d'autres logiques sociales sont de l'ordre du possible. Simplement, aussi enthousiasmantes soient-elles, ces réalisations ne peuvent, à mon sens, occulter la question politique.

Il faut ici s'interroger sur le sens du mot « transition » si souvent employé dans cette mouvance. L'expression est judicieuse en ce qu'elle suggère de dépasser la vieille opposition entre réforme et révolution dans laquelle s'est si souvent abîmé le mouvement ouvrier dans les siècles antérieurs. À elle seule, la « réforme » n'aboutit bien souvent qu'à conforter un système que l'on renonce progressivement à combattre. Quant à l'option révolutionnaire, son volontarisme engendre d'innombrables drames et échecs, comme l'histoire l'a maintes fois montré.

Encore faut-il s'entendre sur le type de « transition » qui nous ferait passer d'un capitalisme gouverné par la finance à une écologie sociale. S'agit-il d'un processus régulier, presque naturel, de conversion des individus ? Pierre Rabhi, qui s'exprimait à Cluny devant une assistance nombreuse au cours de la manifestation évoquée plus haut, n'est pas loin de le penser. Selon lui, le changement attendu « ne peut reposer sur autre chose que le changement des personnes ». Patrick Viveret, à la même tribune, a cependant fait entendre un son de cloche sensiblement différent. « Transformation sociale et transformation personnelle sont complémentaires », a-t-il estimé. Pour lui, l'horizon de la « joie de vivre » doit être posé comme une « question politique ». L'oubli de la « transformation sociale », avec la dimension politique et collective qui s'y attache, préparerait sans doute d'amères déconvenues.

La « transition citoyenne » n'ira pas sans heurts, sans ruptures, sans batailles ni contradictions. Ses acteurs n'échapperont pas non plus à la vieille dialectique opposant radicalité et pragmatisme. Le choix de la rupture avec les logiques dominantes est poussé au plus loin par les partisans de la décroissance. Il est partagé par les nouveaux dissidents que nous avons rencontrés et qui, par définition, ne peuvent être très nombreux. Ces radicaux sont parfois tentés de verser dans un certain catastrophisme. Ils parient alors sur l'écroulement du système sous les coups de boutoir combinés des crises économique et écologique. Un calcul éminemment dangereux : l'expérience historique montre plutôt que les catastrophes ont des effets régressifs sur les sociétés humaines. Elles nourrissent des peurs et des égoïsmes qui pavent la voie de régimes autoritaires. Si ces circonstances dramatiques devaient advenir, on imagine plus aisément l'avènement d'une dictature technocratique prétendant agir au nom de l'écologie que l'épanouissement d'un modèle novateur d'écosocialisme.

Le versant pragmatique de la « transition » est menacé d'une tout autre manière, celle de voir le changement désiré finir par être digéré par le capitalisme lui-même. « Les alternatives sont en train d'être récupérées », mettait en garde Pierre Rabhi à Cluny. Cet hommage du vice à la vertu – seule preuve empirique de la supériorité de la seconde sur le premier – peut être salué comme tel. Mais ces récupérations, dont le « capitalisme vert » offre des illustrations chaque jour plus nombreuses, sont surtout génératrices d'illusions. Elles font croire que le salut écologique passera simplement par le progrès technologique, nous épargnant de complexes et rigoureux arbitrages. L'« écologie positive » vantée par Ségolène Royal appartient à ce genre de faux-semblants. Or, comme le journaliste Hervé Kempf l'a amplement démontré, le capitalisme d'aujourd'hui, focalisé autour du mode de vie des riches, est incompatible avec les exigences écologiques [12].

Vers un mouvement convivialiste

L'idéal serait, bien sûr, de combiner visée radicale et méthode pragmatique. « Un autre monde existe, il est dans celui-ci » : cette citation de Paul Éluard est particulièrement prisée des défricheurs. « Changeons la vie ici et maintenant », proclamait l'hymne du Parti socialiste de 1977. Le moins qu'on puisse dire est que ce parti n'est plus guère animé par ce genre d'ambition. Cette volonté de changement concret devrait toutefois s'inscrire dans une perspective globale. Articuler transformation personnelle et transformation sociale est une condition majeure d'une « transition » de l'ensemble de la société.

Un jour viendra sans doute où le fourmillement d'initiatives et d'innovations sociales et écologiques se forgera un vecteur politique. Cela prendra du temps à en juger par le rejet de la vie publique autre que locale qui caractérise généralement nos défricheurs. « À la différence d'autres courants de pensée, je plaide pour ne pas fonder de parti politique, ne pas briguer de mandat autre que local », affirme Yves Michel en résumant un point de vue largement majoritaire dans cette mouvance. À long terme, on peut néanmoins imaginer la « construction d'un mouvement convivialiste », selon l'expression de Patrick Viveret [13].

En attendant, les gauches françaises, en crise profonde, seraient bien inspirées d'être un peu plus attentives à ce qui bouge de ce côté de la société. Même si ses élus locaux épaulent parfois de telles initiatives, le PS reste largement indifférent à ces

---

12 Hervé Kempf, *Pour sauver la planète, sortez du capitalisme*, Seuil, Paris, 2009.

13 Voir l'ouvrage collectif auquel il a contribué : *Manifeste convivialiste. Déclaration d'interdépendance*, Le Bord de l'eau, Lormont, 2013 ; et le site compagnon : <http://lesconvivialistes.fr>.

mouvements. Les écologistes eux-mêmes, on l'a vu, n'ont pas réussi à irriguer leur parti de ces dynamismes et de ces enthousiasmes. Du côté de la gauche radicale, la thématique porteuse de l'écosocialisme est contrebalancée par des réflexes militants à l'ancienne qui font la part trop belle au manichéisme et à la désespérance. Modérée ou radicale, la gauche française devra enfin rompre avec la vulgate naïvement « progressiste » qu'elle a héritée du marxisme. Prier pour le « retour de la croissance » ou rêver à la société idéale deviendront des attitudes de moins en moins crédibles. Parfois excessifs, les défricheurs sont loin d'avoir raison en tous points. Les pistes variées qu'ils ouvrent n'en restent pas moins fécondes pour qui cherche à s'orienter dans la jungle du troisième millénaire.

Table

CPI
BUSSIÈRE

Composition Facompo, Lisieux.
Impression réalisée par CPI Bussière
à Saint-Amand-Montrond (Cher)
en août 2014.
Dépôt légal : septembre 2014.
N° d'impression : 2011399.
Imprimé en France